憲法入門講義

東 裕
HIGASHI Yutaka
［編著］

まえがき

本書は、大学や短大で憲法を学ぶ皆さんを念頭において執筆したものです。執筆者は、いずれも大学や短大で憲法の講義を担当している研究者です。各自がこれまでの授業経験を活かして、日本国憲法をわかりやすく解説することを念頭において本書を執筆しました。大学の授業で要求される内容と水準を保ちながら、親しみやすい表現を心がけました。

本書執筆中、新型コロナの感染拡大で、大学や短大の授業のほとんどがオンラインになってしまいました。対面授業であれば、受講生の反応を確かめながら臨機応変に授業を展開することに慣れ親しんできた教員にとっては、暗中模索の日々が続きました。

そんなことがあって、初学者にも読みやすく、わかりやすく、しかも大学や短大の教科書として相応しい内容と水準を維持した日本国憲法の概説書がつくれないものかと考えて本書を作成しました。その試みが成功しているかどうかは、読者の皆さんの判断を仰ぐしかありません。

ただし、大学や短大で使用する教科書は、どれもそれなりに難解なところがあります。そのような部分が、本書にもあるにちがいありません。難しいと感じたところは、担当の教員に質問して下さい。質問をいやがる教員はいないはずです。教師というものは、受講者からの質問を待ち望んでいるものなのです。

本書の出版に際して、加藤秀治郎先生（東洋大学名誉教授）に一藝社をご紹介頂きました。そして、一藝社の菊池公男会長、小野道子社長、編集企画担当の松澤隆氏には、遅れがちな原稿を辛抱強く待っていただき、大変お世話になり、ここまで来ることができました。ここに心より感謝申し上げます。

令和３（2021）年２月

東　裕

執筆者一同を代表して

目　次

装幀 ── アトリエ・タビト

序章

憲法を学ぶまえに

《本章のキーワード》

□ 国民主権	□ 法の支配
□ 憲法制定権（力）	□ 人の支配
□ 憲法改正権（力）	□ 権力分立
□ 立憲主義	□ 人権保障
□ 法治主義	□ 国家権力（公権力）

1　なぜ憲法を学ぶか

►（1）主権者の義務として

はじめに、なぜ憲法を学ぶのか、ということについて話をしたいと思います。それは、第一に**国民主権**ということだからです。では、国民主権とは何を意味するのでしょうか？

高校までの学校教育の中で国民主権については、教えられてきたことと思います。国民主権とは、国民が国の政治の最高かつ最終の決定権をもっていることだと理解していると思います。では、その主権を国民はどのようなときに行使するのでしょうか？

もっともわかりやすい身近な例は、衆議院議員と参議院議員の選挙で一票を投じることが主権の行使にあたります。国政選挙における選挙権の行使は、国民主権の行使ということなのです。18歳以上の日本国民は有権者としてその主権を行使できる資格があるのです。

われわれは、主権者として国政選挙で１票を投じることによって、衆議院議員と参議院議員を選出し、衆議院と参議院の二院からなる国会をつくります。そして国民の代表機関である国会は、その議員の中から内閣総理大臣を選出し、内閣総理大臣がその他の国務大臣を任命することで内閣がつくられます。こうして国の政治部門である国会（立法部）と内閣（行政部）がつくられ、国の政治が行われることになるわけです。

こうしてみると、国民が国政選挙において投じる１票がもとになって国会も内閣もつくられるのであって、どこかで誰かが勝手に国会や内閣をつくって国の政治を行っているわけではないということです。いまさら何をわかりきったことを言うのかと思われるでしょうが、世界には国民の意思と無関係に政治を行う機関がつくられ、国民が選んだわけでもない人間が権力を行使している国もあるからです。自由民主主義国家ではない、共産党一党独裁国家がそうです。

このような国は国民主権とは全く無関係な非民主国家であり、権威主義体制の専制国家とか独裁国家と呼ばれます。そのような国家では、国民の人権保障など望むべくもありません。政府を批判する自由などありません。インターネットで自由に情報を得ることも発信することもできません。個人のプライバシーもすみずみまで監視されています。そんな国には住みたくないですね。

幸いわれわれの国ではそんなことはありません。国民が国政選挙における投票を通じて国の政治を担う代表を決めることで、国の政治の方向を決定していく権利が保障されているからで、それが国民主権と言うことの意味なのです。そしてその仕組みを定め、保障しているのが憲法です。そのため、主権者たる国民は憲法を理解し、投票を通じて主権を行使していることを自覚することが必要です。それが民主国家の運営の基礎なのです。その意味で、憲法を学ぶことは民主主義国家における国民の義務ともいえるわけです。

▶（2）憲法をつくった国民として

次に、国民主権の意味の一つに、国民が**憲法制定権**をもっているということが挙げられます。日本国憲法の前文には、主権の存する日本国民がこの憲法を確定した（＝制定した）と書かれています。もっとも実際は、そうはいえない面があったわけですが、このことについてはここでは触れません。あくまで、憲法にはそう書かれていると言うことです。

憲法制定権力というのは憲法をつくる力と言うことで、一般には国民や君主（国王）がその力をもっています。憲法をつくる力ですから、憲法より前に存在することになります。したがって、憲法が出来上がると憲法制定権力が登場する場がなくなります。その代わりに、憲法制定権力は憲法改正権力に形を変えて、憲法の中に定められることになります。日本国憲法では、改正手続きを定めた規定（憲法96条）の中で、憲法改正については最終的には国民投票を行い、その過半数の賛成で憲法改正が成立するとしているのがその例です。

国民は憲法をつくったものとして、憲法を変える場合にも、その最終的な決定権を握っていると言うことです。国民主権の意味の一つは、国民が憲法制定権とそれに由来する憲法改正権をもっているということにあります。憲法改正を承認するか否かは国民の判断にかかっているのであって、内閣や国会だけで憲法を改正することはできません。したがって、憲法改正の可否を最終的に判断する立場にある国民は、当然その憲法について知っていなければならないことは当然です。よく知らないことを、誰かに言われるまま、賛成だ反対だと判断することは、無責任だということです。

2　憲法とはどのような法か

▶（1）国の最高法規

憲法は国の基本法であり最高法規です。このことは具体的に何を意味するのでしょうか。日本国憲法は「この憲法は、国の最高法規であつて、その条規に反する法律、命令、詔勅及び国務に関するその他の行為の全部又は一部は、その効力を有しない」（98条1項）と定めています。つまり、憲法に反する国の行為は無効だということです。

みなさんは「六法」という言葉を聞いたことがあると思います。「六法全書」というときの六法です。この六法というのは、国の法の中で基本となる6つの法を意味しています。憲法、民法、刑法、商法、民事訴訟法、そして刑事訴訟法の六つです。この中で、国会制定法という意味での「法律」(98条1項)には、憲法は入りません。憲法は日本国憲法という法のみを指します。その意味では、憲法は法律ではないのです。法律はあくまで国会がつくるもので、その内容は憲法に違反するものであってはならないわけです。こうして、国会の立法の内容が憲法によって拘束されているわけです。

国会は法律をつくりますが、行政機関である内閣やその下にある各省庁も法律の内容をより具体化するための法をつくることができます。政令や省令などの法形式がそれです。これらの行政機関がつくる法を、学問上は「命令」と呼びます。憲法98条1項の「命令」はその意味です。このほかにも地方公共団体が制定する「条例」(94条)や他の国との間で結ばれる国際法である「条約」(73条3号)などの法があります。これらすべてが憲法に違反する内容であってはならないということが、憲法が最高法規ということの意味です。憲法は国法秩序の中で最高の効力をもっていて、下位の法はその憲法の効力によって制限されているということです。そして、そのことを保障する制度として、裁判所に違憲審査権(81条)が与えられているのです。

► (2)立憲主義と法の支配

わが国はいうまでもなく法治国家です。簡単に言えば、立法も行政も司法も法に基づいて行われるということです。当たり前のように思われますが、このことは国民の権利や自由が守られるためには不可欠なことです。法に基づかないで、特定の人の意思によって国民の権利や自由が制限されるとしたらどうでしょう。法律の根拠もなく、政府を批判しただけで警察に逮捕されたりしてはたまりません。

幸いわが国ではそんなことは起こりません。むしろ、メディアは首相や政府を批判しない日がないほどですが、それで放送が中断されたり、新聞記者が拘束されたりすることなどありえないですね。憲法で「表現の自由」が保障され、憲法の定めるところにしたがって民主的に国会と内閣がつくられ、憲法の範囲内で国会が法律を制定し、その法律に基づいて行政も司法も行われるという**法治国家**の仕組みが確立されているからです。

このことは**立憲主義**が確立されているということでもあります。最高法規としての憲法に基づいて国の統治（立法・行政・司法）が行われ、国民の権利や自由を保障することを目的とする国のかたちができているということです。憲法とその内容を実現していく法律にもとづいて国の統治が行われることが基本になっています。すでに述べたように、憲法に違反する内容の法律やその他の国の行為は無効となります。

ところで、いくら法律に基づいて統治が行われているといっても、その内容が憲法に違反するものであれば、そのような法律は否定されます。言い換えれば、法律によりさえすれば、それがどのような内容であってもかまわない、ということではありません。ただ形式的に法律に沿っていればよいという**形式的法治主義**ではなく、法律の中身が憲法の趣旨に反するものであってはならないということです。

つまり、ここでいう法治主義は、ただ法律によりさえすれば良いという形式的法治主義ではなく、法律は憲法の趣旨に反する内容を含んだものであってはならないという**実質的法治主義**ということで、これは「**法の支配**」ともいわれます。「法の支配」は、もともとは「**人の支配**」に対する言葉で、特定の人の恣意による支配を排して、国民のためになる内容を含んだ法によって支配が行われるべきであるという考え方なのです。

わが国における「法の支配」は、国民の権利自由を保障し、権力分立を保障する国の最高法規である憲法を頂点とする国法秩序のもとで、特に司法権（裁判所）が違憲審査権を行使することによって維持される仕組みをとっています。憲法は、その内容として**人権保障**とそれを確実にするための**権力分立（三権分立）**に基づく統治機構を定めることで、国家権力の行使を制限し、国民の権利自由を保障することを目的としているのです。そして、人権を保障する法であるところに憲法の最高法規性の実質的根拠が求められるとされています。

▶（3）国家権力と国民の関係を規律する法

このように、憲法は、国家権力の行使を制限し、国民の権利・自由を保障することを目的とするわけで、このことは憲法という法は国家権力（公権力）と国民（個人）の関係を規律する法であることを意味しています。つまり、憲法は国家権力と国民の間で適用される法であって、国民どうしの間に適用される法ではないということです。

法の分類には、公法と私法という分け方があります。公法とは国家権力（公権力）と国民または国家権力（公権力）間に適用される法で、六法の中では憲法、刑法、刑事訴訟法、民事訴訟法がこれに当たります。一方、私法とは個人と個人の間（私人間）に適用される法のことで、六法の中の民法と商法がこれに当たります。

例えば、憲法14条１項は「すべて国民は、法の下に平等であつて、人種、信条、性別、社会的身分又は門地により、政治的、経済的又は社会的関係において、差別されない」と規定していますが、これは国家（公権力）が国民を法の下で平等に扱わなければならない、ということを意味しています。公権力ではない、民間の会社や団体と個人との関係や、個人と個人の関係（私人間の関係）を対象にしたものではないということです。

ただし、だからといって、公権力以外が個人を不平等に扱ってかまわないということではありません。私人間の関係については、民法が「この法律は、個人の尊厳と両性の本質的平等を旨として、解釈しなければならない」（２条）として、その解釈に当たっては憲法の精神を尊重すべきことと規定しています。こうして、私人間で不平等な扱いがなされた場合、そのような取り扱いが不法行為（民法709条）として損害賠償責任を生じることがあります。つまり、憲法の規定する内容や精神が、民法の規定を通じて間接的に実現されるという構造になっているというわけです。

3 日本国憲法の内容

日本国憲法を学ぶにあたって、まずそれがどのような内容であるか、その概略を頭に入れておく必要があります。憲法を学ぶとは、具体的に何を学ぶのかを最初に知ることが第一歩で、そのためにはまず憲法の条文を読むことです。といっても、それもいささか苦痛に感じられるでしょうから、簡単にその概要を説明したいと思います。その上で、みなさん自身が、条文をきちんと確認してください。

►（1）上諭

本書の巻末に日本国憲法が収録されています。それを一読してみてください。最初に次のような文がありますね。「朕は、日本国民の総意に基づいて、……ここにこれを公布せしめる。」と。この部分は**上諭（じょうゆ）**と呼ばれ、憲法公布にあたってこの憲法がどのような手続きに従ってできたかを説明するものです。ここでは、日本国憲法が帝国憲法（明治憲法）73条の改正手続きに従って、帝国憲法の改正憲法として天皇によって公布されたと書かれています。

►（2）前文

次に、**前文**と呼ばれる部分があります。「日本国民は、正当に選挙された国会における代表者を通じて行動し、……」で始まり、「日本国民は、国家の名誉にかけ、全力をあげてこの崇高な理想と目的を達成することを誓ふ。」で終わる4つの段落で構成される部分です。ここではこの憲法の目的や基本原理が述べられています。

たとえば、前文の第一段落（1項）前段では、「日本国民は」で始まる主語のもとに「正当に選挙された国会における代表者を通じて行動し」（**代表制民主主義**）、「諸国民との協和による成果」（**国際協調主義**）、「わが国全土にわたつて自由のもたらす恵沢を確保し」（**基本的人権の尊重**）、「政府の行為によつて再び戦争の惨禍が起ることのないやうにすることを決意し」（**平和主義**）、「ここに主権が国民に存することを宣言し」（**国民主権**）、「この憲法を確定する」（**国民の憲法制定権**）といった諸原理が表明されています。

そして同後段では、**リンカーンの「人民の、人民による、人民のための政治（統治）」**に由来する代表制民主主義の原理が、「そもそも国政は、国民の厳粛な信託によるものであつて、その権威は国民に由来し、その権力は国民の代表者がこれを行使し、その福利は国民が享受する」として表現されています。

第二段落（２項）では、平和主義と「平和のうちに生存する権利」（**平和的生存権**）が、第三段落（３項）では国際協調主義が確認にされ、最後の第四段落（４項）でそれらの「理想と目的を達成することを誓ふ。」と結ばれています。

▶（３）本文

本文は、全11章（全103条）で構成され、各章は次のようになっています。

第１章　天皇（１条―８条）
第２章　戦争の放棄（９条）
第３章　国民の権利及び義務（10条―40条）
第４章　国会（41条―64条）
第５章　内閣（65条―75条）
第６章　司法（76条―82条）
第７章　財政（83条―91条）
第８章　地方自治（92条―95条）
第９章　改正（96条）
第10章　最高法規（97条―99条）
第11章　補則（100条―103条）

憲法は、一般に統治機構と人権（権利章典）の２つの部分から成っています。日本国憲法では、統治機構にあたるのが、第１章天皇、第４章国会、第５章内閣、第６章司法、第７章財政、第８章地方自治で、人権にあたるのが第３章国民の権利及び義務です。残りの第２章戦争の放棄、第９章改正、第10章最高法規は総論とでもいうべき部分で、補則は憲法施行にあたっての経過規定です。このような憲法の構造をまず理解して下さい。

4　日本国憲法の歴史

►（1）占領下の憲法制定

日本国憲法は、**ポツダム宣言**受諾による敗戦後の昭和21（1946）年11月３日に公布され、翌22年の５月３日に施行されました。以来、一度も改正されることなく75年の歴史を経て今日に至っています（令和３（2021）年現在）。その間、我が国は大きく変貌を遂げました。憲法がつくられ施行されたときは、占領下にありました。連合国軍総司令部（GHQ）の間接統治下にあった時代です。

全国の主要都市は空襲で焼かれ、住む家をなくした人も多く、多くの国民は日々の糧を得るのに精一杯でした。戦争が終わって平和が戻ってきた安堵感はあっても、戦争で家族をなくした悲しみや、いまだ戦地から帰らぬ息子を待つ親が一縷の望みを心に抱きながら生きていた時代でした。

「…いまやっと戦争がおわりました。二度とこんなおそろしい、かなしい思いをしたくないとおもいませんか。…そこでこんどの憲法は、日本の国が、けっして二度と戦争をしないように、二つのことをきめました。その一つは、兵隊も軍艦も飛行機も、およそせんそうをするためのものは、いっさいもたないということです。これからさきの日本には、陸軍も海軍も空軍もないのです。これは戦力の放棄といいます。「放棄」とは「すててしまう」ということです。しかしみなさんは、けっして心ぼそく思うことはありません。日本は正しいことを、ほかの国よりさきに行ったのです。世の中に、正しいことぐらいつよいものはありません。」（『あたらしい憲法のはなし』文部省・昭和22年8月）

これが当時の中学１年生の社会科の教科書として配布された『あたらしい憲法のはなし』の一節です。「日本は正しいことを、ほかの国よりさきに行ったのです。世の中に、正しいことぐらいつよいものはありません」という言葉は、今となってはむなしく響きます。国際社会は「強い者が正しい」というのが偽らざる現実ではないでしょうか。

この時から３年後の昭和25（1950）年６月には朝鮮戦争が勃発し、アメリカの占領政策の転換点となりました。自衛隊の前身である警察予備隊の設置が命じられ、国際社会は日本国憲法が描くような社会でないことが早くも目の前にその姿を現したのです。

▶（2）主権回復と憲法現実の変化

昭和27（1952）年4月28日に**「日本との平和条約」（サンフランシスコ平和条約）**が発効し、我が国は主権を回復します。占領下から独立したのです。同時に**「日米安全保障条約」（旧安保）**が締結され、米軍の庇護のもとに国際社会に復帰しました。

警察予備隊は保安隊となり、昭和29（1954）年には自衛隊が設置されました。敗戦後10年もたたないうちに、日本国憲法が発効して７年目に、憲法９条に反するような現実が現れたのです。

世界は東西冷戦時代に入っていました。憲法を改正しようとする動きがありましたが、改憲勢力は改正発議に必要な国会議席を確保できず、政府は憲法解釈の変更によって現実との折り合いを付けることになります。

昭和35（1960）年には日米安保条約が改定され、**現在の日米安保条約（新安保）**ができます。国会周辺を取り巻く何万人もの学生デモ隊の光景を、テレビで見たことがあるかと思います。

しかし、この時の岸信介内閣の退陣とともに騒動は一気に沈静化し、その後を継いだ池田勇人内閣は所得倍増政策を打ち上げ、高度経済成長の時代に入っていきます。その後の30年間はバブル経済の崩壊に至るまで、途中で何度かの不況を経験しながらも我が国は奇跡の経済成長を遂げます。

冷戦のさなかに大きな軍事負担もなく、戦争にも巻き込まれなかったことも経済成長の助けとなりました。日米安保のもとで憲法９条が盾になりました。そんな時代も冷戦の終焉とともに、そしてそれと軌を一にするかのようなバブル経済の崩壊とともに終わりを告げます。

▶（3）冷戦後の国際社会と憲法解釈の変化

1990（平成２）年８月、イラクがクウェートに軍事侵攻し、翌91年１

月に米軍を中心とする多国籍軍によるイラク攻撃へと発展します。湾岸戦争です。冷戦が終わっても世界で戦火が絶えることがなく、各地で起こる紛争や紛争後の平和構築に国際社会がとり組まなければならない時代に入ったのです。我が国も国際社会の有力な一員として国際貢献が求められる時代に変わったのです。「一国平和主義」では国際社会で立ちゆかなくなったのです。当初は憲法違反と批判された国連のPKOへの参加等の国際社会における「軍事的」貢献を避けることができなくなったのです。

さらに21世紀に入ると、我が国周辺の国際社会は大きな変貌を遂げます。中国の経済大国化・軍事大国化、そして太平洋に向けた海洋進出、北朝鮮の我が国に向けたミサイル発射や核武装化。我が国周辺の安全保障環境の激変です。このような情勢の変化を受けて、平成26（2014）年、安倍内閣のもとで集団的自衛権の限定行使を認める憲法解釈の変更がなされ、翌27（2015）年にはいわゆる安保法制が整備されました。米国との同盟関係を強化する方策の一つです。

『あたらしい憲法のはなし』が語った理想はつかの間の夢であり、現実世界で我が国が平和と安全を維持していくためには、憲法の理想は理想としながら、極めて現実的な方策を採らない訳にはいかなくなっています。そのために何をなさなければならないか、主権者であるわれわれ自身が考えなければならないのです。そのためにまずなすべきことは、日本国憲法をよく知ることです。そして、現実世界に目を向け、憲法と現実を突き合わせて、これからの我が国の進路を考えなければならないのです。

そのような問題意識をもって憲法の勉強に取り組んでもらうことを期待します。憲法は国民のものであり、国民は主権者であることをあらためて確認し、憲法を学んでください。

第1章

立憲主義の成立と展開

《本章のキーワード》

- □ 近代憲法
- □ 国民主権
- □ 代表民主制
- □ 自由権
- □ 消極国家
- □ 現代大衆社会
- □ 社会権
- □ 積極国家
- □ 半代表制・半直接性
- □ 政党国家

1　近代立憲主義の成立

►（1）近代市民革命と近代市民社会

イギリスによる植民地支配からの解放を達成した、アメリカ独立革命(1775～1783年)、そしてアンシャン・レジーム（旧体制）を打倒したフランス大革命（1789年）は、絶対権力による恣意的な支配を覆（くつがえ）し、また封建的な身分制度を廃止して自由で平等な人々からなる近代市民社会を創出しました。こうした近代市民革命を主導した人々は、彼らの行動の指針となっている理念・原則を文書化し公にしました。**「ヴァージニア権利章典」**(1776年)、**「アメリカ独立宣言」**（同）そして**「人と市民の権利宣言（フランス人権宣言）」**（1789年）などがそれであり、それらの内容には当時の啓蒙思想・自然法思想の影響がうかがえます。

そのことは、たとえば、**フランス人権宣言（1789年）**の次の規定にみられます。すなわち、「あらゆる政治的結合の目的は、人の、時効によって消滅することのない自然的な諸権利の保全にある。これらの諸権利とは、自由、所有、安全および圧制への抵抗である。」（2条）。

市民革命を成就させた人々は、市民社会の創出とこの新しい社会にふさわしい近代的政治体制の確立という成果を憲法典（成文憲法）の制定によって明らかにしようとしました。アメリカ独立諸州の憲法典、「アメリカ合衆国憲法」（1788年）そして「フランス1791年憲法」などがそれです。フランス1791年憲法における権利章典は、1789年の人権宣言をそのまま憲法典の冒頭に置いたものでした。アメリカ合衆国憲法は制定当初は権利章典を持たなかったのですが、それが1791年に修正10か条として追加されました。

こうして、近代憲法の成文法典は政治制度の諸規定からなる「統治機構」と国民に保障される基本的な権利・自由の諸条項からなる「権利章典」とによって構成されるという定式が確立されたのです。このように成立した「（近代）憲法」は、市民革命の担い手となった「市民（＝ブルジョアジー）」の国家・政治体制に関する理想を体現したものであり、それは憲法学において「立憲主義」と呼ばれています。

▶（2）立憲主義の意義と内容

「立憲主義」とは、個人の基本的な権利・自由を守るために国家権力を制限すべきだという自由主義の要請、そしてそのためには国民が自ら国政に参加すべきだという民主主義の要請とに基づき、それらを実現するための諸制度を確立しようとする思想のことです。こうした思想は近代に生まれたので**「近代立憲主義」**ともいいます。そして、立憲主義に基づく憲法を**「立憲的意味の憲法」**あるいは**「近代憲法」**と呼びます。また、立憲主義に基づく国家を「立憲国家」、その政治体制を「立憲政体」、立憲政体の下で行われる政治を「立憲政治」と呼びます。立憲主義の思想・理念を具体化する制度として挙げられるのは、国民の基本的権利の保障、権力分立制、国民の政治参加（民主制）であり、それらについて以下に概観します。

①　基本権人権の保障

近代立憲主義における人権ないし基本的人権の内容は、表現の自由や職業の自由など、「前国家的権利」すなわち国家によって侵害されなければ自ずと実現する権利・自由でした（＝国家に対する不作為請求権、「国家からの自由」）。これらの「自由権」が「自然権」や「天賦人権」とされてきたのです。こうした前国家的な自由権の保障を中心として、それと併せて裁判を受ける権利や請願権のように国家に対して個々の国民が積極的に権利保護を請求できる権利（「受益権」ないし「国務請求権」）も、近代以来、伝統的に認められてきました。これらの権利・自由を国民に対して保障し、これを侵害しないようにすることが、国家の責務とされたのです。

②　権力分立制

権力分立制とは、国家権力を作用ごとに区別し、それぞれを別々の機関に担当させ、さらに機関相互間に「抑制と均衡」を働かせることによって、権力濫用の防止・国民の自由の確保を図る仕組みのことです。**モンテスキュー**が著書『**法の精神**』（**1748年**）でイギリス国制の叙述として示した理論に由来するとされます。国民の権利・義務に関する法を制定する立法（作用）、公益実現のために法を執行する行政（作用）、具体的事件に関する争訟を解決するために法を解釈・適用する司法（作用）の３つを、それぞれ議会・政府・裁判所に権限として与えることから、「三権分立制」ともいいます。ただ、連邦制国家における連邦と州、単一国家における中央政府と地方自治体との権限分配も広い意味で権力分立制とされるので、そうした意味での権力分立制は三権分立制よりも広い概念です。

この権力分立を初めて明確にしたのが**フランス人権宣言**（**1789年**）です。それは次のように規定されていました。すなわち、「権利の保障が確保されず、権力の分立が定められていないすべての社会は、憲法をもたない」（16条）。この規定は、権利保障（人権保障）と権力分立が、近代憲法の基本原理であることを示しています。

③　国民の政治参加

前近代において、国民ないし人民は国家による支配の対象・客体にすぎなかったのですが、近代以降は、被治者（＝被支配者）が選挙を通して治者（＝支配者・権力者）の選択を行うことにより、後者は前者によるチェックおよびコントロールを受けるようになりました。フランスでは大革命の中で「国民主権」が理論化されましたが、それを具体化する制度として、国民が選挙によって代表者＝議員を選び、国民代表機関たる議会を通して間接的に国政に参加する「間接民主制」ないし「代表民主制」が採られたのです。ただ、こうして生まれた「近代議会（制）」は、財産資格に基づく制限選挙制によって政治参加の範囲が有産市民に限定されており、また議員は「全国民の代表」として地位の独立と活動の自由を享受していたため、その実態は有産市民（ブルジョアジー）の権力独占ともいうべきものでした。

国民主権を明確にしたのも**フランス人権宣言（1789年）**で、そこには次のように規定されていました。「あらゆる主権の原理は、本質的に国民に存する。いずれの団体、いずれの個人も、国民から明示的に発するものでない権威を行い得ない。」（３条）

以上の３つのうち、①および②は上述した立憲主義の自由主義的側面に、③は民主主義的側面に、それぞれ対応しています。

▶（3）法の支配と法治主義

近代立憲主義は国家権力の制限・濫用防止を主な目的のひとつとしますが、これをどのように実現するかについては、英米法型の**「法の支配」**の原理と大陸ヨーロッパ型の**「法治主義」**の原理という、大きく分けて２つの考え方があります。まず「法の支配」とはイギリスにおいて中世以来歴史的に確立された法至上主義的な思想ないし原則であり、王権も含むあらゆる権力の恣意的な行使に対して個人の権利が保障されるべきこと、この保障を通常裁判所が担うということを主な内容としています。これに対して大陸ヨーロッパとくにドイツでは行政・司法が立法府＝議会の制定する法律によって行わなければならないという「法治主義」が、個人の権利・自由を守るための原則とされていました。

▶（4）近代立憲主義における国家観・国家像

これまで見てきたように、近代立憲主義は、国民の自由の保障を主な目的とし、そのために国家権力の制限・濫用防止を重視するという考え方です。こうした近代立憲主義が理想とする国家のあり方は、犯罪防止をはじめとする社会秩序の維持や国防といった必要最低限の役割のみを担う**「自**

由放任国家」「**夜警国家**」あるいは「**消極国家**」と呼ばれるものであり、議会が制定する法律に基づいて行政・司法が行われるべきだとする法治主義原理によって、立法作用を担う議会が他の権力に優越する「**立法国家**」の様相を呈していたのです。

近代市民革命は封建的な身分制度の廃止によって国民の自由と平等をもたらしましたが、政治体制としての近代議会制の実際は、①財産資格に基づく制限選挙制の下での富裕な有産市民による政治参加の独占であり、②国家が弱者救済を目的とする社会経済政策を行うことは、そうした有産市民の市民社会における自由な経済活動や財産権の制限につながるものとして警戒され否定されたのです。

2　現代立憲主義の展開

近代立憲主義は、国家権力の制限による国民の自由の保障を主な目的としていましたが、普通選挙制の確立、産業革命の進展による資本家と労働者の階級対立・貧富の差の拡大といった、政治的・経済的・社会的な変動を見た19世紀から20世紀に至る近代市民社会から、現代大衆社会への移行の中で、立憲主義は以下に述べるような変貌・展開を遂げました。

▶（1）現代立憲主義の諸相

①　社会権の保障と福祉国家

上述したように、近代初期における国家の理想像は、市民社会における人々の精神的・経済的な活動の自由（＝「**国家からの自由**」である自由権）を保障するために、国防や国内の秩序維持といった必要最低限の役割のみを行うという消極国家・自由放任国家でした。しかし、こうした自由の現実はあくまで経済的・社会的強者の自由であり、現代において普通選挙制の確立により政治参加を認められた経済的・社会的弱者たる労働者大衆は、国家の社会への積極的な干渉・介入による経済的・社会的弱者の保護（**積極国家・福祉国家**）を、しかもそれを国家からの恩恵としてではなく、彼らが人間たるにふさわしい生活を営めるようにすることを権利（**＝生存**

権・社会権）として保障するよう要求するに至ります。こうして現代型の憲法典には、生存権・教育を受ける権利・労働基本権といった社会権を保障する条項が含まれるようになります。

そのような例として、第二次大戦後の二つの外国憲法を次に掲げます。

○フランス第４共和国憲法（1946年）前文

「フランス人民は、1789年の権利宣言によって確立された人および市民の権利と自由…を、厳粛に再確認する。…さらに、現代に特に必要なものとして、以下の政治的、経済的、および社会的諸原理を宣言する。…」

「国は、すべての人に対して、とりわけ子ども、母親、および高齢の労働者に対して、健康の保護、物質的な安全、休息および余暇を保障する。…」

○イタリア共和国憲法（1946年）36条１項

「労働者は自らの労働の量と質に比例し、またいかなる場合においても自身と家族に対して自由で尊厳のある生活を保障するのに十分な報酬を請求する権利を有する。」

なお、1946年に公布された日本国憲法にも、生存権（25条）、教育を受ける権利（26条）、勤労権（27条）、労働基本権（28条）などの社会権規定が置かれています。

②　行政府の優越と行政国家

上記の弱者救済＝社会権の保障には、国家による積極的な活動が求められます。従来の公権力相互の抑制・均衡による権力制限を主眼とする近代立憲主義は、法治国家原理に基づく「立法国家」を理想としていましたが、現代立憲主義では積極目的を実現するための効率的な権力行使が可能な国家、すなわち国家の積極的活動を直接担う行政権が強化された**「行政国家」**が求められることになりました。これと関連して、現代型の憲法典には「国家政策の指導原則」（インド憲法（1949年）第４編のタイトル）のように国家の政策目標を掲げ立法の指針とする条項も見られます。それは、次のような規定です。

○インド憲法（1949年）38条1項

「国は、社会的・経済的・政治的正義が国民生活のすべての組織にいきわたるよう、社会秩序をできる限り効果的に保障、保護することによって国民の福祉を増進することに努めなければならない」。

③　政治参加の拡大・徹底による国民と国家権力との同化

近代初期には、制限選挙制により国民の政治参加の範囲は限定されていましたが、現代における普通選挙制の確立によって、選挙する国民（有権者）と選挙された権力者とが一体化することで、国政が国民自身による政治であり国民の自己決定であるという原理が成立しました。こうして国家権力と国民（の自由）とを緊張関係（のみ）でとらえる伝統的な近代立憲主義の考え方は修正を余儀なくされ、上述した①および②の傾向とも相俟って、国家は民意に基づく積極的な権力行使を期待されることとなったのです。

④　人権の国際化

元来、基本的人権の保障は国家と国民との間での問題であり、基本的には一国内における問題でした。しかし第二次世界大戦後は人権保障の国際化の傾向が顕著となります。第二次大戦終結直前の1945年6月に国際連合憲章が調印され、これをうけて同年10月に**国際連合（国連）**が発足しました。国連憲章は、その前文で「基本的人権と人間の尊厳及び価値と男女…の同権とに関する信念をあらためて確認」すると掲げ、基本的人権、人間の尊厳及び価値、そして男女の同権の国際的保障が国連設立の目的のひとつであることを明らかにしました。

1948年12月10日の第3回国連総会において採択された「**世界人権宣言**」は、法的拘束力はないものの、人権と基本的自由について「すべての人民とすべての国とが達成すべき共通の基準」（前文第9段）を示すものとされました。さらに、1966年12月16日の第21回国連総会で採択された「**経済的、社会的及び文化的権利に関する国際規約（国際人権A規約）**」および「**市民的及び政治的権利に関する国際規約（国際人権B規約）**」は、法的拘束力を欠く世界人権宣言の精神と内容をより詳細に規定し実質化するための条約案で、締約国に条約の内容を実現するための立法措置等を義務づけるものです。批准国数が規定に達して発効したのはA規約が1976年

1月、B規約は同年3月で、日本は1979年に両規約の締約国となっています。

その後も、「女子に対するあらゆる形態の差別の撤廃に関する条約」(1985年)、「児童の権利に関する条約」(1994年) などの重要な国際人権条約が締結され、日本も含む世界各国における権利保障のための立法措置等を促進しています。

▶ (2) 政党国家と半代表制・半直接制

近代立憲主義における議会制は、制限選挙制の下で有権者の範囲が狭く富裕市民層に限定されていましたが、普通選挙制の確立によって財産を持たない民衆の政治参加が進むにつれて、多数の人々の支持を基盤とする「政党」が発達し、議会において政党による議員たちの組織化も進んでいきました。これによって、古典的議会制の前提であり日本国憲法もそれを継受している純粋代表としての**「国民代表」**(43条1項) が変貌を余儀なくされるようになっています。

本来国会議員は、選挙区や特定の利益を代表するものではなく、国会においては何者にも拘束されず自らの意思と判断に基づいて行動すべきものと考えられてきました (**純粋代表**)。しかし、議会制民主主義にとって複数政党の存在が不可欠なものと考えられるようになり、政党の発達とともに国会議員の大多数は特定の政党に所属するようになっています。そして、各議員は政党の方針や決定に従って国会の場で行動することが通例で、政党の方針や決定に拘束されるようになっています (**党議拘束**)。このように国会議員は政党の指示に拘束されることから、今や純粋代表ではなくなっています (半代表制)。また、議会制民主主義それ自体の空洞化も指摘されており、それを補完するために、国民発案や国民投票などの直接民主主義制度を採用する国もあります (半直接制)。

日本国憲法には政党の規定はありませんが、法律レベルでは公職選挙法、政治資金規正法、政党助成法などで政党の規定が置かれ。今や政党の存在は法律で承認され、議会制民主主義に不可欠な存在として認められるようになっています。このような現代国家を、政党国家と呼ぶこともあり、諸外国では憲法で政党の規定を置くところもあります (ドイツ連邦共和国憲法21条、フランス第五共和制憲法4条)。

▶（3）現代民主主義国家における立憲主義の課題

これまでに見たように、近代立憲主義国家の現代的変容は、①自由放任国家・消極国家から福祉国家・積極国家へ、②立法国家から行政国家へ、③国民の権利保障という面では自由権の保障に加えての生存権・社会権保障、と整理できます。

さらに、現代民主主義国家においては、次のような新たな特徴や課題が指摘できるでしょう。

①「多数派（＝国家権力の担い手）vs.少数派」という構図における少数派の人権の擁護が重視される傾向が顕著に見られます。それは、裁判所による違憲審査制によって行われます。すなわち、国会の議決（≒有権者の多数決）によって成立した法律であっても、その内容が憲法が保障する人権を侵害するものであれば、裁判所から違憲無効とされることがあります。つまり、少数者の人権が違憲審査制によって保障される可能性が開かれているということです。

②政府－議会間の抑制・均衡から政府＝議会多数派（政権与党）に対する議会少数派（野党）による監視・統制へ、という傾向が一般化しています。議院内閣制の下で、普通選挙制に立脚した議会制民主主義は必然的に政党政治となります。政府を形成しているのは議会で多数の議席を占める政党ですから、政府（内閣）と議会（国会）の対立ということは通常起こりえません。対立がうまれるのは、政府＝政権与党対野党（＝議会における少数派）ということになります。

したがって、政府＝政権与党による権力の濫用を防ぐには、野党による監視・統制が重要となってきます。こうした状況は多数派を形成している「民衆自身の権力を制限する」という難しい課題を立憲主義に突きつけているともいえます。こうして機能・役割を強める行政府＝執行府に対して立法府＝議会がどれだけ実効的なコントロールを及ぼしうるかが重要な課題となっています。

第2章

明治憲法から日本国憲法へ

《本章のキーワード》

- □ 明治維新
- □ 漸次立憲政体樹立の詔勅
- □ 明治憲法
- □ 伊藤博文
- □ 井上毅
- □ 国体
- □ ポツダム宣言
- □ マッカーサー・ノート

我が国の近代的憲法の歴史は、明治憲法（大日本帝国憲法）から始まります。本章では、明治憲法の制定過程を追い、その内容などに触れたうえで、現在の我が国の憲法——日本国憲法——の制定過程へと目を向けます。

1　明治憲法

►（1）「外圧」

明治維新をもたらし、また、明治憲法の制定へと我が国の歩みを進めさせたものは、何よりも《外圧》であったといえます。なお、後に見るように、日本国憲法も《外圧》によって制定された憲法だといえそうです。

嘉永6（1853）年、米国の東インド艦隊司令長官マシュー・ペリーに率いられたいわゆる「黒船」が、浦賀へと来航しました。幕府との交渉の末、翌年には、日米和親条約が締結されます。これを皮切りに、その後も「欧米列強」と条約が結ばれ続けました。

こうして我が国は、西洋の国際法秩序のなかに取り込まれることとなったわけです。ところが、諸国と締結された条約は、①関税の自主決定権が日本には認められない、②領事裁判制度を認めるといったことを含む不平等なものでした。このような不平等条約が締結された原因には、当時の我が国はいまだ「文明国」ではないという欧米列強からの評価がありました（当時の西洋国際法では、「文明」・「半文明」・「未開」に世界の国々を区分していたとされます）。

明治時代の法整備、そして明治憲法の制定は、こうした幕末以来の外交課題の解決を目指すなかで展開したものです。明治政府の指導者たちは、いかにして不平等条約を改正し、国家の独立を維持するかという課題に対処することを迫られ、それが憲法の制定を促したのです。たとえば岩倉具視は、明治２（1869）年、各国との条約改正交渉を行うべく勅使を派遣して各国首脳との謁見を実現するよう、意見書をしたためています。とはいえ、不平等条約改正のためには、本質的には、各国との法制上の違いをなくすことが求められていました。

▶（2）明治維新から憲法起草前後まで

慶応３（1867）年、徳川慶喜は政権を朝廷へと返上しました。慶喜は、徳川家を含む連合政権（「列侯会議」）を設け、それを実質的に主導することで政治力を保とうと試みましたが、その後、朝廷側と幕府側とのあいだで武力衝突が生じ、前者が勝利をおさめました。

これに相前後して、諸事「神武（じんむ）創業之始」に基づくことを宣言した「王政復古の大号令」、新政府の基本方針である**「五箇条（ごかじょう）の御誓文（ごせいもん）」**、更には一応の権力分立を含む「政体書」などが陸続（りくぞく）と登場し、流動的ではありながらも明治政府の体裁を整えるための試行錯誤が重ねられました。これらのうち、天皇を政治権力の核とした王政復古令も重要ですが、政体書は我が国「最初の憲法的文書」（大石眞）だと評されています。

【資料「政体書」（抄）（『法令全書』）】

一　大ニ斯国是ヲ定メ制度規律ヲ建ツルハ御誓文〔五箇条の御誓文〕ヲ以テ目的トス〔中略〕

一　天下ノ権力総テコレヲ太政官ニ帰ス則チ政令二途ニ出ルノ患無カラシム太政官ノ権力ヲ分ツテ立法行法司法ノ三権トス則偏重ノ患無ラシムルナリ

立憲的な政治の仕組みを本格的に取り込むための動きは、明治政府の危機のなかから生じました。明治６（1873）年、一部の有力な政治家らが政府内での征韓論争に敗れて下野（げや）するという出来事がありました（明治６年の政変）。そして、その下野した政治家らのもとでは、政府に対する不満の声が高まっていました。

翌年には、もともと政府の要職にありながら下野した板垣退助らが、「民選議院」の設立を求める建白書をまとめています。そこでは、政権が「帝室」にも「人民」にもなく「有司」にあるとしたうえで、その「有司」の政治――藩閥政治――を批判し、それを正すためには「民選議院」の設立しかないのだ、ということがいわれていました（「民選議院設立建白書」）。この建白書は、自由民権運動の端緒（たんちょ）となったものだとされます。

明治８（1875）年、板垣と政府側、さらには当時政府を離れていた木戸孝允とのあいだでの合意をもとに、いわゆる「漸次（ぜんじ）立憲政体樹立の詔勅」が発せられます。これによって立法権を担う元老院が設置され、翌年には、「国憲」（＝憲法）起草を命ずる勅語が元老院に下されました。しかし、元老院のまとめた案は政府内での反対にあい、憲法制定作業は頓挫しました。

明治13（1880）年には、内閣の各参議から立憲政体についての意見書が提出され、なかでも翌年３月の大隈重信の意見書は、イギリス流の議院内閣制の採用を求めるなど、急進的な内容をもつものでした。その大隈は明治14（1881）年の政変によって罷免されることになりましたが、それと同時に、明治23（1890）年を期して国会を開くとした「国会開設勅諭」が渙発されました。

▶（3）明治憲法の制定

こうしたなかで政府内での憲法制定作業の主流を占めることになったのが、岩倉に加え、伊藤博文と井上毅でした。明治14（1881）年７月、岩倉はその意見書（井上起草）のなかで、憲法制定の手続について述べるとともに、その後の明治憲法に見られる諸規定の原型といえるものを早くも提示しています。それは、前述の大隈の考えとは異なり、プロイセンを範にとった君主主義的な憲法構想に基づくものでした。

【資料　岩倉具視「大綱領」（抄）】

一欽定憲法之体裁可被用事
一帝位継承法ハ祖宗以来ノ遺範アリ別ニ皇室ノ憲則ニ載セラレ帝国ノ憲法ニ記載ハ要セサル事
一天皇ハ陸海軍ヲ統率スルノ権ヲ有スル事
一天皇ハ宣戦講和及外国締約ノ権ヲ有スル事
〔中略〕
一歳計ノ予算政府ト議院ト協同ヲ得サルトキハ総テ前年度ノ予算ニ依リ施行スル事
〔以下略〕

法制官僚ともいうべき井上毅は、明治政府成立後に司法省の一員としてヨーロッパで法制調査に当たった経験を持っていましたが、この時期、「お雇い外国人」との質疑応答などを中心として、国内での憲法研究に勤しんでいました。

一方の伊藤博文は、明治15年、ヨーロッパ各国での憲法調査へと旅立っています。伊藤は、ベルリンではルドルフ・フォン・グナイストから、ウィーンではローレンツ・フォン・シュタインから、ヨーロッパの立憲政治を学びました。特にウィーンの調査は、実際の政治をうまく機能させるには、憲法や議会だけではなく、政府の組織を固めて行政を確立することが重要であるという確信を伊藤に対して与えました。また、（井上毅のような）政治的知識人に対抗し、独自の立憲国家観を涵養することにもなったようです。伊藤の帰国は明治16年８月のことですが、その年の７月下旬、岩倉が亡くなっています。

帰国後の伊藤博文は、宮中改革や内閣制度創設をリードし、遅くとも明治19年秋頃には井上毅らと憲法起草作業を始めています。すでに「お雇い外国人」のヘルマン・ロエスレルの試案などもありましたが、井上が明治20（1887）年に憲法案「初稿」、続いて「甲案」および「乙案」を作成しました。同年8月、伊藤は、伊東巳代治と金子堅太郎とともに神奈川の夏島で、井上「甲案」「乙案」などをもとにした検討を行い、いわゆる「夏島草案」が完成しました。井上の更なる検討などを踏まえ、その後も幾度かの憲法草案の改訂作業が行われます。伊藤らがまとめた憲法草案は、明治21（1888）年ついに枢密院の審議に付され、そこでも修正が加えられた後、翌明治22（1889）年2月、明治憲法として発布されました。

こうして制定された憲法は、しかし、伊藤らが何もないところから作ったというわけではありません。維新後の政治のなかで形作られていた制度を踏まえた箇所もありました。一例をあげます。明治憲法12条は、陸海軍の編制および常備兵額を天皇が定める旨の規定です。もともと伊藤らが枢密院へと提出した案では、陸海軍の編制を「勅令」で定めるという案となっていました。しかし、枢密院審議の過程で、陸海軍の編制については勅令以外の法令形式で定められるものもあるとの指摘がなされました。それを踏まえ、勅令で定めるとは明言しない条文となっています。既存の秩序への配慮があった事例だといえそうです。

►（4）明治憲法の内容

さて、こうして制定された明治憲法は、どのような内容を備えていたのでしょうか。第1条から明らかなように、君主主義的側面を明確に有する明治憲法では、天皇の大権を掲げることによって、議会の権限が及ばない事項を定めました。たとえば、官制や文武官の俸給決定・任免（10条）、陸海軍の統帥（とうすい）（11条）、宣戦講和・条約締結（13条）などがそれです。これらは基本的に――天皇ではなく――政府が実際の決定を行うものでした（「名」と「実」の構造があるといっても良いかも知れません）。ただし、天皇大権のなかでも11条については、陸海軍が内閣から独立して大権行使の「輔弼（ほひつ）（輔翼）」の役割を担いました（「統帥権（とうすいけん）の独立」）。

立法権の行使には、二院からなる帝国議会（貴族院・衆議院）の「協賛」

を要しました（５条）。多くの例外がありつつも、議会の協賛を経て成立した法律でなければ、臣民の権利を制約することはできませんでした。**「法律の留保」**原則に係わる問題ですが、ただ、これについては、明治憲法下の憲法学者らのあいだでも見解の相違があり、さらに戦後の憲法学から見た明治憲法の評価がどうであるかという微妙な問題をも孕（はら）んでいます。

このほかにも、独立した裁判所が司法権を担うこと（57条）、租税法律主義（62条）、議会の予算協賛権（64条）などが定められていました。日本国憲法との大きな違いとして注目すべきは、国家緊急権規定が見られた点です。すなわち、緊急勅令（８条）、戒厳（14条）、緊急財政処分（70条）などの規定がそれです。

こうした明治憲法のもと、政党勢力やデモクラシー思想の伸長などによって、政党内閣が実現したときもありましたし、後述のポツダム宣言の言葉を借りれば、「民主主義的傾向」が強かった時期が確かにあったといえます。しかし、昭和に入ると、テロの発生や外交課題、経済問題、さらには中国大陸での陸軍の動向などによって、我が国は日中戦争、太平洋戦争（大東亜戦争）へと進んでいったのです。

▶（5）「国体」

ところで、日本国憲法との関係、特にその制定経緯との関係で重要なのが、戦前の憲法学で用いられた**「国体」**という概念です。

戦前の憲法学では、主権・統治権の問題に関連し、多くの論者が「国体」という言葉を用いていました。例えば穂積八束は、統治権と主権を同じものだとしたうえで、主権の所在を尺度にして、国家を分類しています。具体的には、「君主国体」と「民主国体」という２つを挙げ、前者は特定の１人が国の主権者である国家を意味し、後者は人民が国の主権者である国家を意味するとし、明治憲法下の日本を「君主国体」に数えています。

また、佐々木惣一は、誰が統治権の総攬者なのかという点を、穂積と同じく国家を分類する時の物差しにしています。佐々木は、「国体」には「君主国体」と「共和国体」があるとしたうえで、前者は特定の１人が統治権の総攬者である国家を指し、後者は特定の２人以上が統治権の総攬者である国家を指すとしていました。佐々木も、明治憲法下の我が国を「君主国体」に数えています。

他方、法学上で、主権・統治権の所在に関して「国体」という言葉を用いることを批判した憲法学者が、美濃部達吉でした。彼は、「君主国体」や「共和国体」といった用語が、倫理的・歴史的な意味合いを持つ「国体」という言葉の本来の使い方と異なる点などを指摘し、それとの混同を避けるため、穂積らの提示した用語は使わないほうが良いと考えたのです。ただ、美濃部は、明治憲法が「君主主権主義」の憲法だということは明言しています。「君主主権主義」とは、国の統治の力の源が君主にあることを指すということです。

なお、実定法上、「国体」という概念は、治安維持法（大正14（1925）年制定）のなかに登場しています。大審院では、そこにいう「国体」とは、「万世一系ノ天皇君臨シ統治権ヲ総攬シ給フコト」を指すとしました（大審院判決昭和4年5月31日）。

2　日本国憲法

►（1）ポツダム宣言の受諾

この「国体」概念は、日本国憲法の成立にも深く関係しています。第二次世界大戦の終結に当たり、我が国はポツダム宣言を受諾しました。その前後で「国体」を巡る議論が生じています。日本国憲法の成立史を概観しながら、「国体」を巡る議論にも注目してみましょう。

昭和20（1945）年7月末、ポツダム宣言が連合国から日本政府に示されました。軍隊の武装解除や戦争犯罪人に対する処罰のほか、「民主主義的傾向ノ復活強化」のために妨げとなるものを除去すること、言論・宗教・思想の自由や基本的人権の尊重を確立することなどが、我が国へ要求されました。そして、これらが達成され、日本国民の自由に表明された意思に従い、平和的で責任のある政府が樹立された時、「占領軍」を日本から撤収させるとされていました。

日本政府は8月10日、連合国に対し、ポツダム宣言には天皇の「国家統治ノ大権」を変える要求は含まれていないとの点を確認したうえで受諾したい、と申入れます。これに対し連合国は11日、天皇・日本政府の「国家統治ノ権限」は連合国最高司令官の「制限」下に置かれ、日本国の最終的な政治形態は日本国民が自由に表明する意思によって決められる、と回答しました。

当時の日本政府では、統治の権限が占領軍によって制限されるのはむしろ当たり前のことで、連合国側に内政干渉の意図はなく、国民の自由意思に委ねるとの回答は民主政治の立場にある連合国側にとって当然のものだなどと考えました。そして、少なくとも天皇制の存続は認められたと捉え、宣言を受諾しました。日本側は《「国体」は護持された》と解し、終戦の詔勅でもそう述べています。そして、30日に連合国最高司令官ダグラス・マッカーサーが来日、占領統治が本格化するなかで、憲法改正問題が進展していくのです。

▶ （2）憲法改正問題

ポツダム宣言は憲法改正を直接には求めていなかったのですが、10月、マッカーサーと面会した幣原喜重郎総理大臣は、憲法改正の必要性を示唆されました。幣原内閣では直後、憲法問題調査委員会（委員長・松本烝治）を設置し、憲法改正の要否や、改正の必要がある時の対応などの調査を行うことにしました。しかし調査の最中、委員会審議を整理してつくった一試案が、政府の改正作業の内容がうかがえるものだとして毎日新聞に掲載されるという出来事が起きました（昭和21（1946）年２月１日）。

この毎日新聞のスクープの後、国際的な事情も絡む中、占領軍による憲法草案の起草が行われることとなったのです。マッカーサーは、２月３日、**連合国軍最高司令官総司令部（GHQ）**民政局長ホイットニーに対し、基本項目を列記した**「マッカーサー・ノート」**をもとにして憲法草案をつくるよう命じます。その際、起草作業は、**「SWNCC228」**（憲法改正についてのアメリカ政府の方針が記された文書）にも沿うかたちで進められました。具体的には、憲法の章立てを明治憲法に合わせることや、国民主権を明確にすることなどが考慮され、各国憲法も参照して起草作業が行われましたが、日本の民間グループ・憲法研究会がつくった草案もGHQの作業に影響を与えたといわれます。

【資料　「マッカーサー・ノート」】

一　天皇は、国家の元首の地位にある。皇位の継承は、世襲である。〔中略〕

二　国家の主権的権利としての戦争を放棄する。日本は、紛争解決のための手段としての戦争、および自己の安全を保持するための手段としてのそれをも放棄する。日本は、その防衛と保護を、今や世界を動かしつつある崇高な理想に委ねる。いかなる日本陸海空軍も決して許されないし、いかなる交戦者の権利も日本軍には決して与えられない。

三　日本の封建制度は、廃止される。〔中略〕予算の型は、英国制度に倣うこと。

マッカーサー草案とも呼ばれるGHQの憲法草案は、早くも2月10日に完成しました（英文）。松本らは、日本側でまとめた憲法改正要綱を8日時点でGHQに提出していました。明治憲法の枠組みからすれば、それなりに大胆な改正を含む案となっていましたが（長尾龍一『日本憲法思想史』)、しかし、GHQ側には受け容れられませんでした。代わりに手交されたのがマッカーサー草案で、以後、これをベースに憲法改正作業が進められます。こうした経緯もあって、たとえば政治学者・矢部貞治は昭和21年11月3日の日記に、「翻訳憲法発布」と書き残しています（『矢部貞治日記 銀杏の巻』)。

（3）日本国憲法の成立と「国体」

ところで、明治憲法73条によると、憲法を改正するには帝国議会の賛成が必要でした。政府はこの規定に従い、枢密院への諮詢を済ませたあと、昭和21（1946）年6月、マッカーサー草案をもとにまとめた憲法改正案を議会に提出します。議会で盛んに論じられたテーマのひとつが、主権についてでした。すなわち、主権の所在はどうなるのか、この改正によって「国体」は変更されるのかといった問題でした。

【資料　主権に関する規定の主な変遷】

マッカーサー草案第１条	皇帝ハ国家ノ象徴ニシテ又人民ノ統一ノ象徴タルベシ彼ハ其ノ地位ヲ人民ノ主権意思ヨリ承ケ之ヲ他ノ如何ナル源泉ヨリモ承ケス
帝国議会提出時の改正案第１条	天皇は、日本国の象徴であり日本国民統合の象徴であつて、この地位は、日本国民の至高の総意に基く。
衆議院審議後の改正案第１条	天皇は、日本国の象徴であり日本国民統合の象徴であつて、この地位は、主権の存する日本国民の総意に基く。

資料にも掲げたように、憲法改正案は、とりわけ衆議院での審議を経て国民主権主義を明確にするように修正されています。この修正はGHQの強い要請によるものでしたが、これには極東委員会（連合国の日本占領管理のための最高政策決定機関）の動きが関係していました。極東委員会は昭和21（1946）年２月末に最初の会合を行い、７月初旬、委員会がまとめた政策「日本の新憲法についての基本原則」をマッカーサーに指令として送っています。そこには、日本の憲法では「主権が国民に存することを認めなければならない」とあり、これがGHQの要請につながったとされます。

帝国議会の審議では、憲法問題担当の国務大臣として、戦前に法制局長官も務めた金森徳次郎が主に答弁に立ちました。金森は議会で、上に述べた主権の問題について、①主権は天皇も含めた意味での「国民」にあり、②従来は天皇が統治権の総攬者であることを「国体」と捉える向きもあったが、真の意味の「国体」とは、天皇を憧れの中心として国民が結合して国を構成していることで、この意味の「国体」は不変である、といったことを述べています。

3　日本国憲法の制定をどのように説明するか

主権の所在や「国体」に関する問題は、日本国憲法の成立を法的にどのように理解するかということにも関係しています。それは、この日本国憲法は《新憲法》なのか《改正憲法》なのかという争いであったといっても良いでしょう。

明治憲法下では、憲法改正には限界があるとする説――要は、ある部分については正式な憲法改正の手続を踏んでも改正できないとの説があり、具体的には、主権の所在を変更するような改正は認められないという考えが有力でした（憲法改正限界説）。この考えに立って、しかも、明治憲法では天皇に主権があり、日本国憲法では国民主権主義を採っているとするなら、明治憲法から日本国憲法への改正は、法的には是認されないものだということになります。

しかし、そうした憲法改正限界説に立ちながらも、ポツダム宣言の受諾が超法規的変革を起こし、実質的に《新憲法》が生まれたのだという見方が登場しました。この見方をいち早く打ち出したのが、戦後の憲法学をリードした東京大学法学部教授の宮沢俊義です。

昭和21年３月に我が国政府が発表した憲法改正案では「国民主権主義」が採用されていると見た宮沢は、そこでひとつの変革があったと指摘しました。それは、従来の日本政治の「根本建前」は「政治的権威が終局的には神に由来する」という「神権主義」によっていたのに対し、国民の意志が政治の最終的根拠だとされる「国民主権主義」へと変わった、というものです。この《神権主義から国民主権主義へ》という、ポツダム宣言受諾をきっかけとした変革について、宮沢は「憲法的には革命をもって目すべきもの」だと唱えました（**八月革命説**）。

他方、日本国憲法は明治憲法73条の改正手続に基づく合法的な改正によって成立したものであるという理解もありました。これは、憲法改正には限界はないという立場（憲法改正無限界説）から唱えられたもので、こうした立場から、日本国憲法はあくまでも《改正憲法》だとする論者もいました。

なお、前述の金森徳次郎は、明治憲法下では国民の意思に基づき天皇に政治の中心があったが、同じく国民の意思に基づき今度は国民を政治の中心とするようになっただけ――つまり、明治憲法下でも主権は国民にあったとし、日本国憲法は明治憲法73条に従って改正された憲法だと主張しています。

以上の説は、少なくとも日本国憲法が有効であるという点で、共通しています（日本国憲法有効論）。有効ではあるが、その根拠については異なる理屈で説いている、というわけです。ただ、以上の説とは違って、日本国憲法の有効性を疑う学説もありました（日本国憲法無効論）。

代表的な無効論者の主張を見ると（相原良一）、それは八月革命説と同じく、憲法改正限界説に立脚しています。そして、日本国憲法は明治憲法の改正によって成立したものとされている以上、その改正手続に「違法又は重大且明白なる瑕疵があれば」現行憲法は有効とはいえないとします。そのうえで、明治憲法の改正の限界を逸脱したものであること、「国家の統治意思の自由」がない占領期間中に改正が行われたことなどを指摘し、現行憲法は無効であると論じています。これらのことを踏まえて、本来無効である日本国憲法の「無効確認」を行い、同時に明治憲法を「復原」し、あらためて明治憲法73条による改正を行うよう求めていました。

4 おわりに

現在の日本国憲法には「上諭（じょうゆ）」がつけられており、そこには明確に、明治憲法73条の規定に基づいて、改正憲法として日本国憲法が成立したということが記されています。とはいえ、主権者が変わるほどの根本的な変革は、果たして憲法改正によって可能なものなのか――こうした観点から戦わされた当時の様々な主張は、明治憲法と日本国憲法のつながりの有無や、両者をどのように評価するのかといった問題とも係わっています。

このように、日本国憲法は、そもそもその成立をどのように説明するかという論点を一応抱えながらも、我が国戦後政治の拠りどころとされ続けてきています。

【参考文献】

・宮沢俊義『憲法の原理』（岩波書店、昭和42年）
・矢部貞治『矢部貞治日記 銀杏の巻』（読売新聞社、昭和49年）
・筒井若水＝佐藤幸治＝坂野潤治＝長尾龍一編『日本憲法史』（有斐閣、昭和51年）
・相原良一『憲法正統論』（展転社、平成８年）
・長尾龍一『日本憲法思想史』（講談社、平成８年）
・大石眞『日本憲法史』第２版（有斐閣、平成17年）
・瀧井一博『伊藤博文』（中央公論新社、平成22年）
・出口雄一＝神野潔＝十川陽一＝山本英貴『概説 日本法制史』（弘文堂、平成30年）
・渡邉亙『法律の留保に関する比較研究』（成文堂、平成31年）
・荒邦啓介「明治憲法と日本国憲法」山本龍彦＝横大道聡編著『憲法の現在地』（日本評論社、令和２年）

第3章

日本国憲法の基本原理

《本章のキーワード》

- □ 上諭
- □ 前文
- □ 八月革命説
- □ 国民主権主義
- □ 代表民主制
- □ 平和主義
- □ 基本的人権尊重主義
- □ 基本的生存権
- □ 法規範性
- □ 裁判規範性

1 日本国憲法の成立における矛盾

日本国憲法は、本文11章103条のほか、「上諭」と「前文」から構成されています。このことは序章で紹介したところです。

上諭というのは、憲法を公布する際に付されるもので、この憲法はどういう手続きを経て成立し公布に至ったかが述べられています。これは日本国憲法の一部をなすものではありませんが、日本国憲法の成立を考えるにあたって無視できない内容を含んでいます。それは何かというと、上諭では日本国憲法は明治憲法の改正として成立した、と述べられている点です。そこには、次のように記されています。

「朕は、日本国民の總意に基いて、新日本建設の礎が、定まるに至つたことを、深くよろこび、樞密顧問の諮詢及び帝國憲法第七十三條による帝國議會の議決を經た帝國憲法の改正を裁可し、ここにこれを公布せしめる。」

ここにいう「朕」とは天皇のことです。つまり、日本国憲法は、帝国憲法（明治憲法）73条の改正手続きに従って、帝国憲法を改正してできたもので、それを天皇が公布する、ということが述べられているのです。

ところが、前文ではこれと違った内容が記されています。すなわち、「日本国民は、……ここに主権が国民に存することを宣言し、この憲法を確定する」（前文第1項前段）というのです。つまり、日本国憲法は、主権者である日本国民が確定した、と書かれているのです。

わかりやすくいうと、上諭では日本国憲法は明治憲法を改正した憲法であると規定されているにもかかわらず、前文では日本国民が確定した憲法、つまり日本国民が新たに制定した憲法であるといっているのです。上諭と前文にこのような矛盾がみられるのです。そのため、日本国憲法は、明治憲法の改正憲法か、それとも主権者である日本国民が新たに制定した憲法かということが論じられてきました。

この点について、一般的には、国民主権が掲げられた日本国憲法の内容から見て新たに制定された新憲法であり、その公布に際して明治憲法の改正手続きを便宜上借用したに過ぎないと説明されます。憲法改正には限界があり、主権の変更は憲法改正の限界を超えるため、天皇主権から国民主権に変わったことは改正ではなく制定であると考えられています。もっとも、改正には限界がないという説もあり、それによれば日本国憲法は明治憲法の改正憲法ということになります。

しかし、なぜこのような一見矛盾することが書かれているのでしょうか。そのことを考えてみる必要があります。事実に即して考えると、日本国憲法はGHQで作成された原案をもとにつくられた帝国憲法改正案を、第90回帝国議会で審議して、上諭に書かれているように枢密顧問の諮詢を経て天皇が裁可することで成立しています。その意味では上諭に書かれていることは事実と一致します。

ところが、国民主権が日本国憲法以前に成立したという事実はありません。しかし、前文では主権の存する日本国民がこの憲法を確定する、と書かれているのです。そこで編み出されたのが、「八月革命」説という考え方です。ポツダム宣言は国民主権を要求していて、それを受諾した時点（昭和20（1945）年8月14日）で主権が天皇から国民に移り、この国民主権に基づいて日本国憲法が制定されたと考える学説です。こうして主権が変更したことは、法学的な意味における「革命」があったというのです。宮沢俊義という東京大学法学部の教授だった憲法学者の説です。

この説が広く支持されて、日本国憲法は主権者たる日本国民が新たに制定したものだと考えられてきました。これは日本国憲法の正当性（正統性）を「八月革命」という虚構によって基礎づけるものですが、事実とは異なります。実際にどのような過程を経て日本国憲法が成立したかをみればそのことは明らかです。それにもかかわらず、今日でもこの説が広く支持されています。

2　日本国憲法の前文と基本原理

日本国憲法の基本原理は、まず憲法の前文に表れています。そこには次のような原理が示されています。

前文１項の前段では、「主権が国民に存すことを宣言し」として国民主権が明記されています。そして上述したように、日本国民が「この憲法を確定」したとして、日本国民がこの憲法を制定したと書かれています。

同後段では、「そもそも国政は、国民の厳粛な信託によるものであつて、その権威は国民に由来し、その権力は国民の代表者がこれを行使し、その福利は国民がこれを享受する」という代表民主制の原理が「人類普遍の原理」であり、日本国憲法はこの原理に基づくものであることが謳われています。

２項前段では、「日本国民は、恒久の平和を念願し……平和を愛する諸国民の公正と信義に信頼して、われらの安全と生存を保持しようと決意した」と述べられています。恒久平和主義を表すものですが、日本国民の安全と生存の保持を自らの努力によるのではなく、「平和を愛する諸国民の公正と信義」に委ねるという考え方は、占領下では仕方のないことでしたが、今日では通用しない危険な考え方といわざるを得ないでしょう。

続いて「平和を維持し、専制と隷従、圧迫と偏狭を地上から永遠に除去しようと努めてゐる国際社会」というのは、国際社会がそのような理想社会を実現しようと努力している過程にあることは事実ですが、その実現は遙か遠い先の未来のことでしょう。このように憲法に書かれていることには、理想と現実が混在していることに留意する必要があります。

同後段では、「全世界の国民が、ひとしく恐怖と欠乏から免かれ、平和のうちに生存する権利を有することを確認」しています。このことは、「平和的生存権」を認めた規定ともいわれますが、法的な権利として確立されたものとまではいえない、と考えられます。

３項では、「いづれの国家も、自国のことのみに専念して他国を無視してはならない」としていわゆる国際協調主義が語られ、それは「自国の主権を維持し、他国と対等関係に立たうとする各国の責務」であると規定されています。

そして、最後の４項で、「日本国民は、国家の名誉にかけ、全力をあげてこの崇高な理想と目的を達成することを誓ふ。」と結んでいます。

以上が、前文の内容です。

各国の憲法には、このように本文に先だって前文が掲げられ、そこには憲法の制定経緯や国家統治の基本原理などが示されるのが一般的です。日本国憲法も以上にみたように、前文の中には、国民主権主義、平和主義、国際協調主義などの基本原理が示されています。

なお、前文は法規範ではあっても、そこから裁判上主張できる権利を直接導き出すことのできる裁判規範ではなく、本文の各条項を解釈する際の指針となる法規範であると解されています。

日本国憲法の基本原理は、国民主権主義、平和主義、基本的人権尊重主義といわれますが、すでにみたように前文で明確に現れているのは、国民主権主義と平和主義で、基本的人権の尊重については、むしろ本文の第三章に詳細な個別の権利・自由の規定が置かれていることから導かれるといえます。このように、いわゆる三大基本原理といわれるものは、憲法でそれと明示されているものではなく、学説によって主張されているものなのです。

3　三大基本原理

(1) 国民主権主義

日本国憲法は、前文１項前段で「ここに主権が国民に存することを宣言」するとともに、「国政は、国民の厳粛な信託によるものであつて、その権威は国民に由来」すると規定し、１条で天皇の地位が「主権の存する日本国民の総意に基く」と規定して、国民主権主義に立脚するものであることを明らかにしています。

ここに**国民主権**とは、国の政治のあり方を最終的に決めることのできる力が国民に存するということを意味します。そもそも個々の国民が直接に政治を行うことは、物理的に無理です。そこで、日本国憲法前文は、「正当に選挙された国会における代表者を通じて行動」すること、「国政は、国民の厳粛な信託によるものであつて、その権威は国民に由来し、その権力は国民の代表者がこれを行使」するとして、代表民主制（間接民主制）を採用することを明らかにしています。つまり、国民が直接選挙した国会議員（43条１項）が、国会に集い、国家・国民のために政治を行うこと（国会中心主義）を明らかにしています。

ただし、日本国憲法は、憲法改正の国民投票（96条１項）、最高裁判所裁判官の国民審査（79条２項・３項）、地方自治特別法の住民投票（95条）の場合には、例外的に直接民主制を採用しています。

このように、国民主権は民主主義の実現に重要なものであることから、国家統治の最終的な意思を国民が決定すること（権力的契機としての国民主権）のみならず、国家権力の正当性の淵源は国民に存すること（正当性の契機としての国民主権）をも意味すると考えられています。

(2) 平和主義

前文１項前段で、「日本国民は、……政府の行為によつて再び戦争の惨禍が起こることがないやうにすることを決意し」とし、２項前段で、「日本国民は、恒久の平和を念願し、人間相互の関係を支配する崇高な理想を深く自覚するのであつて、平和を愛する諸国民の公正と信義に信頼して、われらの安全と生存を保持しようと決意した」と定めています。いずれも日本国民の決意として不戦と恒久平和を誓ったものです。

さらに、「平和を維持し、専制と隷従、圧迫と偏狭を地上から永遠に除去しようと努めてゐる国際社会において、名誉ある地位を占めたいと思ふ」として、日本国憲法が前提とする国際社会像が描かれ、その中で名誉ある地位を占めたいとの願望が述べられています。

そして日本国民のみならず、「全世界の国民が、ひとしく恐怖と欠乏から免かれ、平和のうちに生存する権利を有することを確認する」として、全世界の国民が「平和的生存権」を有することを認めています。

このような前文の規定を具体化するのが本文の９条です。それは後に述べるように、「国権の発動たる戦争と、武力による威嚇又は武力の行使は、国際紛争を解決する手段としては、永久にこれを放棄する」（９条１項）という「戦争の放棄」と、「陸海空軍その他の戦力はこれを保持しない」（同条２項前段）という「戦力の不保持」、そして「国の交戦権は、これを認めない」（同後段）という「交戦権の否認」として具体的に表れています。

これらの規定だけをみると、日本国憲法は無防備・無抵抗の平和主義を掲げているようにも見えますが、後に述べるように（「第５章平和主義」参照）、けっしてそのようなものではありません。

もっとも、日本国憲法ができた当時の占領下の、冷戦が顕在化する以前の時期にあっては、無防備・無抵抗の平和主義が現実に要求されていたことがあり、その限りでは憲法の条文そのままの解釈が妥当した時代があったのは事実です。しかし、時代の変化とともに憲法の解釈が変わり、制定当時の解釈をそのまま採ることは現実的ではないと思われます。

ちなみに、日本国政府は「国家安全保障戦略について」（平成25年12月17日国家安全保障会議決定、閣議決定）において、「国際協調主義に基づく積極的平和主義の立場から、我が国の安全及びアジア太平洋地域の平和と安定を実現しつつ、国際社会の平和と安定及び繁栄の確保にこれまで以上に積極的に寄与していく。このことこそが、我が国が掲げるべき国家安全保障の基本理念である。」として、「積極的平和主義」を基本理念に掲げています。今後、国際協調主義を前提とした「積極的平和主義」を根拠として、積極的な外交政策や防衛政策が展開されることが想定されます。

▶（３）基本的人権尊重主義

前文から直接に基本的人権尊重主義を読み取ることは困難を伴います。１項前段の「わが国全土にわたつて自由のもたらす恵沢を確保」すること、２項前段の「専制と隷従、圧迫と偏狭を地上から永遠に除去しようと努めてゐる国際社会」という認識は、基本的人権尊重の理念を表明しているとはいえますが、むしろ基本的人権尊重主義は本文の諸規定から導き出せるところです。とりわけ、本文の11条・13条・97条の規定をみると、基本的人権尊重主義の理念を明確に読み取ることができます。

憲法11条は「国民は、すべての基本的人権の享有を妨げられない」こと、「憲法が国民に保障する基本的人権は、侵すことのできない永久の権利として、現在及び将来の国民に与へられる」ことが規定されています（なお、同趣旨が97条でも規定されています）。

また、13条では「すべて国民は、個人として尊重される。生命、自由及び幸福追求に対する国民の権利については、公共の福祉に反しない限り、立法その他の国政の上で、最大の尊重を必要とする」と規定されています。

さらに、「最高法規」（第10章）の冒頭に置かれている97条は「この憲法が日本国民に保障する基本的人権は、人類の多年にわたる自由獲得の努力の成果であつて、これらの権利は、過去幾多の試練に堪へ、現在及び将来の国民に対し、侵すことのできない永久の権利として信託されたものである」として、基本的人権の来歴とその保障を憲法の最高法規性の実質的根拠とし位置づけています。

ただし、基本的人権の保障は無制約ではなく「公共の福祉に反しない限り」（13条）において尊重されること、「国民は、これを濫用してはならない」こと、および「常に公共の福祉のためにこれを利用する責任を負ふ」（12条後段）ことも同時に定められています。そして、「憲法が国民に保障する自由及び権利は、国民の不断の努力によつて、これを保持しなければならない」（12条前段）として、基本的人権を保持していくためには国民の努力が必要であることも規定しています。憲法で保障されているからといって何の努力もしないで安心していては、基本的人権が侵される危険があるということです。

こうして、基本的人権のいわば総則的な規定を前提に、個別具体的な権利・自由が第３章の14条以下に掲げられているのです。

4 前文の法的性格

前文は日本国憲法の一部ですが、本文とは異なり抽象的な内容であるため、本文の規定と同様の法的性格をもつのかどうか、検討する必要があります。この点について、前文の法規範性と裁判規範性という二つの側面からみていきます。

▶（1）法規範性

前文は、日本国憲法の一部を構成していますが、本文の規定とは異なり具体的な権利や自由を定めたものではないため、法的効力をもたない政治的な方針を示した宣言であると解する学説があります。しかし、通説によると、前文は日本国憲法という法典の一部として、国にその内容を実現する義務を課す憲法規範であるとして、前文に法規範性を認めています。そして、前文の内容は、憲法本文の規定を解釈する際の指針となると解されています。

また、前文は日本国憲法の一部であることから、当然にその改正は憲法96条に定められた手続によらなければならず、本文とともに最高法規としての性格をもつと解せられます。

▶（2）裁判規範性

前文が本文と同様に憲法規範であると解したとしても、前文の規定自体を直接の根拠として、裁判所が具体的な争訟を通して法令等の違憲無効を判断することができるのかという問題があります。具体的には、前文に規定されている「平和的生存権」（平和のうちに生存する権利）が裁判規範となり得るか、その裁判規範性（具体的権利性）が認められるのかをめぐって、学説は否定説と肯定説に分かれます。

この点について、通説は裁判規範性を否定しています。その理由として、前文の内容は憲法の理念や原則を一般的・抽象的に表現したものであって具体性に欠けること、その具体的な内容は本文の各条項に規定されていることなどが指摘されます。しかしながら、この説に立っても前文の法規範性は認め、前文の内容は本文各条項を解釈する際の指針（基準）にはなりうると解しています。

これに対して、前文の裁判規範性を肯定する説は、特に前文第２項に掲げられている「平和のうちに生存する権利」を「平和的生存権」として憲法上の権利の一つとして認めようとする立場から主張されます。つまり、平和的生存権は、本文にはそれを導き出す規定がないため、前文を直接的な根拠として平和的生存権を憲法上の権利として主張し、それを９条や13条後段の「幸福追求権」によってその権利性を補強し、その裁判規範性を主張します。

しかし、最高裁判所は、**百里基地訴訟**（最判平元・6・20民集43·6・385）において、「平和主義ないし平和的生存権」にいう「平和とは、理念ないし目的としての抽象的概念であつて、それ自体が独立して、具体的訴訟において私法上の行為の効力の判断基準になるものとはいえ」ないと判示し、平和的生存権の裁判規範性（具体的権利性）を否定しています。

第4章

天皇と国民主権

《本章のキーワード》

- □ 象徴
- □ 君主
- □ 元首
- □ 皇位
- □ 国事行為
- □ 国民主権
- □ 国政に関する権能
- □ 内閣の助言と承認
- □ 国会の議決

1　天皇の地位

►（1）君主制と国民主権

かつての伝統的な見解では、主権の所在によって、君主制が共和制に対比され、主権が君主に帰属すれば**君主制**、主権が国民に帰属すれば**共和制**という分類がなされることがありました。そのため、共和制がすなわち民主政体（国民主権）であると混同される場合、君主制と民主政体（国民主権）は対立するするものであるとの認識が生じました。しかし、君主の役割が変化した現代では、君主制と民主政体（国民主権）は併存するものであり、両者は対立するものではないことが諸外国の君主制の国々（イギリス、ベルギー、オランダ、スウェーデンなど）によって実証されています。

君主制か共和制かの違いは、主権の所在ではなく、元首の成り立ち方によって定まると考えるべきです。つまり、国家元首が世襲またはそれに準ずる方法によってその地位に就く場合は君主制（君主国）であり、国家元首が国民の多数意思（選挙等）によって指名される場合は共和制（共和国）ということです。そして、主権の意味を「国家意思の最終決定権」と捉える場合、主権の所在は政治体制を意味し、国民主権は民主政体を意味します（民主政体の対義語は独裁政体）。

これを総合すると、国家体制は、大まかに４つの類型に分けられます。すなわち、①君主制民主政体、②君主制独裁政体、③共和制民主政体、④共和制独裁政体、です。後述のように、日本国憲法は、①君主制民主政体を採用しているといえます。

▶（2）天皇の君主的性格

伝統的な君主論によれば、君主の概念は、①世襲制をとる独任機関であること、②統治権の重要部分（特に行政権）を掌握していること、③対外的に国家を代表していること、④国家を象徴するものであること、とされます。この概念に照らせば、天皇は、上記①と④を満たすものの、上記②の行政権を掌握しておらず、上記③の対外的代表権も曖昧であるから君主ではないとの指摘もあります。

しかし、前述のように君主の役割が変化した現代では、君主の権能に注目した部分（上記②③）が時代によって変遷しています。現代の君主制の国においては権威と権力の分離が進み、君主の権能は、権力的な側面から国家の統合や尊厳を表現する権威的な側面へと移行しています。日本国憲法下の天皇は、「国事行為」の中に部分的ながらも国家統治の重要な権能が形式的・儀礼的なものとしてであれ付与され、象徴として国家の権威的役割を担っています。したがって、天皇は、対内的にも対外的にも国の象徴であることから、君主であるといえます。

▶（3）天皇の元首的性格

天皇が元首か否かは、元首の概念の捉え方によります。もともと元首の概念は、国家有機体説と親和的であり、「有機体としての国家の頭」と捉えるものでした。そこでは、「国家全体を全一に表現する存在」（権威の源泉）としての意味があり、尊厳性、象徴的機能、統合機能などを具備するものを意味しました。それが時代の変化によって国家・君主・元首・権力の一体性が強調されたこともあり、次第に元首の概念は、国政に関する権能に重点を置いて捉えられるようになったのです。

そのため、元首については、行政権の帰属機関とする学説や対外的代表権を有する機関とする学説が提唱されるに至りました。その結果、日本国憲法下においては、天皇は元首ではないとする説も提唱され、内閣元首説、内閣総理大臣元首説、議長元首説などの学説上の混乱がみられるところです。

しかし、対外的代表権説にしたがったとしても、天皇の「国事行為」（7条）には、全権委任状や大使・公使の信任状の認証（5号）、批准書その他の外交文書の認証（8号）、外国の大使・公使の接受（9号）などの対外的代表の権能が列挙されていることから、天皇を元首と考えることも可能です。

また、現代では君主国の元首の権能が国民の統合や尊厳性を表現する権威的な側面へと移行していることからみれば、元首の概念は、本来的な意味である「国家を全一に表現する存在」と捉える方向に戻りつつあります。この視点からみても、対内的にも対外的にも国家の象徴である天皇は、わが国の元首であるといえます。なお、以前より、外交の慣例上では、国際的に天皇は元首として処遇されています。

►（4）「象徴」の意味

憲法1条は、「天皇は、日本国の象徴であり日本国民統合の象徴」であると定めています。象徴とは、目に見えない観念的・抽象的存在を具象的な存在を通して表現するものを指し、その例としては、国家の存在を表現する国旗や国章が挙げられます。大日本帝国憲法下においても天皇は国の象徴であったし、君主制の国家においては、例外なく君主がその国の象徴です。このことは、国際儀礼の場において顕著にあらわれています。

憲法1条で天皇（皇位）が象徴であるというのは、あえて分ければ2つの側面があります。すなわち、①「日本国の象徴」とは政治組織体としての国を表現することを指し、②「国民統合の象徴」とは一体としての全国民が国の姿を形成することを意味します。つまり、本条は、過去・現在・未来に亘って連綿と続く国家の姿が天皇によって表現されていることを確認し、政治団体としての日本国の全体性と日本国民の一体性を天皇が具現することを期待するものであると解されます。

こうした理解は、解釈論のレベルに止まらず、国が一定の立法措置をとることを要請します。この点については、皇室典範は天皇・皇族に敬称を定め（23条）、摂政は不訴追とし（21条）、国民の祝日に関する法律2条では、天皇の誕生日を国民の祝日としていることなどを例として挙げることができます。

►（5）天皇と「主権の存する国民の総意」

憲法1条後段は、天皇の地位は「主権の存する国民の総意に基づく」と規定しています。これは、天皇の地位がその時々の国民投票や議会の多数決で決められたということを意味するのではなく、また、将来、そのような方式で決められるべきだということを意味するのではありません。

本来、国民主権の原理には、①権力的契機の側面と②正当性の契機の側面があるとされます。①の権力的契機の側面とは、国家意思の最終決定権を国民自身が行使することを意味します。この場合は、国民が自ら国の統治のあり方を最終的に決定するという権力的要素が重視されることから、そこでの主権の主体としての「国民」は、実際に政治的意思表示を行うことのできる有権者（選挙人団）を意味します。

一方、②の正当性の契機の側面とは、国家活動の究極的な権威（正当性）は「国民」に存するということを意味します。この場合は、国家活動を正当化する根拠は究極において「国民」であるという権威的要素が重視されることから、そこでの主権の主体としての「国民」は、有権者に限定されるべきではなく、過去から未来を包摂する一体としての国民全体を意味すると解されます。

このことは、民主政治の正当性の問題にも当てはまります。民主政治は、その時点における有権者（もしくは代表者）が権力的決定を行うが、その時点における国民の利益ではなく、さらに広く過去から将来へと時間的に拡がりを持った国民全体の利益の実現を目指すものでなければ正当性を持ちえません。憲法43条で国会議員が全国民の代表者であるとするのはその理念のあらわれであり、選挙権が公務の側面を有するのも同様の理由です。

国民を観念的統一体として把握し、そのような国民全体の意思に国家行為の正当性の成立や存続を求めることは、立憲主義や民主政治を支える重要な理念です。なお、この歴史的な全国民の意思は、国家意思と観念することも可能です。

これを念頭におけば、憲法１条にいう「主権の存する国民」とは、現在生きている国民を指すのではなく、過去・現在・未来へと亘る時間的連続性を有する一体としての国民であり、国民主権論でいうところの「正当性の契機」としての国民を意味すると解されます。また、「総意」というのは、有権者の多数意思ではなく、一体としての国民の意思を意味すると解されます。

したがって、憲法１条は、天皇の地位（皇位）が常に歴史的な存在としての「日本国民」の総意と共にあることを端的に確認したものと解され、天皇の地位と国民主権が一体であることを示すものであるといえます。

2　皇位継承

▶（1）皇位継承の原則

憲法２条では、「皇位は、世襲のものであつて、国会の議決した皇室典範の定めるところにより、これを継承する」と規定しています。この規定は、君主制の核心部分です。**「皇位」**とは、歴代の天皇が占める地位を連続的に捉えたものです。**「世襲」**とは、一定の皇統に属する者がその地位に就くことを意味します。そして、具体的な皇位継承に関する事項は、国会の議決した皇室典範に委ねられています。

▶（2）皇室典範上の原則

皇室典範は、「皇位は、皇統に属する男系の男子が、これを継承する」（1

条）と規定し、皇位継承者は**男系の男子**に限定しています。

皇位継承の原因については、「天皇が崩じたときは、皇嗣が、直ちに即位する」（４条）と定めています。皇室典範では、生前退位を認めておらず、天皇崩御の瞬間に皇嗣の即位が完成して皇位継承が生じます。

皇位継承の順序は、①皇長子、②皇長孫、③その他の皇長子の子孫、④皇次子及びその子孫、⑤その他の皇子孫、⑥皇兄弟及びその子孫、⑦皇伯叔父及びその子孫、とされ、以上の皇族がいない場合は、最近親の系統の皇族に継承されます（２条）。なお、皇嗣に精神もしくは身体の不治の重患や重大な事故があるときは、皇室会議の議により、上記の順序に従って皇位継承の順序を変えることができるとしています（３条）。

►（３）天皇の退位と特例法

前述のように皇室典範では、天皇の生前退位は認められていません。しかし、平成29（2017）年、①天皇は高齢のために国事行為や象徴としての公的行為を自ら続けることが困難であると案じていること、②国民は天皇陛下を深く敬愛し、お気持ちを理解し、共感していること、③皇太子が国事行為の臨時代行等の公務に長期にわたり精勤していることを理由に、皇室典範４条の特例として、「天皇陛下の退位等に関する皇室典範特例法」が制定されました。これにより、平成から令和の御代替わりに限り、天皇の退位と皇太子の即位が認められたのです。

►（４）皇位の継承と元号

元号制の歴史は645年の大化の改新にまで遡るといわれ、現在では、世界でもわが国のみに存在する制度となっています。一世一元の制度は、旧皇室典範12条に定められていました。しかし、日本国憲法の成立に伴って制定された新しい皇室典範では、元号の規定がおかれませんでした。その後、昭和54（1979）年に元号法が制定され、元号は、皇位の継承があった場合に限り政令で定めることになりました（１項・２項）。この法律に基づき、昭和64（1989）年１月には、昭和天皇の崩御による皇位継承に際して「平成」と改元されました。また、今回の特例法に基づく皇位継承に際しては、「令和」と改元されたことは周知の通りです。

3 天皇の権能

▶（1）国事行為と国政に関する権能

憲法は、「天皇は、この憲法の定める国事に関する行為のみを行ひ、国政に関する権能を有しない」（４条１項）と規定し、６条と７条で「国事に関する行為」（「国事行為」）を具体的に規定しています。これらは、国家機関としての天皇の行為は憲法で限定されることを意味し、法律によって天皇の権限を創設することを禁止する趣旨です。

国事行為の中には、伝統的に元首にふさわしい行為も含まれ、それ自体としては国政に関わる重要な行為（例えば衆議院の解散）も含まれます。そのため、「国事行為」と「国政に関する権能」の違いが問題となります。一般的には、「国政に関する権能」とは、国政に関する実質的な決定権を含む行為（政治的な決定をする権力作用）とされます。そうすると、４条１項は、国家機関としての天皇は、重要な政治的機能を有するが、その活動内容は６条と７条に列挙されたものに限定され、実質的な決定権を持たないことを示すものであると解されます。そして、天皇は元首として国事行為を行うが、立憲主義の要請から天皇が独断専行をすることは許されず、その行為には「内閣の助言と承認」が必要となるのです。

▶（2）国事行為の内容

国家機関としての天皇の国事行為は、次に挙げる憲法６条および７条に列挙されたものですが、実質的決定は他の機関が行います。権威と権力の分離の観点からは、元首である天皇が国事行為を行うところに重要な意味があるといえます。

①内閣総理大臣および最高裁判所長官の任命（６条）

憲法は、「天皇は、国会の指名に基いて、内閣総理大臣を任命する」（６条１項）、「天皇は、内閣の指名に基いて、最高裁判所の長たる裁判官を任命する」（同２項）と規定しています。

②憲法改正、法律、政令および条約の公布（７条１号）

天皇は、憲法改正、法律、政令、条約を公布します。公布は、憲法所定の手続きにより成立した法令を国民に知らしめる行為です。公布された時について、最高裁は、全国同時施行を前提に、最初の官報閲読・購入可能時としています。公布の時期については、憲法改正の場合には「直ちに」公布され（96条２項）、法律の場合には奏上の日から30日以内に公布されます（国会法66条）。なお、特別の定めがない時は、法律は公布の日より起算して20日を経て施行されます。

③国会の召集（７条２号）および衆議院の解散（７条３号）

国会の召集は、詔書の形式で行われ、天皇が署名・捺印し、内閣総理大臣が副署をします。また、衆議院の解散も詔書の形式で行われます。

④総選挙の施行の公示（７条４号）

国会議員の総選挙とは、衆議院議員の任期満了および解散による総選挙、参議院議員の半数改選の通常選挙をいいます。総選挙の施行の公示とは、総選挙を行うことおよびその期日について国民に知らしめることであり、詔書の形式によって行われます。

⑤国務大臣任免などの認証（７条５号）

天皇は、国務大臣の任免・その他の官吏の任免・全権委任状・大使及び公使の信任状を「認証」します。認証とは、ある行為が権限ある機関によって適正になされたことを公に確認し、証明する行為をいいます。

国務大臣の任免は内閣総理大臣の専権事項（68条）ですが、内閣の助言と承認に基づいて天皇が認証します。「法律の定めるその他の官吏」とは、いわゆる認証官を指します。具体的な例としては、最高裁判所判事、高等裁判所長官、検事総長、検事長などが挙げられます。

「全権委任状」とは、特定の外交交渉のために派遣される使節に対して全権を委任することを表示する文書のことであり、「大使及び公使の信任状」とは、特定相手国に派遣する大使や公使に対する信任を表示する文書です。これらは、内閣が発して（73条２号）、天皇が認証します。

⑥恩赦の認証（７条６号）

恩赦とは、「大赦、特赦、減刑、刑の執行の免除及び復権」の総称です。恩赦とは、司法手続きを経ずに公訴権を消滅させることや、裁判所の言い渡した刑の効果の全部または一部を消滅させることをいいます。恩赦は、内閣が決定し（73条７号)、天皇が認証します。

⑦栄典の授与（７条７号）

栄典とは、国家や社会に功労のある人の栄誉を表彰するため認められる位階や勲章をいいます（なお、栄典に伴う特権の禁止などについては憲法14条を参照)。

⑧批准書などの外交文書の認証（７条８号）

批准書とは、署名された外交文書に同意を与えた国家の最終意思表示文書のことをいいます。批准書は、国会の承認を得るために内閣が作成します（73条３号)。また「法律の定めるその他の外交文書」は、例えば大使や公使の解任状があります。

⑨外国の大使・公使の接受（７条９号）

接受とは、外国の大使や公使からの信任状の奉呈を受け、接見する儀礼的な行為をいいます。

⑩儀式の挙行（７条10号）

儀式とは、天皇が国家機関として自ら主宰して行う儀式を指し、儀式への参列（例えば、国会開会式への参列）は含まないと解されます。

▶（３）国事行為以外の天皇の行為

天皇の行為については、国事行為以外の行為について、すべて私人としての行為（私的行為）と考えるのか（国事行為・私的行為の二行為説)、それとも一部に公的行為の領域が存在すると考えるのか（国事行為・公的行為・私的行為の三行為説)、という点で学説上の対立があります。

実際には、国会開会式での「おことば」、園遊会、全国植樹祭、外国への親善訪問、外国元首との親電親書の交換などが行われています。これらは、国事行為ではないが、単なる私的行為でもなく、公的性格を有する行為です。

そのため、学説は、論拠の違いはあるものの、三行為説（象徴行為説・公人行為説）に立って公的行為の存在を認める学説や、あるいは二行為説に立ちつつも、一定の公的行為を国事行為に含める学説、準国事行為とする学説、憲法的習律とする学説などがあります。もちろん、これらの行為が公的性格を有する行為だとしても、「国政に関する権能」であってはならないことは言うまでもありません。

なお、近年では、天皇の行為を「国事行為・準国事行為・公人行為・私的行為」に４分類する学説、「国事行為・公人行為・社会的行為・皇室行為・私的単独行為」に５分類する学説、「国政行為・外国交際行為・国民的文化的儀式・皇室祭祀および行事・私的行為」に分類する学説などが提唱されています。

►（4）天皇の行為に対する責任

①国事行為に対する責任

憲法３条は、「天皇の国事に関するすべての行為には、内閣の助言と承認を必要とし、内閣が、その責任を負ふ」と定めます。助言と承認とは、統一的に把握することが可能であり、助言と承認について別々の閣議が必要なわけではありません。国事行為は内閣の助言と承認によって行われることから、天皇の国事行為については、内閣がすべての責任を負います。この内閣の責任は、助言と承認に対する自己責任であり、国会に対して政治的責任を負うことを意味します。そのため、天皇は国事行為に対する政治的・法律的な責任を一切負いません（無答責）。

②公的な行為に関する責任

先に見た国事行為以外の公的な行為は、国事行為ではないことから憲法３条の規定とは無関係ですが、公的性格を有する行為です。その意味で、公的な行為については、「皇室関係の国家事務」（宮内庁法１条）として宮内庁が責任を負い、究極的には上級行政庁である内閣が責任を負います。そのため、天皇は公的な行為についての責任を負わないと解されます。

③私的行為に対する責任

国の象徴である天皇の刑事責任を問うことは、国家が自らの権威を否定することを意味するので、君主制と刑事責任は相容れないと解されています。また、皇室典範21条は天皇の代行機関である「摂政」は在任中に訴追されないと定めています。天皇の代行者が起訴されないのは、天皇が不訴追の存在であることを当然の前提としているからであると解釈することもできます。

民事責任については、争いがありますが、天皇が法廷で被告になることや、証人となる義務を負うことは、天皇の象徴としての地位と相容れないと解されています。なお、最高裁は、天皇が象徴であることを理由として、天皇には民事裁判権が及ばないとしています（最判平元・11・20）。

4　天皇の権能の代行

天皇が心身の故障などの理由により国事行為を行うことができない場合には、他の者に代行させる必要が生じます。憲法は、天皇に代わってその行為行うための制度として、摂政の制度（５条）と国事行為の委任の制度（４条２項）を定めています。

►（1）摂政

天皇の法定代理機関である摂政がおかれるのは、①天皇が成年（満18歳）に達しないときと、②天皇が精神もしくは身体の重患又は重大な事故により、国事行為を自ら行うことができないときです（皇室典範16条）。この②の判定を担うのは、皇室会議です。摂政は、「天皇の名」で「国事に関する行為」を行うので、摂政が国事行為を行う場合には内閣の助言と承認を必要とします。

►（2）国事行為の委任

憲法４条２項は、「天皇は、法律の定めるところにより、その国事に関する行為を委任することができる」と定めます。国事行為の委任は、摂政の場合とは異なり、天皇の委任行為を必要とします。委任が認められるのは、①国事行為のうち必ずしも天皇が自ら行う必要がないと認められるものについて個別に委任する場合（例えば下級の勲章の授与など）と、②天皇に病気その他の事故があり、しかも摂政をおくには至らない時（一時的とみられる時）に、摂政となるべき順位にあたる皇族に対して包括的に委任し、国事行為を臨時代行させる場合です。なお、包括的な委任については「国事行為の臨時代行に関する法律」が制定されています。

5 皇室経済

▶（1）皇室財産

憲法88条前段は、「すべて皇室財産は、国に属する」と定めます。皇室財産とは、天皇および皇族の所有する公産を指し、生活必需品や日用品などの私的財産は含まれません。また、「三種の神器」などの皇位とともに継承されるべきものも国有財産には含まれません。そして、この規定は、国有財産を皇室が使用することを妨げるものではありません。皇居、御所、御用邸などは、皇室の使用に供される「皇室用財産」として宮内庁が管理しています。

▶（2）皇室経費

憲法88条後段は、「すべて皇室の費用は、予算に計上して国会の議決を経なければならない」とし、皇室費用も一般の国費の支出と同様に、国会の承認事項であるとしています。皇室経済法３条によれば、「予算に計上する皇室の費用」は、**内廷費**、**宮廷費**、**皇族費**に区別されています。

▶（3）皇室の財産授受

憲法８条は、「皇室に財産を譲り渡し、又は皇室が、財産を譲り受け、若しくは賜与することは、国会の議決に基かなければならない」とし、有償無償に関わらず、皇室の財産授受は、すべて国会の議決を必要とします。これは、皇室と特定人との不健全な関係が生ずることを防止し、外部との関係を明らかにすることによって皇室の尊厳を維持しようとする趣旨であると解されます。

本条がこのような趣旨であれば、皇室の日常活動にかかわる通常の財産授受には個別的な議決は不要であると考えることができます。実際、皇室経済法２条は、通常の私的経済行為や儀礼上の贈答、さらに少額の財産授受の場合などについては、その度ごとの国会の議決は不要であるとしています。

第5章

平和主義

《本章のキーワード》

- □ 自衛権
- □ 戦争放棄
- □ 戦力
- □ 自衛隊
- □ 国連平和維持活動
- □ 芦田修正
- □ 文民条項
- □ 交戦権
- □ 統治行為論
- □ 平和安全法制

1　憲法９条の由来

憲法９条の規定内容は、もともとは昭和21（1946）年のマッカーサー・ノート（マッカーサー三原則）の第２原則に由来します。そこには、「国家の主権としての戦争は廃止される。…　自己の安全を保持するための手段としての戦争も放棄する」と規定され、自衛戦争をも放棄する内容でした。しかしながら、総司令部内で非現実的な規定であるという考えが有力となり、GHQ草案（２月13日案）では削除されたのです。

その後、第90回帝国議会の衆議院における審議中に開かれた憲法改正小委員会において、１項の冒頭に「日本国民は、正義と秩序を基調とする国際平和を誠実に希求し」という文言が付け加えられるとともに、２項の冒頭に「前項の目的を達するため」という文言が付け加えられます（「芦田修正」）。この修正に対して、極東委員会において、「前項の目的を達するため」という文言が付け加えられたことで日本がdefense force（自衛力）

を保持することが可能になるとの指摘がなされました。そのため、極東委員会の要望を受けて憲法第66条２項に「内閣総理大臣その他の国務大臣は、文民（civilians）でなければならない。」とする「文民条項」が挿入されることになったのです。

このような審議過程における文言の修正によって、９条の規定の意味が不明確となり、のちに多様な解釈を生じさせることになったのです。

2　戦争放棄

►（1）戦争放棄の主体

憲法９条１項は、戦争放棄の主体を「日本国民」としています。ここに日本国民とは、個々の国民のことではなく、国民全体を指していると解されます。このように考えると、日本国または日本国政府と同じ意味で使っていると考えられます。

►（2）戦争放棄の客体

憲法９条１項は、戦争放棄の客体として、「国権の発動たる戦争」、「武力による威嚇」、「武力の行使」を掲げています。

①「国権の発動たる戦争」

「国権の発動たる戦争」とは、国際法上の戦争のことです。通常、戦争は、宣戦布告（開戦の宣言）または最後通牒（紛争を回避する交渉を打ち切って、相手国に対して最終的な要求を示し、その要求を拒否した場合に戦争や武力行使をする旨を述べた外交文書）など、相手国への意思表示によって行われることから「形式的意味の戦争」といわれることもあります。

②「武力による威嚇」

「武力による威嚇」とは、武力を行使することを直接または間接に表明して、自国の主張を相手国に強要するなどして威嚇することをいいます。

③「武力の行使」

「武力の行使」とは、戦争に至らないが、実際に相手国に武力を行使する「戦闘」行為のことをいいます。宣戦の布告がなされないまま武力が行使されることは、事実上の戦争であることから、「実質的意味の戦争」といわれます。

3 自衛権の意義

▶（1）自衛権の意義と行使要件

自衛権とは、「外国からの急迫または現実の違法な侵害に対して、自国を防衛するために緊急の必要がある場合、反撃するために一定の実力（武力）を行使する権利」のことをいいます。個人に正当防衛権（刑法36条1項）が認められるように、国家においても自国を守る権利「自衛権」が認められ、独立国家であれば、国際法上、当然に認められる権利であると解されています。別言すれば、自衛のためであれば、国家は戦力を保有することも認められるということになります。

国連憲章51条が、「国際連合加盟国に対して武力攻撃が発生した場合には、安全保障理事会が国際の平和及び安全の維持に必要な措置をとるまでの間、個別的又は集団的自衛の固有の権利を害するものではない。」として、**個別的自衛権**および**集団的自衛権**を「固有の権利」として規定しているのは、この趣旨です。

最高裁判所は、**「砂川事件」判決**（最大判昭34・12・16）のなかで、「わが国が主権国として持つ固有の自衛権は何ら否定されたものではなく、わが憲法の平和主義は決して無防備、無抵抗を定めたものではない」こと、「自国の平和と安全を維持しその存立を全うするために必要な自衛のための措置をとりうることは、国家固有の権能の行使として当然のこと」として、自衛権を容認しています。

そこで、いかなる場合に自衛権を行使できるのかが問題となります。第一に、外国からの攻撃が急迫不正な侵害であり「違法性」が認められること。第二に、侵害排除のためには一定の実力行使以外に選択する手段がない、つまり防衛行動の「必要性」があること。第三に、その実力行使は、加えられた侵害を排除するために必要な限度であって、侵害行為と釣り合っていること、つまり「均衡性」が保たれていること。これら三要件が満たされなければならないと解されています。

▶ （2）集団的自衛権の限定行使容認と新三要件

ところで、集団的自衛権については、従来、自国と密接な関係にある外国に対する武力攻撃が発生した場合、自国が直接に攻撃されていないにもかかわらず、実力（武力）をもって阻止する権利であると解されてきました。そして、政府は、これまで「他国に加えられた武力攻撃を阻止することをその内容とするいわゆる集団的自衛権の行使は、憲法上許されない」（「集団的自衛権と憲法との関係に関する政府資料」（昭和47年10月14日参議院決算委員会提出資料））とする立場を一貫して採用してきました。そのような従来の解釈に対して、平成26（2014）年、憲法9条のもとで許容される自衛の措置としての**「武力の行使」の新三要件**が閣議決定（「国の存立を全うし、国民を守るための切れ目のない安全保障法制の整備について」（平成26年7月1日））されました。そこで次のような、新たな三要件が示されました。

①「わが国に対する武力攻撃が発生したこと、またはわが国と密接な関係にある他国に対する武力攻撃が発生し、これによりわが国の存立が脅かされ、国民の生命、自由および幸福追求の権利が根底から覆される明白な危険があること」（明白な危険）。

②「これを排除し、わが国の存立を全うし、国民を守るために他に適当な手段がないこと」（必要性）。

③「必要最小限度の実力行使にとどまるべきこと」（必要最小限度の実力行使）。

以上の新三要件が示されることによって、集団的自衛権の行使が限定的に容認されたと解されています。

そして、自衛隊法が改正され、「我が国に対する外部からの武力攻撃が発生した事態又は我が国に対する外部からの武力攻撃が発生する明白な危険が切迫していると認められるに至つた事態」（76条1号）、や「我が国と密接な関係にある他国に対する武力攻撃が発生し、これにより我が国の存立が脅かされ、国民の生命、自由及び幸福追求の権利が根底から覆される明白な危険がある事態」（同条2号）が発生した時には、内閣総理大臣が自衛隊に防衛出動を命じることが出来る旨が明記されました。

4　戦争放棄の範囲

憲法9条1項に規定されている「国際紛争を解決する手段として」の「戦争」の意味について、学説が対立しています。

「全面放棄説」にたつ論者は、戦争はすべて国際紛争を解決する手段として行われること、自衛戦争と侵略戦争の区別が困難であることから、自衛戦争を含むすべての戦争、武力による威嚇、武力の行使が放棄されていると説きます。

これに対して「限定放棄説」にたつ論者は、1928年の不戦条約の規定などを根拠にしながら、国際法上の一般的な用例によれば、「国際紛争を解決する手段としての戦争」とは国家の政策遂行の手段としての戦争、すなわち侵略戦争（侵略的な行為）のみを放棄したと解し、自衛戦争までは放棄していないと主張しています。

そこで問題となるのが、9条2項冒頭の「前項の目的を達するため」にいう「前項の目的」とは何を意味するのかです。

「全面放棄説」にたつ論者は、「正義と秩序を基調とする国際平和を誠実に希求」する目的、すなわち戦争を放棄することになった動機を指すものと解して、2項は、1項を確認した注意・強化規定であると説きます。

これに対して、「限定放棄説」にたつ論者は、「国際紛争を解決する手段としての戦争」、すなわち侵略戦争を放棄する目的を達するためという意味であり、2項は自衛のために必要な戦力を保持することは可能であり自衛戦争まで放棄していないと主張しています。

5　戦力の意味

憲法9条2項で保持を禁止されている「戦力」とは、いかなる意味でしょうか。前述した自衛権の意義と関連して、その解釈について見解の対立がみられます。

①**「転用可能な潜在能力」説**　戦争に役立つ可能性をもった一切の潜在的な能力を「戦力」と解する説です。潜在的な能力には、例えば、軍需生産、航空機、港湾施設、原子力施設などが含まれると考えられ、多くの工業製品が戦力であるとみなされる可能性があります。ちなみに、日本国憲法の公布にあたって全国の中学生に向けて文部省（現在の文部科学省）が昭和22年に刊行した『あたらしい憲法のはなし』には、「兵隊も軍艦も飛行機も、およそ戦争をするためのものは、いっさい持たないということです。」との記述がみられます。

②**「警察力を超える実力」説**　通常、軍隊または軍備と称されている、外敵の攻撃に対して国土を防衛することを目的として設けられている人的・物的組織体、および、有事の際、これに転用しうる実力部隊を「戦力」と解する説です。この説によると、軍隊と警察力との相違が問題となりますが、目的において違いがみられること（軍隊は外国に対して国土を防衛することにあり、警察力は国内の治安維持と確保にある）、実力の内容が目的にふさわしいものであること（人員、編成方法、装備、訓練、予算などから判断して国土を防衛する目的にふさわしい内容をもった実力部隊）を理由に挙げます。

以上の二つの見解からすると、いずれも現在の自衛隊は戦力にあたり違憲ということになります。

③**「近代戦争遂行能力」説**　初期の政府見解（例えば、昭和27年11月25日の吉田内閣統一見解）にみられる立場ですが、近代戦争遂行に役立つ程度の装備・編成を備えるものを「戦力」と解する説です。この見解が示された当時の警察予備隊や保安隊は、戦力にあたらないと解されていましたが、その後、政府解釈が変更されたこともあり、現在の自衛隊が戦力にあたるのかについては、不明確です。

④**「自衛のための必要最小限度をこえる実力」説**　自衛のために必要な最小限度を超える実力を「戦力」と解する説です。この立場は、現在の政府解釈でもあり（例えば政府答弁書昭和55年12月5日）、『令和元年度　防衛白書』にも、「わが国が憲法上保持できる自衛力は、自衛のための必要最小限度のものでなければならないと考えている。その具体的な限度は、その時々の国際情勢、軍事技術の水準その他の諸条件により

変わり得る相対的な面があり、毎年度の予算などの審議を通じて国民の代表者である国会において判断される」との記述がみられます。この立場からすると、自衛隊は戦力にあたらず（政府は「自衛力」と称している）合憲ということになります。

6 交戦権の意味

憲法９条２項後段は、「国の交戦権はこれを認めない」として、交戦権を否認しています。そこで、ここに「交戦権」とはいかなる意味であるかが問題となります。

①**「国家が戦争を行う権利」と解する説**　これは、交戦権を文字通り、戦いを交える権利として捉え、主権国家に認められた戦争に訴える権利を意味すると解する説です。

②**「交戦国の国際法上の権利とする」説**　この説は、交戦権とは「交戦国に国際法上保持することが認められる権利（例えば、敵国の兵を殺傷したり軍事施設を破壊したり、領土を占領したり、船舶を臨検して拿捕することなど）の総体」と解します。なお、交戦権の英訳文が“The right of belligerency”となっていることを、「交戦国に認められた権利」の根拠として主張されます。

政府は、この立場を支持しており（例えば政府答弁書昭和55年12月５日）、『令和元年度　防衛白書』には、「交戦権とは、戦いを交える権利という意味ではなく、交戦国が国際法上有する種々の権利の総称であって、相手国兵力の殺傷と破壊、相手国の領土の占領などの権能を含むものである」と説明されています。

③「国家が戦争を行う権利」と「交戦国に認められた権利」の双方を含むと解する説、であります。

ちなみに、「全面放棄説」を主張する論者は、上記①説または③説を採る傾向があり、「限定放棄説」を主張する論者は②を採る傾向がみられます。いずれにせよ、交戦権の意味をどのように捉えるかは、憲法が自衛戦争を放棄したのか否かの解釈によります。

7 憲法９条と自衛隊

▶ （1）自衛隊

自衛隊は、自衛隊法に基づいて設置された実力組織です。自衛隊の任務と活動は、次のように自衛隊法に明文化されています。

「我が国の平和と独立を守り、国の安全を保つため、我が国を防衛することを主たる任務とし、必要に応じ、公共の秩序の維持に当たる」（３条１項）とともに、「我が国の平和及び安全に重要な影響を与える事態に対応して行う我が国の平和及び安全の確保に資する活動」（同条２項１号）や「国際連合を中心とした国際平和のための取組への寄与その他の国際協力の推進を通じて我が国を含む国際社会の平和及び安全の維持に資する活動」（同項２号）を行います。

なお、自衛隊法第６章には「自衛隊の行動」が列記されており、防衛出動（76条）などの具体的な活動内容が規定されています。

自衛隊は、陸上自衛隊、海上自衛隊、航空自衛隊から構成され（同条３項）、自衛隊の最高指揮権者は内閣総理大臣（７条）であり、防衛大臣は「自衛隊の隊務を統括する」（８条）と定められています。

▶ （2）文民条項

ところで、憲法66条２項は、「内閣総理大臣その他の国務大臣は、文民でなければならない。」として、いわゆる**「文民条項」**を設けていますが、「文民」の意味をめぐって学説は対立しています。その対立は、①現在職業軍人でない者とする説、②職業軍人の経歴のない者とする説、③旧陸海軍の職業軍人としての経歴を有する者であっても軍国主義思想を持たない者とする説とに大別されます。

通説は、①の説を支持しているようですが、軍隊はもはや存在しないことから、職業軍人を排除するといっても、規定の意味が無いのではないかという疑問がない訳ではありません。そこで、自衛隊の創設によって、文民規定の解釈に自衛官をその対象に含めて検討すべきではないかという指摘がなされます。多数説は、現役自衛官は「文民」ではないと主張しますが（政府解釈も同様（第48回国会 衆議院 予算委員会 第21号 昭和40年5月31日（高辻正巳内閣法制局長官の答弁）））、問題は、自衛官の経歴を持つ者が「文民」といえるかという点です。文民統制（シビリアンコントロール）の趣旨は、軍が政治に介入することを防止するため、軍の組織と政治部門を切り離して、軍の独走を防ぐことにあり、議会に責任を負う大臣が文民であることによってこれを達成することにあると考えられます。この趣旨から考えると、自衛官としての経歴や軍国主義の思想を含めて解釈することは、余りにも拡大しすぎており不合理ではないかと思われます。

もっとも、すでに述べたようにこの文民条項は、日本国憲法の審議過程において、芦田修正に対して導入されたもので、そのことからすれば我が国の再軍備を想定したものであったということに留意すべきでしょう。

►（３）自衛隊の合憲性

ところで、自衛隊の合憲性をめぐって、「長沼ナイキ基地事件」第一審判決（札幌地判昭48・9・7判時712号24頁）において、自衛隊は「外的に対する実力的な戦闘行動を目的とする人的、物的手段としての組織体」であるとして、「陸海空軍その他の戦力」であると判示しました。

しかし、控訴審である札幌高等裁判所（札幌高判昭51・8・5行集27巻８号1175頁）は、「自衛隊の存在等が憲法第九条に違反するか否かの問題は、統治行為に関する判断であり、国会及び内閣の政治行為として窮極的には国民全体の政治的批判に委ねらるべきものであり、これを裁判所が判断すべきものではない」として、いわゆる統治行為論を採用し、最高裁判所（最判昭57・9・9民集36巻９号1679頁）は自衛隊についての憲法判断は示しませんでした。この他にも、「砂川事件」（最大判昭34・12・16刑集第13巻13号3225頁）や「恵庭事件」（札幌地判昭42・3・29)、「百里基地事件」（最判平元・6・20民集43巻６号385頁）などにおいても、自衛隊違憲が主張され争われてきましたが、最高裁判所は、一貫して自衛隊の合憲性について判断をしていません。

8 国連平和維持活動（PKO）

平成４（1992）年「国際連合平和維持活動等に対する協力に関する法律」（国際平和協力法，PKO法）が制定され、それ以降、自衛隊をカンボジアやハイチ、モザンビーク、スーダン、東ティモールなどへ派遣しています。

国際平和協力法に規定されている国際連合平和維持活動（PKO）に参加する際の基本方針（いわゆる「参加５原則」）は、以下の通りです。

①「紛争当事者の間で停戦の合意が成立していること」。

②「国連平和維持隊が活動する地域の属する国及び紛争当事者が当該国連平和維持隊の活動及び当該国連平和維持隊へのわが国の参加に同意していること」。

③「当該国連平和維持隊が特定の紛争当事者に偏ることなく、中立的な立場を厳守すること」。

④「上記の原則のいずれかが満たされない状況が生じた場合には、わが国から参加した部隊は撤収することができること」。

⑤「武器使用は要員の生命などの防護のための必要最小限のものを基本とすること」。

なお、⑤の武器使用については、「受け入れ同意が安定的に維持されると認められる場合、いわゆる『自己保存型の武器使用』及び自衛隊法第95条（武器等防護のための武器使用）を超えるものとして、いわゆる『安全確保業務』及びいわゆる『駆け付け警護』の実施に当たり武器使用が可能」（『令和元年度 防衛白書』261頁）と解されています。

9 平和安全法制

平成27（2015）年、既存の法律10本をまとめて改正する「平和安全法制整備法」と、自衛隊の海外派遣を随時可能とした「国際平和支援法」が成立しました。

▶ （1）事態対処法

「武力攻撃事態等及び存立危機事態における我が国の平和と独立並びに国及び国民の安全の確保に関する法律」（事態対処法）には、以下のような事態等が定められています。

①「武力攻撃」（「我が国に対する外部からの武力攻撃」２条１号）。

②「武力攻撃事態」（「武力攻撃が発生した事態又は武力攻撃が発生する明白な危険が切迫していると認められるに至った事態」同条２号）。

③「武力攻撃予測事態」（「武力攻撃事態には至っていないが、事態が緊迫し、武力攻撃が予測されるに至った事態」同条３号）。

④「存立危機事態」（「我が国と密接な関係にある他国に対する武力攻撃が発生し、これにより我が国の存立が脅かされ、国民の生命、自由及び幸福追求の権利が根底から覆される明白な危険がある事態」同条４号）。

以上の事態が発生した場合には自衛隊による武力の行使などの措置を採ることが認められました。

⑤「緊急対処事態」（「武力攻撃の手段に準ずる手段を用いて多数の人を殺傷する行為が発生した事態又は当該行為が発生する明白な危険が切迫していると認められるに至った事態」同法22条１項）が発生した場合にも、「的確かつ迅速に対処する」こと（同法21条１項）が明記されています。

▶ （2）重要影響事態安全確保法

「重要影響事態に際して我が国の平和及び安全を確保するための措置に関する法律」（重要影響事態安全確保法）において、「そのまま放置すれば我が国に対する直接の武力攻撃に至るおそれのある事態等我が国の平和及び安全に重要な影響を与える事態」（「重要影響事態」同法１条）が発生した時には、「日米安保条約の目的の達成に寄与する活動を行うアメリカ合衆国の軍隊及びその他の国際連合憲章の目的の達成に寄与する活動を行う外国の軍隊その他これに類する組織」（同法３条１項１号）に対し、①後方支援活動、②捜索救助活動、③船舶検査活動、④その他の重要影響事態に対応するため必要な措置（「対応措置」）を講じることが認められました（同法２条１項）。

▶（3）国際平和支援法

「国際平和共同対処事態に際して我が国が実施する諸外国の軍隊等に対する協力支援活動等に関する法律」（国際平和支援法）には、「国際社会の平和及び安全を脅かす事態であって、その脅威を除去するために国際社会が国際連合憲章の目的に従い共同して対処する活動を行い、かつ、我が国が国際社会の一員としてこれに主体的かつ積極的に寄与する必要がある」（「国際平和共同対処事態」）とき、①諸外国の軍隊等に対する物品及び役務の提供をする「協力支援活動」、②「捜索救助活動」、③「船舶検査活動」を行うことができます（同法２条１項）。

以上が、いわゆる「安保法制」の内容です。このような法整備がなされた背景には、我が国の周辺における安全保障環境の急激な変化があることを想起すべきでしょう。

第6章

幸福追求権

《本章のキーワード》

- □ 個人の尊重
- □ 新しい人権
- □ 人格的利益説
- □ 一般的人格権
- □ プライバシー権
- □ 自己決定権

1　幸福追求権の意義

▶ （1）個人主義

憲法13条は、その前段で、「すべて国民は、個人として尊重される。」として「個人の尊重」をうたっています。この「個人として尊重される」とは、人間ひとりひとりが人格的自律の存在として尊重されるということ、個人そのものに尊重されるべき価値があるということを意味します。つまり、個人が有する独立の人格価値と個人の平等を尊重するという個人主義の原理を表明するものと解されています。そして、この個人主義という価値観の上に日本国憲法は立脚し、このような見地から種々の人権を保障しているのです。すなわち、憲法に規定されている人権は、個人が一個の人格である人間として尊重されることから、その人格形成と発展を支えるために保障されるということを13条前段は示唆しています。

▶ （2）幸福追求権

13条前段に続いて後段は、「生命、自由及び幸福追求に対する国民の権利については、公共の福祉に反しない限り、立法その他の国政の上で、最大の尊重を必要とする」と規定しています。この規定が、思想的にはT.ジェファーソンの手になる1776年のアメリカ独立宣言に由来し、さらには、その淵源がJ.ロックの政治思想に求められることは良く知られています。

13条後段は、前段と密接に結びついて「個人の尊重」を具体化するものとして、いわゆる幸福追求権を保障しています。すなわち、13条後段は、13条前段で述べられている、すべての国民が「個人として尊重される」ということをより具体化した規定で、個人が「個人として尊重」されることから幸福追求権が保障されることを意味しています。なお、13条後段には「生命、自由及び幸福追求に対する国民の権利」とあり、三者をそれぞれ個別に考察すべきとする見解もありますが、一般的にはこれら三者を統一的・包括的に把握して幸福追求権と呼んでいます。

▶ （3）幸福追求権の法的性格

幸福追求権については、かつては次のような説がありました。①14条以下に列挙された個別の人権を総称したもので、具体的な権利を導き出すことはできないとする説、②国政の基本としての宣言であり、人権の重要性を強調する一般原則といったプログラム的性格しか持たず、具体的な権利を保障するものではないという説、③具体的な権利を保障する規定ではなく、幸福追求権を根拠に裁判上の救済を受けるためには別途法律が必要であるという説などです。これらの説は、いずれも幸福追求権の法的な権利性を否定し、権利は14条以下のものに限られるとする考え方でした。

しかしながら、1960年代以後における社会状況の急激な変化や経済の著しい進展にともない、憲法に規定されている人権だけでは対処できない様々な問題が生じるようになり、それらの問題に法的に対応する必要性が増大しました。このような状況を受けて、幸福追求権に対する見方も変化してきました。確かに、憲法は14条以下に詳細な人権規定を置いていますが、それらは歴史的に国家権力によって侵害されることの多かったものを列挙したもので、人権のすべてを網羅しているわけではないと考えられています。

そこで、1970年代に入り、①幸福追求権は憲法に明記されていない「新しい人権」の根拠となる一般的・包括的な権利であり、幸福追求権によって基礎づけられる人権は、裁判上の救済を受けることができる具体的権利であるとする説や、②幸福追求権は特定の行為を保障する人権ではなく、憲法に規定されていない権利を導き出す際の根拠となる包括的人権であるとする説など、憲法が保障する権利は14条以下に限定されず、幸福追求権によって「新しい人権」を導き出すことが可能であるという考え方が次第に有力となったのです。そして、現在では、幸福追求権に法的な権利性を認める考え方が一般的となり、通説的な立場を占めています。

判例も、**京都府学連事件**（最大判昭44・12・24刑集23巻12号1625頁）において、「憲法13条は…国民の私生活上の自由が、警察権等の国家権力の行使に対しても保護されるべきことを規定しているものということができる。そして、個人の私生活上の自由の一つとして、何人も、その承諾なしに、みだりにその容ぼう・姿態を撮影されない自由を有する……。これを肖像権と称するかどうかは別として、少なくとも、警察官が、正当な理由もないのに、個人の容ぼう等を撮影することは、憲法13条の趣旨に反し、許されない」と判示し、幸福追求権の具体的権利性を肯定しています。

このように、今日においては、幸福追求権は14条以下の個別的な人権を基礎づける根拠規定であるだけでなく、憲法に列挙されていない「新しい人権」を主張する際の根拠となる役割をも果たすものとして観念されています。すなわち、幸福追求権は、憲法に明文で保障されていない権利を保障するものと考えられているのです。そして、この幸福追求権は、憲法には列挙されていないけれども「個人の尊重」にとって重要な権利を一般的・包括的に保障する権利であり、この幸福追求権によって保障される人権は、裁判上の救済を受けることが可能な具体的権利であると考えられています。

▶（4）幸福追求権の14条以下の権利との関係

ところで、幸福追求権の意義が、14条以下の人権を基礎づけるだけでなく、「新しい人権」を主張する根拠となるということから、個別に人権を保障している14条以下の規定と幸福追求権との関係が問題となります。この点について、①幸福追求権は14条以下の個別的人権規定と競合関係に立つものであり、両者を競合的・重畳的に適用すべきであるとする保障競合説（競合的保障説）と、②幸福追求権は14条以下の個別的権利を内包する関係にあるとして、幸福追求権と14条以下の個別的人権規定の間には一般法と特別法の関係が存在し、幸福追求権はあくまで憲法に明記されていない人権を補充的に保障するものであるとする補充的保障説が唱えられています。

通説は補充的保障説で、幸福追求権は、14条以下に定められている個別具体的な人権を補充する機能を担うが、それは、14条以下の規定によって保障を受けない場合に、幸福追求権が適用されるということになります。

2 幸福追求権の内実

幸福追求権の内実、すなわち幸福追求権が保障する権利の内容については、学説上、人格的利益説（人格的自律権説）と一般的行為自由説（一般的自由説）という２つの立場の争いがあります。この争いは、そもそも「個人として尊重される」際の「個人」をどのように解するかに起因します。

▶（1）人格的利益説

憲法13条が想定する個人を、「自らの生の作者」というように、自分の人生を自分で切り開いていく意思と判断力とを持った理性的存在であるとか、自らが最善と考える生き方を自ら選択・決定して生きていく人格的・自律的主体というように、個人を理性的存在として考える立場に立つ人格的利益説（人格的自律権説）においては、「個人の尊重」とは人格の尊重を意味することになり、ひいては人格的自律や理性的自己決定を尊重するということになります。

この立場からすると、幸福追求権が保障対象とするのは、「個人の人格的生存に不可欠な利益を内容とする権利の総体」であるとか、「人格的自律の存在として自己を主張し、そのような存在であり続けるうえで重要な権利・自由」というように、人格的自律に必要な権利のみであると限定的に考えます。この立場に立脚するならば、「人格的生存」とは、人間が自律した個人として自らの生を全うすることであり、それこそが幸福追求という営為であることになります。換言するならば、個人が理性的存在であることを重視することから、理性的存在としての人間にふさわしい行為のみを幸福追求権の保障対象とみなすのであり、理性的存在である個人にふさわしい行為や待遇を保障するものが幸福追求権ということになるのです。

この考え方は通説的な地位を占めており、判例も基本的にこの立場に立っています。この学説の根拠としては、①憲法13条が一般的行為を広く認め「新しい人権」を無制限に認めていくと、既存の人権の価値が相対的に低下して「人権のインフレ化」が起こり、人権の高位の価値が相対的に低下すること、②「新しい人権」を無制限に認めていくと、民主的正統性を持たない裁判所の主観的な価値判断によって権利が創設される恐れがあること、などが挙げられます。

►（2）一般的行為自由説

これに対して、個人を「自己愛に満ち、自己愛を最大化する存在」とみなし、個人を「ありのままの人間」として捉える立場に立つと、「個人の尊重」とは、「自己愛を持つ生身の個人の個性の尊重」ということになります。この考え方を前提とする一般的行為自由説（一般的自由説）によるならば、幸福追求権が保障対象とするのは、「あらゆる生活領域に関する行為の自由（一般的行為自由）」や「広く一般的行為を行う自由」など、「人の生存活動全般にわたる自由」となります。このように考える背景として、人は自己の好みに従って生きていく自由があるゆえに、当人にとって重要と思われる行為について憲法上の保障を否定すべきではないという発想があり、そこから人格の自由な発展の権利があらゆる生活領域に関する行為の自由を保障するということになるのです。

つまり、各人の個性・人格を維持し発展させるのに重要と考えられる行為で、14条以下の個別的人権規定で保障されていないものは、幸福追求権によって広く保障されるというのです。この一般的行為自由説は、個人の自由は広く保障されなければならないという見地から、幸福追求という人権として保障されるのは「個人の自由な行為」という意味での一般的行為の自由であり、その人権行使のひとつの形態（態様）として、様々な行為についての自由な決定が他者の権利を侵害しない限度で保護されるとします。

もっとも、一般的行為自由説（一般的自由説）には、殺人などといった他者加害行為も含むあらゆる行為が一応は幸福追求権の保障対象に含まれるとする無限定説（非限定説）と、幸福追求権の保障対象となる行為には「公共の福祉」に反する行為や他者加害行為などは含まれないとして、理性的存在としての人間にふさわしくない他者加害行為だけを幸福追求権の対象から除外する限定説とがあります。

無限定説（非限定説）については、他者加害行為も含むどんな行為も一応は幸福追求権の保障対象として捉えたうえで、その行為に対して法的規制が行われている場合には、当該規制の必要性や合理性を直接検討する方法がとれるとして、いかなる行為についても規制根拠を議論することが可能となり、自由の保障が手厚くなるといった主張もなされますが、この考え方は常識に反しているという批判があり、限定説についても、「人権のインフレ化」という点からの懸念は払拭できないと指摘されています。なによりも、一般的行為自由説（一般的自由説）は、人間のすべての行為が法的保障を受けるとする出発点が従来の法的思考から離れています。人間行動には禁止、放任、権利の３種があるところ、この学説は従来から放任行為とされていたもの（例えば、散歩、登山、海水浴）をすべて憲法上の権利にするという誤りを犯していると批判されています。

3　幸福追求権から導き出される権利

これまで、「新しい人権」として様々な権利（プライバシー権、環境権など）が主張されてきましたが、以上みてきたように、幸福追求権が「個人の人格的生存に不可欠な利益を内容とする権利の総体」とか「人格的自律の存在として自己を主張し、そのような存在であり続けるうえで重要な権利・自由」を保障対象としているとした場合、具体的にはどのような権利を導き出すことができるのでしょうか。

この点に関して、幸福追求権は、広義と狭義に分けられ、広義の幸福追求権は、14条から40条までの個別の人権規定で保障された諸権利と、13条後段が独自に保障する狭義の幸福追求権を包含するとします。一方、狭義の幸福追求権は、人格価値そのものにまつわる権利である一般的人格権と、自己決定権（人格的自律権）に区分します。

さらに、一般的人格権に属するものとして、プライバシー権、名誉権、環境権（環境人格権）が、自己決定権（人格的自律権）に属するものとして、①自己の生命・身体の処分に関する権利、②結婚・離婚など家族の形成維持に関する権利、③妊娠・出産など世代の再生産（リプロダクション）に関する権利、④ライフスタイルに関するその他の権利が挙げられます。

以下、幸福追求権に含まれる具体的権利として、判例で取り扱われてきたものについて概観します。

►（1）一般的人格権

①プライバシー権

プライバシーとは、元来、19世紀末のアメリカにおいて、有名人や著名人の私生活をのぞき見て暴露するイエロージャーナリズムに対抗するために、それらの行為を不法行為とするコモン・ロー上の観念として登場したものであり、「ひとりにしておいてもらう権利」または「ひとりで放っておいてもらう権利」として構成されたものです。それが、やがて、「個人の私生活に関する情報を公開されない自由」や「私事に属する領域への他人の侵入を受けない自由」という内容を持つものへと発展していったものです。

日本においても、**「宴のあと」事件**（東京地判昭39・9・28）で、「私生活をみだりに公開されないという法的保障ないし権利」として、私法上のプライバシー権侵害が初めて認められました。しかし、その後の情報通信技術の発達や高度情報社会の進展により、国家・地方公共団体や民間企業などによって個人の情報が収集・管理・利用されるようになると、個人の自律的領域である個人の秘密（個人情報）が脅威にさらされるという状況が発生するようになり、自己に関する情報をコントロールすることが必要であると意識されるようになってきました。そのような状況から、プライバシー権は、自己情報にアクセス・点検し、不正確な情報の訂正や削除を要求し、利用関係を知りかつ統制することができる権利（閲覧請求権、訂正・削除要求権、利用・伝播統制権）、すなわち、「自己に関する情報をコントロールする権利」である情報プライバシー権（自己情報コントロール権）として再構成されるにいたっています。

(i)　「宴のあと」事件（東京地判昭39・9・28下民15巻9号2317頁）

プライバシー権侵害を巡って争われた本件で、東京地裁は、「私事をみだりに公開されないという保障は……不法な侵害に対して法的救済が与えられるまでに高められた人格的な利益であり、いわゆる人格権に包摂されるが、なおこれを一つの権利と呼ぶことを妨げるものではな」く、「いわゆるプライバシー権は私生活をみだりに公開されないという法的保障ないし権利として理解されるから、その侵害に対しては侵害行為の差し止めや精神的苦痛に因る損害賠償請求権が認められる」として、プライバシー権を私法上の権利として初めて認めました。

そして、「プライバシーの侵害に対し法的な救済が与えられるためには、公開された内容が、①私生活上の事実または私生活上の事実らしく受け取られるおそれのある事柄であること、②一般人の感受性を基準にして当該私人の立場に立った場合、公開を欲しないであろうと認められる事柄であること、換言すれば、一般人の感覚を基準として、公開されることによって心理的な負担、不安を覚えるであろうと認められる事柄であること、③一般の人々に未だ知られていない事柄であることを必要とし、このような公開によって当該私人が実際に不快、不安の念を覚えたことを必要とする」という、プライバシー侵害の３要件を示し、結論として、プライバシー権の侵害があったと認めました。

(ii)　京都府学連事件（最大判昭44・12・24刑集23巻12号1625頁）

警察官によるデモ行進参加者の写真撮影がプライバシーの侵害にあたるかが争われた本件において、最高裁は、憲法上のプライバシーの権利性を肯定することによって、幸福追求権の具体的権利性を初めて認めました。最高裁は、「憲法13条は……国民の私生活上の自由が、警察権等の国家権力の行使に対しても保護されるべきことを規定しているものということができる。そして、個人の私生活上の自由の一つとして、何人も、その承諾なしに、みだりにその容ぼう・姿態を撮影されない自由を有する」と述べたうえで、「これを肖像権と称するかどうかは別として、少なくとも、警察官が、正当な理由もないのに、個人の容ぼう等を撮影することは、憲法13条の趣旨に反し、許されない」としながらも、「警察官による個人の容ぼう等の写真撮影は、現に犯罪が行なわれもしくは行なわれたのち間がないと認められる場合であって、証拠保全の必要性および緊急性があり、その撮影が一般的に許容される限度をこえない相当な方法をもって行なわれるときは、撮影される本人の同意がなく、また裁判官の令状がなくても、憲法13条……に違反しない」としました。

(iii)　前科照会事件（最判昭56・4・14民集35巻3号620頁）

弁護士の照会に対して区長が前科を報告したことについて、最高裁は、「前科及び犯罪経歴は人の名誉、信用に直接にかかわる事項であり、前科等のある者もこれをみだりに公開されないという法律上の保護に値する利益を有する」として、前科および犯罪歴をみだりに公表されないことも不法行為法上の利益になると認めました。

(iv)　指紋押捺訴訟（最判平7・12・15刑集49巻10号842頁）

外国人登録法に基づく指紋押捺共生の合憲性が争われた本件で、最高裁は、「指紋は、指先の紋様であり、それ自体では個人の私生活や人格、思想、信条、良心等個人の内心に関する情報となるものではないが、性質上万人不同性、終生不変性をもつので、……利用方法次第では個人の私生活あるいはプライバシーが侵害される危険性がある」としたうえで、「個人の私生活上の自由の一つとして、何人もみだりに指紋の押なつを強制されない自由を有するものというべきであり、国家機関が正当な理由もなく指紋の押なつを強制することは、憲法13条の趣旨に反して許され」ないとしました。

ただし、「右の自由も、国家権力の行使に対して無制限に保護されるものではなく、公共の福祉のため必要がある場合には相当の制限を受ける」のであり、「外国人登録法が定める在留外国人についての指紋押なつ制度についてみると、……戸籍制度のない外国人の人物特定につき最も確実な制度として制定されたもので、その立法目的には十分な合理性があり、かつ、必要性も肯定でき……その強制も罰則による間接強制にとどまるものであって、精神的、肉体的に過度の苦痛を伴うものとまではいえず、方法としても、一般的に許容される限度を超えない相当なものであった」として、指紋押捺について合憲としました。

⒱ 早稲田大学江沢民講演会参加者名簿提出事件（最判平15・9・12民集57巻8号973頁）

講演会が行われるに際し、大学側が参加者本人の同意を得ることなく、参加者の氏名・住所・電話番号を警察に渡したことについて、最高裁は、「大学が講演会の主催者として学生から参加者を募る際に収集した参加申込者の学籍番号、氏名、住所及び電話番号に係る情報は、大学が個人識別等を行うための単純な情報であって……秘匿されるべき必要性が必ずしも高いものではないが、このような個人情報についても、本人が、自己が欲しない他者にはみだりにこれを開示されたくないと考えることは自然なことであり、そのことへの期待は保護されるべきものである」としたうえで、「学生に無断で個人情報を警察に開示した大学の行為は、学生が任意に提供したプライバシーに係る情報の適切な管理についての合理的な期待を裏切るものであり、プライバシーを侵害するものとして不法行為を構成する」としました。この判例は、最高裁が情報プライバシー権的理解を示唆したものです。

⒱ 住基ネット訴訟（最判平20・3・6民集62巻3号665頁）

市町村が住民情報を住基ネットに提供することはプライバシー侵害の危険があるとして、住民が提供の差止を求めた本件において、最高裁は、「憲法13条は、国民の私生活上の自由が公権力の行使に対しても保護されるべきことを規定しているものであり、個人の私生活上の自由の一つとして、何人も、個人に関する情報をみだりに第三者に開示又は公表されない自由を有する」としながらも、「住民基本台帳ネットワークシステムにより行政機関が住民の本人確認情報を収集、管理又は利用する行為は、当該住民がこれに同意していないとしても、憲法13条の保障する個人に関する情報をみだりに第三者に開示又は公表されない自由を侵害するものではない」として、13条違反にはならないとしました。この判例も、最高裁が情報プライバシー権的理解を示唆したものと考えられます。

②名誉権

名誉とは人に対してなされる社会的評価ですが、人の生活は他人の評価の上に成り立っており、人格的自律としての人間的存在の根本に関わる問題であり、人格的生存を達成するためにはこの評価を保護することが必要です。それゆえ、従来から、民法の不法行為や刑法の名誉毀損罪を設けることによって名誉が保護されるように図られてきました。そして、名誉権とは、社会的評価や人の名誉感情が国家権力によって侵されないという法的利益を意味します。

北方ジャーナル事件（最大判昭61・6・11民集40巻4号872頁）において、「人格権としての個人の名誉の保護（憲法13条）」という記述は、名誉が幸福追求権の一部であることを最高裁が認めたことを示唆しているといえます。

③環境権（環境人格権）

環境権は、1960年代からの高度経済成長に伴う大気汚染・騒音などの公害が進行するなか、環境を保全し、良好な環境の中で国民が生活できるために提唱されてきたものですが、その内容は広狭様々です。まず、環境権の「環境」が何を指すかについては、自然環境の保持という環境権登場の背景を理由に、大気・水・日照などの自然環境に限られるとする説と、人間生活を豊かにする価値ある資源という意味で、遺跡・寺院・公園・学校などの歴史的・文化的環境をも含むとする説があります。また、環境権の内容についても、良い環境を享受し、これを支配する権利であるとか、健康で快適な環境の保全を求める権利だとか、環境の改善や良好な環境の創成を求める権利であるといったように様々です。学説においては、環境権が裁判において損害賠償や差止を求めることができる具体的権利ではないとするのが通説であり、判例も環境権を正面から認めたものはありません。

▶（2）自己決定権（人格的自律権）

自己決定権とは、個人が一定の個人的事柄、すなわち自らの生き方に関わる重要な個人的事項について、公権力から干渉されることなく、自ら決定することができる権利のことです。

自らの生き方に関わる重要な個人的事項とは、個人が自己の人生を築いていくにあたり重要性を持つと考えられる事柄のことであり、自己決定権の内容をなすものです。それは、すなわち、①治療許否、安楽死、尊厳死、自殺など自己の生命・身体の処分に関するもの、②結婚・離婚など家族の維持・形成に関するもの、③避妊、堕胎など妊娠・出産といった世代の再生産（リプロダクション）に関するもの、④ライフスタイルに関するその他の事柄です。

「エホバの証人」輸血拒否事件（最判平12・2・29民集54巻2号582頁）では、「エホバの証人」信者である患者が、輸血を拒否する意向を示していたにもかかわらず手術中に輸血を受けたのは自己決定権の侵害であるとして損害賠償を求めた本件において、最高裁は、自己決定権に言及することなく、「輸血を受けることは自己の宗教上の信念に反するとして、輸血を伴う医療行為を拒否するとの明確な意思を有している場合、このような意思決定をする権利は、人格権の一内容として尊重されなければならない」と述べたうえで、「医師らは、輸血を伴う可能性のあった手術を受けるか否かについて患者が意思決定をする権利を奪ったものといわざるを得ず、この点において同人の人格権を侵害したものとして、精神的苦痛を慰謝すべき責任を負う」と判示しました。

第7章

法の下の平等

《本章のキーワード》

- □ 法適用の平等
- □ 法内容の平等
- □ 絶対的平等
- □ 相対的平等
- □ 形式的平等
- □ 実質的平等

「法の下の平等」とは、「誰もが法律に拘束され、法律上平等に取り扱われる」という原則です。1776年のアメリカ独立宣言や1789年のフランス人権宣言の時点で、すでに平等原則が掲げられています。日本国憲法も、14条で法の下の平等について規定しています。「平等」は、「自由」と並んで、近代立憲主義の中核にある「個人の尊厳」を支える重要な国家の原則であり、個人の権利でもあります。

1　平等の概念

「平等とは具体的に何を意味するのか？」という質問に回答することは、容易ではありません。「平等」という言葉を『広辞苑』で調べると、「かたよりや差別がなく、すべてのものが一様で等しいこと」とあります。確かに、この『広辞苑』でいう意味から、漠然とした平等のイメージは読み取れはします。しかし、平等とは具体的に何を意味するのかという問いに対する回答としては、不十分であることは否定できません。そこで、以下では、具体的な条文について考える前提として、「平等の概念」に関する歴史的な変遷について大まかな流れを確認してみます。

► （1）形式的平等・機会の平等

18世紀から19世紀前半までの市民社会における平等とは、「形式的平等」を意味しました。形式的平等とは、「すべての個人が等しく扱われ、その自由な活動を保障されている状態」です。近代立憲主義の出発期における国家の役割は警察や防衛などの必要最小限のものに限定されていました。こうした国家は、夜警国家ないしは消極国家と呼ばれます。夜警国家の下では、自由権の保障が中心となっていました。こうした時代背景の下で、自由な活動を各個人に平等に保障する形式的平等の概念が確立されたのです。自由な権利行使の機会を平等に保障するという意味で、形式的平等は「機会の平等」とも呼ばれます。

しかし、形式的平等は、結果的に市民社会に不平等をもたらしました。そもそも、資本主義という経済システムの下では、経済的不平等の発生は避けることができません。自由競争による経済活動は、富裕層と貧困層を生み出し、富裕層はますます富み、貧困層はますます貧しくなっていきます。貧困層にとっては、日々の生活を生き抜くことが何よりも重要となり、自由どころの問題ではなくなります。つまり、経済活動の自由と形式的平等を保障した結果、現実社会における不自由と不平等を生み出すという皮肉な結果になってしまったのです。

► （2）実質的平等・結果の平等

こうした不平等の問題を解消するために、20世紀に入ると「実質的平等」の概念が形成されます。資本主義により生じた社会的、経済的弱者が他の国民と同等の自由を「平等」に享受できるように、国家が手厚い保護を与えます。こうして、「機会の平等」の保障である形式的平等が生み出す不平等を国家が様々な施策を行うことで現実の不平等を解消し、「結果の平等」を保障しようとするのが「実質的平等」の考え方です。そのため、実質的平等は、「結果の平等」とも呼ばれます。形式的平等が19世紀までの夜警国家における平等であるとすれば、実質的平等は20世紀以降の福祉国（積極国家・社会国家）における平等であると位置付けられます。

こうした平等の概念の歴史的な変遷を前提に、以下で、日本国憲法14条に規定された「法の下の平等の意味」について考えてみましょう。

2 憲法14条1項の解釈

憲法14条1項は「すべて国民は、法の下に平等であつて、人種、信条、性別、社会的身分又は門地により、政治的、経済的又は社会的関係において、差別されない」と規定しています。この条文の意味に関しては、いくつかの論点が存在します。以下、順に検討していきます。

► （1）法適用の平等と法内容の平等

「法の下に」という言葉の解釈のために、「法適用の平等」と「法内容の平等」という二種類の概念を区別して理解する必要があります。

法適用の平等とは、行政権（内閣）や司法権（裁判所）が、すべての国民に対して、それぞれ平等に法を執行し、平等に適用することを要請します。この意味で、法適用の平等は、行政権と司法権を拘束しますが、立法権（国会）は拘束しません。

これに対し、法内容の平等とは、立法権をも拘束するもので、法の内容が平等であることを要請します。つまり、法適用の平等は、適用される法の内容は問わず、その適用が平等であれば良いという考え方ですが、法内容の平等は、国会の制定する法律の内容が平等なものでなければならないということを意味します。

この二種類の概念に関して、日本国憲法14条は「法適用の平等」に加えて「法内容の平等」も要請していると解されます。このように解釈される理由は二つあります。

第一の理由は、人権の不可侵性はあらゆる国家権力に対して認められるからです。人権の性質の一つとして、人権の不可侵性があります。人権は、国家権力により侵害されてはならないということは、国家権力の一つである立法権によっても侵害されてはならないことを当然に意味します。憲法が法律よりも上位の法である点を前提に、憲法で保障された「平等」が、立法権の制定する法律により侵害されてはならないと解釈されます。

第二の理由は、不平等な法を平等に適用しても、平等な結果は実現できないからです。例えば、戦前の悪法として有名な「治安維持法」という法律です。明治憲法は「日本臣民ハ法律ノ範囲内ニ於テ言論著作印行集会及結社ノ自由ヲ有ス」(29条)として表現の自由や結社の自由が認められていました。しかし、その自由は「法律ノ範囲内ニ於テ」ということで、法律で制限されることが憲法上明記されていました(**法律の留保**)。そのため、治安維持法のように、憲法上保障された権利や自由を大きく制限する法律をつくり、その法律を基に特定の思想に基づく結社を取り締まることができたのです。つまり、治安維持法という法律の内容は憲法で保障された自由を制限されるものであったのですが、それが平等に警察によって執行され、裁判で適用された結果、多くの共産主義者・社会主義者の弾圧につながったのです。

このように法律の内容が不平等な場合、それを平等に適用することが、特定の国民に対して不平等な結果を生み出すことになるわけです。このように、そもそもの法の内容が不平等であれば、法の平等な適用は必ずしも平等な結果を保障しないのです。

こうした二つの理由から、「法の下の平等」は、「法適用の平等」と「法内容の平等」の両方の要請を含むものと解されています。

▶（2）絶対的平等と相対的平等

憲法14条の「平等」という言葉の解釈のために、「絶対的平等」と「相対的平等」という二つの概念について理解する必要があります。現実社会においては、個々人の性質や能力の差異、すなわち個人差が存在していることは誰しも否定できないでしょう。絶対的平等とは、この個人差を無視し、すべての人を機械的に同じに扱うことを意味します。一方、相対的平等とは、それぞれの個人差に着目して、同一の条件の下では同じに扱うことを意味します。

この点、憲法14条の平等とは絶対的平等ではなく、相対的平等を意味します。二つの主張を事例として、絶対的平等と相対的平等について考えてみましょう。

第一の主張は、「女性にだけ産休を認めることは不平等であり、男性にも産休を認めるべきである」というものです。現実的には、この主張に賛成する人は少ないのではないでしょうか。この主張は、男性と女性という「性別」による本質的な違い考慮せずに、機械的に平等を要求するものです。この主張に違和感がない人は、平等の意味を「絶対的平等」として捉えていると言えます。一方、この主張に違和感がある人は、平等を「相対的平等」として捉えていると言えます。そもそも、男性は子供を産めないという性別による本質的な違いを前提に、「女性であれば、平等に産休を認める（男性に産休が認められなくても不平等ではない）」とするのが、相対的平等の考え方になります。

第二の主張は、「高所得者に対して高率で高額の税金を課す累進課税は不平等であり、税率は一律で同額にするべきである」というものです。こちらは、第一の主張と比較して、賛成する人が少なくないかもしれません。しかし、この主張も「貧富の差」という個人差を考慮せずに機械的に平等を要求している点では、第一の主張と共通しています。例えば、平均的な家庭にとっての100万円と富裕層にとっての100万円とでは、実質的価値が異なります。平均的な家庭にとっては、100万円は高額で数ヶ月分の生活費にあたるでしょうが、富裕層にとっては1か月のお小遣い程度にすぎないでしょう。そうすると、相対的平等という観点からは、同額の所得に対して同率・同額の税額を課し、税額の差が社会通念から見て合理的な範囲内であるならば、累進課税は不平等な課税制度とは言えないことになります。

これら二つの事例からも、憲法14条の平等は相対的平等を意味すると解することが自然でしょう。

▶ （3）形式的平等と実質的平等

憲法14条の「平等」が、前述した「形式的平等（機会の平等）」と「実質的平等（結果の平等）」のどちらを意味するかに関しても検討する必要があります。形式的平等は、権利を行使する機会の平等を保障するのみで、格差の是正を要求しません。一方、実質的平等は、権利の行使の結果の平等まで保障し、格差の是正を要求します。

この点に関して、憲法14条の平等は、実質的平等の理念を考慮しつつも、原則として形式的平等を意味すると解されます。確かに、形式的平等から実質的平等への拡大が平等概念における歴史的傾向です。しかし、実質的平等を極めた「格差の完全な是正」は、もはや自由とは両立し得なくなります。したがって、自由主義を採用している日本国憲法のもとでは、14条で保障される平等は実質的平等ではなく、形式的平等に留まると解されます。ただし、形式的平等が、格差の是正を禁止しているわけではありません。実質的平等の実現は重要な政治的な課題であり、社会権の保障と関連する問題でもあります。

▶ （4）14条1項後段列挙事由

憲法14条1項後段が掲げる、「人種、信条、性別、社会的身分、門地」という五つの事由の位置付けが問題となります。第一に、平等原則の対象がこれら五つの事由のみに限定されているとする見解があります（限定説）。この五つの事由による差別だけが禁じられているとする考え方です。第二に、これら五つの事由はあくまでも例示であって、平等原則の対象はこれらに限定されないとする見解があります（例示説）。これら五つの事由以外の事由による差別も禁じられるとする考え方です。

この点については、一般的には例示説が支持されています。五つの後段列挙事由に該当しない場合であっても、不合理な差別的取り扱いは禁止されていると解すべきでしょう。

なお、「社会的身分、門地」という点に関して、天皇（および皇室）は、憲法で規定された存在であるため、14条1項の対象にはなりません。

3 「法の下の平等」の重要判例

憲法14条の「法の下の平等」が問題となった重要な判例について検討

します。いずれも法律の定める不平等が「合理性」を有するかどうかが問題となった事例です。つまり、不平等（差別）であっても、それが合理性を有する差別（区別）であれば憲法14条に違反しないが、合理性がなければ憲法14条に違反するということです。以下の四つの事例は、いずれも合理性を欠き、「違憲」と判断された事例です。

▶（1）尊属殺重罰規定違憲判決

刑法200条に規定された「尊属殺人罪」が憲法14条に違反しないかどうかが争われ、昭和48（1973）年に最高裁により違憲判決が下された事件です（「尊属殺重罰規定違憲判決」最大判昭48・4・4判決）。その結果、平成7（1995）年に刑法200条の規定は削除されました。

かつての日本においては、「殺人（普通殺人）」とは別に「尊属殺人」という犯罪が刑法に規定されていました。当時の刑法199条は「人を殺した者は、死刑又は無期若しくは3年以上の懲役に処する」と規定していました（現在は、5年以上の懲役）。いわゆる「殺人罪」の条文で、刑法でも有名な条文の一つでしょう。これに対して、刑法200条は、「自己又は配偶者の直系尊属を殺したる者は死刑又は無期懲役に処す」と規定していました（読みやすさを考慮し、平仮名で表記していますが、平成7（1995）年の改正前の刑法はカタカナ表記でした）。いわゆる「尊属殺人罪」の条文です。直系尊属とは、父母や祖父母など、家系図における縦の関係で自分よりも上に位置する人です。尊属殺人罪に殺人罪よりも重い刑罰を科す刑法200条が、憲法14条との関係で問題となったものです。

この判決では、尊属殺に対する重罰規定は違憲と判断されましたが、その理由については注意しなければなりません。刑法200条に対しては、主に二つの観点から学説の批判がありました。第一に、尊属を特別扱いすることが、「社会的身分」による差別、つまり憲法14条に違反するという観点からの批判です。尊属を特別扱いすることは、戦前の封建的な「家制度」の遺物であり、戦後の日本国憲法の下での平等の価値観と相いれないというのです（刑法は明治時代に制定されたものが、いくつかの改正を経て今日も適用されています）。第二に、「死刑又は無期懲役」という尊属殺に対する刑罰が、通常の殺人罪（普通殺人）と比べて重すぎ、憲法14条に違反するという観点からの批判です。要するに、刑罰の加重の程度が不平等であるというのです。

最高裁は、第一の観点からの批判に対しては、「尊属に対する尊重報恩は、社会生活上の基本的道義というべく、このような自然的情愛ないし普遍的倫理の維持は、刑法上の保護に値する」として、尊属を特別扱いすることの合理性を認めました。

他方で、第二の観点に対しては、「普通殺に関する刑法199条の法定刑に比し著しく不合理な差別的取扱いをする」として、その合理性を否定しました。つまり、最高裁は、第一の尊属という「社会的身分」の観点ではなく、第二の「死刑又は無期懲役」という「刑罰の加重の程度」の観点から、刑法200条を憲法14条違反としたのです。なお、このように尊属を特別扱いする合理性を認めた点に関しては、批判的な学説も多くみられます。

► （2）非嫡出子相続規定違憲判決

民法900条4号但し書きに規定された「非嫡出子相続分」が憲法14条に違反しないかどうかが争われ、平成25（2013）年に最高裁で違憲判決が下された事件です（最大決平25・9・4）。その結果、同年12月に民法900条４号但し書きの非嫡出子相続分に関する規定が削除されました。

法律上、子は「嫡出子」と「非嫡出子」に分類されます。嫡出子とは、法律上の婚姻関係がある男女から産まれた子のことで、非嫡出子は、法律上の婚姻関係がない男女の間に生まれた子のことです。かつて民法900条４号但し書きは、「嫡出でない子の相続分は、嫡出である子の相続分の２分の１」と規定していました。

例えば、ＡとＢが婚姻関係にあり、その間にＣとＤという二人の子がいるとしましょう。この場合、ＣとＤは嫡出子です。さらに、Ａには、Ｅという婚姻関係のない女性との間にＦという子がいて、Ａは自分の子と認知しています。この場合、ＦはＡの非嫡出子となります。こうした状況でＡが遺言を残さずに死亡した場合に、民法の規定に従ってＡの遺産相続が行われるとします（法定相続）。そうすると、まず、遺産の２分の１が配偶者であるＢに配分されます（婚姻関係にないＥには遺産は配分されません。）。残りの２分の１は、Ａの子であるＣ、Ｄ、Ｆの３人で分配することになります。このとき、嫡出子であるＣとＤの間では平等に遺産が配分されます。しかし、非嫡出子であるＦは嫡出子の２分の１しか遺産が配分されません。これが以前の制度でした。その結果、ＣとＤは同額（Ａの遺産の５分の２ずつ）が配分されるが、Ｆにはその半分（Ａの遺産の５分の１）しか配分されないことになっていました。こうした法定相続分の扱いを規定する民法900条４号但し書きが、憲法14条との関係で問題となったのです。

従来、最高裁は、非嫡出子の法定相続分を嫡出子の半分とすることは合憲という立場でした。日本の民法は、法律婚主義を採用しています。その法律婚主義を尊重しつつ、その範囲内で非嫡出子に対しても一定の法定相続を認めることで、その保護を図っていました。最高裁は、こうした見解に基づいて、民法900条４号但し書きの立法目的は合理的であり、憲法14条に違反していないと判断してきました（最大判平7・7・5／最二決平21・9・30など）。他方で、こうした最高裁の決定に対しては、「自ら選択の余地がない出生という理由で法律上差別されることは、法律婚主義の保護の枠を超えるものである」という趣旨の個別の裁判官の反対意見も存在しました。学説の中にも、不合理な社会的身分による差別だとして批判的な意見がありました。

こうした状況の中で、平成25（2013）年に最高裁は、非嫡出子相続分を嫡出子の２分の１とするが民法900条４号但し書きが憲法14条に違反すると全員一致で決定を下したのです。ただし、この最高裁の決定は、従来の最高裁の立場を変更するもの、すなわち「判例変更」ではないという点には注意しなければなりません。最高裁は、従来の判決・決定を維持しつつも、家族観に関する国民意識の変化に関して、「家族という共同体の中における個人の尊重がより明確に認識されてきた」という事実を指摘しました。この事実を前提として、「父母が婚姻関係になかったという、子にとっては自ら選択ないし修正する余地のない事柄を理由としてその子に不利益を及ぼすことは許されず、子を個人として尊重し，その権利を保障すべきである」という見解を示したのです。

そして、最終的な結論として、民法900条４号但し書きに規定された「非嫡出子相続分」は、「遅くとも平成13年7月当時において、憲法14条１項に違反していたものというべきである」という違憲判決を下しました。その後、この違憲判決を受けて、平成25（2013）年12月5日、嫡出子と非嫡出子の法定相続を同等とする民法改正が成立しました。

▶ （3）非嫡出子国籍規定違憲判決

国籍法3条1項に規定された日本国籍取得要件が憲法14条に違反しないかどうかが争われ、平成20（2008）年に最高裁により違憲判決が下されました（最大判平20・6・4）。その結果、同年に国籍法3条1項が改正され、日本国籍取得要件が緩和されました。国籍法2条1号の規定により、出生時点で父母のいずれかが日本人であれば日本国籍を取得できることになりました。そこで、婚姻関係にない日本人の父と外国人の母との間に生まれた非嫡出子の国籍取得が問題となりました。

この問題を検討するためには、前提として「準正嫡出子」という概念について理解する必要があります。（2）で説明したように、子は嫡出子と非嫡出子とに区別されます。この点に関して、非嫡出子が事後的に嫡出子の身分を取得できる「準正」という制度が存在します。準正の要件は、二つあって、第一に「父親による認知」で、第二に「父親と母親との婚姻」です。出生後にこれら二つの要件を満たせば、出生時には非嫡出子であった子が嫡出子の身分を得られます。このように事後的に嫡出子の身分を得た子を「準正嫡出子」といいます。

従来の国籍法3条1項は、日本人を父、外国人を母とする非嫡出子の事後的な日本国籍取得に関して、準正嫡出子の場合にのみ認めていました。つまり、「日本人の父親による認知」という要件を満たしていても、「父親と母親との婚姻」との婚姻という要件を満たさなければ、その非嫡出子は日本国籍を取得できない制度でした。そのため、この国籍法3条1項の制度が憲法14条に違反するかどうかが問題となったのです。

この問題に対して、平成20（2008）年に最高裁は、国籍取得の要件に準正を課す国籍法3条1項が憲法14条に違反すると判決を下しました。この判決についても、（2）と同様に、立法目的と社会情勢の変化が関係しています。最高裁は、国籍法3条1項の立法目的は、制定時点においては合理的であったが、その後の国内外の社会情勢の変化により立法目的の合理性はなくなったとの見解を示しました。その上で、子にはどうすることもできない父母の婚姻を国籍取得の要件とすることは、「合理的理由のない差別」としたのです。

そして、最終的な結論として、「国籍法３条１項の規定が本件区別を生じさせていることは、憲法14条１項に違反するものであった」としました。この違憲判決を受けて、平成20年に、父親による認知のみで国籍取得可能とする国籍法改正が成立しました。

▶（4）女性再婚禁止期間規定違憲判決

民法733条に規定された女性の６か月の再婚禁止期間が憲法14条（および24条２項）に違反しないかどうかが争われ、平成27（2015）年に最高裁により一部に対して違憲判決が下されました（最大判平27・12・16）。その結果、平成28（2016）年に民法733条が改正され、再婚禁止期間が100日となり（１項）、さらにその期間内であっても即時に再婚可能となる場合も規定されました（２項）。

民法733条は、女性にのみ再婚禁止期間を設定しています。その立法趣旨は、父親の特定にあります。女性が離婚直後に再婚した場合には、父親がどちらなのかを特定できずに父子関係をめぐる問題が生じる可能性があるからです。こうした問題の発生を防ぐために、民法は女性に対して再婚禁止期間を定めています。最高裁は、こうした民法733条の立法趣旨の合理性を認め、憲法14条に違反しないという立場をとってきました（最三判平7・12・5）。

この点に関して、最高裁は、平成27年の判決で、再婚禁止期間そのものは合理的という従来の立場を維持する一方、「６か月」という期間に対しては合理性が認められないとしました。父親の推定という立法目的を達成するためには、６か月という期間は不要であるとしたのです。民法772条１項は、子の父親の推定に関して、「妻が婚姻中に懐胎した子は、夫の子と推定する」という原則を規定しています。その上で、２項において、①結婚後に200日以降に産んだ子、②離婚後300日以内に産んだ子に関しても、婚姻中に懐胎（妊娠）した子と推定する旨を規定しています。①と②を総合すると、父親の推定の重複を回避するためには、再婚禁止期間は100日で足りる計算となります。したがって、100日を超える再婚禁止期間の設定は、立法目的達成のための合理性を欠くいうことになります。

こうした観点から、最高裁は、「100日の再婚禁止期間を設ける部分は、憲法14条1項にも、憲法24条2項にも違反するものではない」としつつも、100日を超過する部分に関しては、「憲法14条1項に違反するとともに、憲法24条2項にも違反するに至っていた」という判決を下しました。この違憲判決を受けて、平成28（2016）年に民法733条が改正され、再婚禁止期間は100日に短縮されました。

ただし、再婚禁止期間そのものの合理性に対する批判的な意見も存在します。現在の科学技術の下では、父子関係はDNA鑑定などで特定できるというのがその理由です。

第8章

人身の自由

《本章のキーワード》

- □ 人身の自由
- □ 奴隷的拘束からの自由
- □ 苦役からの自由
- □ 適正手続きの保障
- □ 罪刑法定主義
- □ 被疑者の権利
- □ 被告人の権利

人身の自由とは、個人の身体が外部から不当に拘束されない権利、すなわち法律の定める正当な理由がない限り、個人はその身体を拘束されることのない権利を意味します。この権利は国家による刑罰権の乱用を防止し、国民の権利・自由の保全を確保する趣旨で設けられたものです。その起源はイギリスの「マグナ・カルタ」(1215年)に見出すことができる権利であるといわれています。

日本国憲法は、アメリカ合衆国憲法の下で形成・発展してきた刑事訴訟法上の諸権利を基礎としており、人身の自由については総則規定である31条(法定手続きの保障)とともに18条(奴隷的拘束及び苦役からの自由)および32条(裁判を受ける権利)以下に詳細な規定を置いています。

1 奴隷的拘束および苦役からの自由

憲法18条は、「何人も、いかなる奴隷的拘束も受けない。又、犯罪に因る処罰の場合を除いては、その意に反する苦役に服されない」と規定しています。

本条は「奴隷および本人の意に反する労役」を禁止する合衆国憲法修正第13条1節の影響を受けたといわれています。

「奴隷的拘束」とは、人間としての自由や権利を否定され、他人の支配のもとにおかれたような状態をいいます。厳しい監視のもとに非道な処遇をするかつての「監獄」などはまさしくこれに該当するものでしょう。本条の行為は、私人間でも禁止されています。刑法では逮捕・監禁罪（220条）が、また労働基準法では、使用者の「暴行、脅迫、監禁その他精神又は身体の自由を不当に拘束する手段」（5条）による強制労働の禁止が規定されています。

「その意に反する苦役」とは「奴隷的拘束」にいたらないまでも、広く本人の意思に反してなされる労役をいいます。これは懲役刑のような犯罪による処罰の場合を除いては許されません。

この点、問題となるのが非常の場合の労役負担の強制です。災害発生や堤防決壊のおそれがある場合、その区域内の住民や現場にいる者に協力を要請し、防止作業に従事させる（災害対策基本法65条、災害救助法24条等）ことは、災害防止、被害者救済という点で公共の利益のための合理的な措置として、緊急に公共的な損害防止を図る必要上、本条に反するものではありません。また、平成16（2004）年に制定された国民保護法では、武力攻撃事態等における国民の協力について規定していますが、これは「国民の自発的な意思にゆだねられ」（4条）ています。

なお、明治憲法20条で規定されていたような「兵役の義務」（徴兵制）が、憲法18条の「その意に反する苦役」にあたるかについて、政府は「平時であると有事であるとを問わず、憲法13条、18条などの規定の趣旨からみて、許容されるものではない」との見解を示しています（昭和55・8・15の閣議決定）。また、憲法が兵役の義務を規定していないことから、兵役の強制は憲法18条に反するというのが通説であり、政府見解も同様です（昭和55・8・15及び同56・3・10の政府答弁）。

2 適正手続の保障

憲法31条は、「何人も、法律の定める手続によらなければ、その生命若しくは自由を奪われ、又はその他の刑罰を科せられない」と規定しています。

「適正手続の保障」は、古くはイギリスのマグナ・カルタ39条に規定されています。アメリカ合衆国憲法修正5条や修正14条は、このマグナ・カルタ39条に淵源を有しています。修正5条は「何人も…法の適正な手続によらずに、生命、自由または財産を奪われることはない」と規定し、同修正14条は「いかなる州も法の適正な手続によらずに、何人からも生命、自由または財産を奪ってはならない」と規定しています。日本国憲法31条は、これらの合衆国憲法のいわゆる**デユープロセス**（due process：正当な法の手続き）条項に由来しています。

憲法31条の「法律に定める手続によらなければ…刑罰を科せられない」の意味については、手続だけでなく実体についても法律を必要とするのか、すなわち**「法律なければ犯罪なし、法律なければ刑罰なし」**という**「罪刑法定主義」**の原則を示したものかという点が問題となります。

学説上はさまざまな諸説がありますが、基本的人権の尊重はわが国憲法の基本原則であり、その徹底などを図るためにも、手続・実体要件ともに、法定されているのみならず内容も適正でなければならないとする説（適正手続・適正実体法定説）が妥当とされています。

また「罪刑法定主義」の原則につき、明治憲法23条は「日本臣民ハ法律ニ依ルニ非スシテ逮捕監禁審問処罰ヲ受クルコトナシ」と規定していましたが、日本国憲法31条が、この「罪刑法定主義」の原則を定めたものであるかについては、判例・学説ともに肯定的にとらえる傾向にあります。

最高裁は、以下の第三者所有物の没収に関する事件において、第三者の所有物を没収する場合、第三者に告知し弁解や防御の機会を与えないでその所有権を奪うことは違憲であると判示しました（最大判昭37・11・28刑集16・11・1593）。

この事件は、韓国向けに密輸を企てた被告人が懲役刑に処せられた際、その付加刑として貨物を没収されたが、その貨物の中には第三者の所有物が含まれていたため、第三者に財産権擁護の機会を与えずになされた没収は、憲法29条１項に反するとして訴えた事件です。

この事件で最高裁は次のように判示しました。

「第三者の所有物を没収する場合において、その没収に関して当該所有者に対し、何ら告知、弁解、防禦の機会を与えることなく、その所有物を奪うことは、著しく不合理であって、憲法の容認しないところであるといわなければならない。けだし、憲法29条１項は、財産権は、これを犯してはならないと規定し、また同31条は、何人も、法律の定める手続によらなければ、その生命若しくは自由を奪われ、又はその他の刑罰を科せられないと規定しているが、前記第三者の所有物の没収は、被告人に対する附加刑として言い渡され、その刑事処分の効果が第三者に及ぶものであるから、所有物を没収せられる第三者についても、告知、弁解、防禦の機会を与えることが必要であって、これなくして第三者の所有物を没収することは、適正な法律手続によらないで、財産権を侵害する制裁を科するに外ならないからである」。

3　不当な逮捕からの自由

憲法33条は、「何人も、現行犯として逮捕される場合を除いては、権限を有する司法官憲が発し、且つ理由となつてゐる犯罪を明示する令状によらなければ、逮捕されない」と規定しています。

現行犯人とは、現に罪を行い、または現に罪を行い終わった者のことをいいます。これらの現行犯人に準ずるものとして、犯人として追呼されている者、贓物または明らかに犯罪の用に供したと思われる凶器等を所持している者も現行犯人とみなされます（刑事訴訟法212条）。

現行犯人は、何人も逮捕状なくしてこれを逮捕できます（刑訴法213条）。なお、「検察官、検察事務官又は司法警察職員は、死刑又は無期若しくは長期３年以上の懲役若しくは禁固にあたる罪を犯したことを疑うに足りる充分な理由がある場合で、急速を要し、裁判官の逮捕状を求めることができないときは、その理由を告げて被疑者を逮捕」（刑訴法210条）できます。これを緊急逮捕といいます。この場合には、ただちに裁判官の逮捕状を求める手続をしなければなりません。そして、逮捕状が発せられないときは、ただちに被疑者を釈放しなければなりません（刑訴法210条）。

本条にいう「司法官憲」とは裁判官のみを指します。裁判官は被疑者が罪を犯したことを疑うに足りる相当の理由がある場合には、検察官または司法警察員の請求により逮捕状を発します(刑訴法199条)。逮捕状には「被疑者の氏名及び住居、罪名、被疑事実の要旨、引致すべき官公署」（刑訴法200条）などを明示し、裁判官が、これに記名押印しなければなりません。

本条との関係で、別件逮捕が問題となります。捜査権の濫用による強引な別件逮捕は「見込み捜査」を助長し、憲法34条に定める令状主義にも反する疑いがあります。別件逮捕が違法と判断された場合、被疑者はただちに釈放されなければなりません。また、それによって得られた自白も憲法38条２項により、証拠能力が否定されることになります。

ちなみに別件逮捕とは、本命の犯罪（本件）につき証拠不十分で容疑が固まらない場合に、証拠の揃っているより軽い別の事件を理由に逮捕して、本件についての証拠を収集しようとする捜査手法のことをいいます。刑事訴訟法上では諸説があり議論されているところですが、判例は、両件が密接に関連していればよいとしています（狭山事件：最判昭52・8・9刑集31・3・821）が、違憲違法性を認めるようにもみえます（帝銀事件：最大判昭30・4・6刑集9・4・663）。

最高裁が過去に別件逮捕を明白に違憲違法としたことはありません。捜査手法としての別件逮捕は非常に有効であることも事実であり、実務上しばしば用いられておりますが、違法な捜査から人権を保障するという考え方からすれば、かなりきわどい捜査手法かと思われます。

4　不当な抑留・拘禁からの自由

憲法34条は、「何人も、理由を直ちに告げられ、且つ、直ちに弁護人に依頼する権利を与へられなければ、抑留又は拘禁されない。又、何人も、正当な理由がなければ、拘禁されず、要求があれば、その理由は、直ちに本人及びその弁護人の出席する公開の法廷で示されなければならない」と規定し、逮捕後の身柄の拘束に関して、不当な拘束を防止するための要件を定めています。

被疑者などを逮捕し、勾引、勾留（一定の場所へ抑留、拘禁）する場合、その理由と弁護人依頼権の告知が義務づけられています（刑訴法76条、77条、203条）。刑事被告人の弁護人依頼権については憲法37条で保障していますが、本条はとくに抑留・拘禁される者すべてにこの権利を保障しています。

一般に、抑留とは一時的な身体の拘束をいい、拘禁とは継続的な身体の拘束をいいます。刑事訴訟法上の逮捕・勾引にともなう身体の留置は抑留にあたり、勾留および鑑定留置は拘禁にあたります。長期的な拘束である拘禁には「正当な理由」が必要であり、とくに勾留理由開示の制度が規定されています。すなわち、勾留されている被告人やその弁護人、配偶者、親族等は裁判所に勾留の理由の開示を請求できます（刑訴法82条～86条）。

また、憲法は「何人も、…直ちに弁護人を依頼する権利を与へられなければ、抑留または拘禁されない」（34条前段）として、弁護人依頼権を保障しています。平成16年の刑訴法改正により、それまでは被告人に限られていた国選弁護人制度を拡大し、一定の被疑者にも国選弁護人を付すことができるとする「被疑者国選弁護制度」（刑訴法37条の２）が導入されています。

なお、拘束された被疑者・被告人と弁護人との会見（接見交通権）も十分に認められなければならず、被疑者については捜査機関が、接見の日時、場所、時間を指定しうる制度を導入しています（刑訴法39条３項）。この点に関しては、接見交通権の在り方として問題視している意見もありますが、最高裁は、接見指定権は「弁護人依頼権の保障の趣旨を実質的に損なうものではない」と判示しています（最大判平11・3・24民集53・3・514）。

5 不当な捜索・押収からの自由

憲法35条は、「①何人も、その住居、書類及び所持品について、侵入、捜索及び押収を受けることのない権利は、第33条の場合を除いては、正当な理由に基づいて発せられ、且つ捜索する場所及び押収する物を明示する令状がなければ、侵されない。②捜索又は押収は、権限を有する司法官憲が発する各別の令状により、これを行ふ」と規定しています。

本条は、捜査機関による侵入、捜索、押収に令状の要件（令状主義）を課し、個人の人権を保障しようとするものです。

住居とは、個人の居住する住宅に限らず、それ以外の生活の行われる場所（職場・宿泊先など）をも含みます。所持品とは、個人の占有するすべての物をさします。書類も所持品に属しますが、その重要性にかんがみ、とくに別記してあります。侵入とは、入り込むだけでなく、盗聴器による盗聴などもこれにあたります。

「第33条の場合を除いて」とは、「令状による逮捕、現行犯逮捕」（33条）の場合を除いてという意味です。すなわち、これらの場合には、本条による令状がなくても、侵入、捜索、押収が必要な限度で許されます。

令状には「捜索する場所及び押収する物を明示」していなければなりません。差し押さえるべき物として「本件に関係ありと思料される一切の文書及び物件」（最大決昭33・7・29刑集12・12・2776）というようなあいまいな記載方式は「捜索する場所及び押収する物」を明示しているとはいい難いとされています。

捜索、押収は「権限を有する司法官憲が発する各別の令状により」それぞれ行われなければなりません。「権限を有する司法官憲」とは、33条の場合と同じく裁判官を指します。憲法35条の規定が犯罪などの捜査に関する刑事手続だけでなく、行政上の強制措置としての住居への立ち入りや、住居・書類などの調査に対しても適用されることを判例は認めています。すなわち、「本条1項は、主として刑事責任追及の手続における強制に関するものであるが、当該手続が刑事責任追及を目的とするものでないとの理由のみで、その手続における一切の強制が同条項の枠外にあるとはいえない」と判示しています（最大決昭33・7・29刑集12・12・2776）。

また、憲法35条の直接の対象は刑事手続ですから、行政手続にも適用・準用されるか否かについては議論のあるところです。行政機関がその権限を行使する前提として、情報や資料を収集することを行政調査といいますが、多くの場合、この調査への協力を拒否すると処罰の対象とされる点に特徴があります。税務調査がその代表的な例ですが、憲法35条との関係について、最高裁は、「憲法第35条1項の規定は、本来、主として刑事責任追及の手続における強制」を念頭においたものであるが、「手続が刑事責任追及を目的とするものでないとの理由のみで、その手続における一切の強制が当然に右規定による保障の枠外にあると判断することは相当ではない」と判示し、刑事手続に結び付く行政調査に対する令状主義の適用可能性を示しています（**「川崎民商事件」**最大判昭47・11・22刑集26・9・554）。

6 拷問および残虐な刑罰の禁止

憲法36条は、「公務員による拷問及び残虐な刑罰は、絶対にこれを禁ずる」と定めています。

「拷問」とは被疑者や被告人に対して、自白を強要するために肉体的かつ精神的苦痛を与えることをいいます。明治憲法下において、拷問は、明治12年（1879）年の太政官布告42号で廃止され、明治15（1882）年の旧刑法で禁止されていたにもかかわらず、拷問による自白の強要の禁止が徹底していませんでした。現憲法は、これを絶対に禁止し、裁判・検察・警察の職務に従事する者の暴行等については「特別公務員暴行陵虐罪」（刑法195条）の規定をおいています。公務員の職権乱用は処罰され（刑法193条）、またその職権行使にあたり、違法に他人に損害を加えたときは、国または公共団体がその賠償責任を負うことになります（国家賠償法1条）。

「残虐な刑罰」とは「不必要な精神的、肉体的苦痛を内容とする人道上残酷と認められる刑罰」（最大判昭23・6・30刑集2・7・777）をいいます。「残虐な刑罰」を禁じた本条のもとで、死刑制度が許されるかについては争いがありますが、最高裁は、火あぶりなどの刑のように残虐な執行方法による場合はともかくも、「死刑そのものを直ちに残虐な刑罰ということはできない」とし、「現在わが国の採用している絞首刑は、他の方法に比して特に人道上残酷であるとは認められないから本条に違反しない」（最大判昭30・4・6刑集9・4・663）と判示しています。

また、死刑の合憲性について争われた他の事件において、最高裁は「死刑制度を存続する現行法制の下では、…罪刑の均衡の見地からも、一般予防の見地からも、極刑がやむをえないと認められる場合には、死刑の選択も許される」として死刑制度を合憲と判断しています（**「永山事件」**最三判昭58・7・8刑集37・6・609）。

なお、最高裁は、現行の無期懲役刑についても「残虐な刑罰」とはいえないと判示しています（最大判昭24・12・21刑集3・12・2048）。

7　刑事被告人の諸権利

憲法37条は、「①すべて刑事事件においては、被告人は、公平な裁判所の迅速な公開裁判を受ける権利を有する。②刑事被告人は、全ての証人に対して審問する機会を十分に与えられ、又、公費で自己のために強制的手続により証人を求める権利を有する。③刑事被告人は、いかなる場合にも、資格を有する弁護人を依頼することができる。被告人が自らこれを依頼することができないときは、国でこれを附する」として、すべての刑事被告人に対し、公平な裁判所の迅速な公開裁判を受ける権利を保障しています。

被疑者は起訴された段階で、被告人となります。「公平な裁判所」とは組織や構成が不平等でない裁判所をいいます。したがって、ある事件において裁判官が被害者であったり、被告人や被害者の親族である場合等には、その裁判官は当該事件の職務の執行から除斥されます（刑事訴訟法20条）。また起訴の際には、起訴状のみを提出し、裁判官に予断を生じさせるおそれのある書類などの添付は禁止されます（起訴状一本主義）。

また、裁判の過程においては検察官および被告人は、みずから証拠を集めてその主張を立証しなければなりません（当事者主義）。

平成16（2004）年には、裁判員法が成立しました。同法は、法令の解釈や訴訟手続などに関する判断は裁判官だけに任せ（裁判員法6条2項）、当該事件の被告人または被害者などは裁判員から除外する（同法17条）ことで、公平な裁判の確保を図っています。

「迅速な裁判」とは、社会通念上、不当に遅延しない裁判をいい、不当な遅延か否かは原因や理由を勘案して判断されます。最高裁は、「審理の著しい遅延の結果、迅速な裁判をうける被告人の権利が害されたと認められる異常な事態」が生じた場合には、これに対処すべき具体的規定がなくとも審理を打ち切るという非常救済手段が許されるとして、15年にわたって第一審の審理が中断していた事案につき、本条の迅速な裁判の保障規定に違反するとし、免訴の判決を下しました（**「高田事件」**最大判昭47・12・20刑集26・10・631)。

8 不利益な供述の禁止・自白の証拠能力

憲法38条は、「①何人も、自己に不利益な供述を強要されない。②強制、拷問若しくは強迫による自白又は不当に長く抑留若しくは拘禁された後の自白は、これを証拠とすることができない。③何人も、自己に不利益な唯一の証拠が本人の自白である場合には、有罪とされ、又は刑罰を科せられない」と規定しています。本条１項は、アメリカ合衆国憲法修正第5条の「何人も自己に不利益な供述をさせられることがない」という自己負罪拒否特権の規定に由来しています。

「自己に不利益な供述」とは、刑事上責任を問われるおそれのある事項についての供述であり、このような供述は強要されてはなりません。本項の規定を受けて被疑者や被告人には、証言拒否権（刑訴法198条２項、311条１項）が保障されています。

本項の規定との関係で問題となるのが、行政法規の定める報告、申告、登録、記帳・届出などの義務です。交通事故に際しては、運転者等は警察官に報告義務があり（道路交通法72条)、麻薬取扱者は、麻薬業務に関する記録および届出の義務があります（麻薬及び向精神薬取締法37条～49条）が、このような場合に「自己に不利益な供述」を強要できないとなれば、これらの行政法規の本来の目的が損なわれるおそれがあります。判例は、報告すべき「事故の内容」には刑事責任を問われるおそれのある事故原因などは含まれないとして、報告義務を課しても「自己に不利益な供述」の強要にはあたらないと判示しています（最大判昭37・5・2刑集16・5・495)。また麻薬の取扱いに関する記帳義務（旧麻薬取締法14条１項）についても、本条とは無関係だとしています（最二判昭29・7・16刑集8・7・1151)。

「自白」とは、犯罪事実について自己の刑事責任を認める供述をいいます。憲法37条２項は「強制、拷問若しくは脅迫による自白」と、「不当に長く抑留若しくは拘禁された後の自白の証拠能力」を否定しています。このような方法により得られた自白は、証拠とすることができません（刑訴法319条1項）。

憲法37条3項は「不利益な唯一の証拠が自白」のみである場合には、有罪にできないとし、自白の証拠価値に制限を設けています。刑事訴訟法も「被告人は、公判廷の自白で有ると否とを問わず、その自白が自己に不利益な唯一の証拠である場合には、有罪とされない」（319条2項）と規定しています。

また、任意性のある自白でも、これを補強する証拠が別に存在しない限り、その自白だけで有罪の証拠とすることはできない旨を定めています。本人の自白をもって有罪とするには、補強証拠が必要なのです。最高裁は、必要とされる補強証拠について、自白にかかわる犯罪構成事実の全部にわたる必要はなく、「自白にかかる事実の真実性を保障し得るものであれば足る」としています（最二判昭23・10・30刑集2・11・1427頁）。

なお、公判廷における被告人の自白については、それが任意性を有し、その真実性を裁判所が直接判断できるから「本人の自白」に含まれないとしています（最大判昭23・7・29刑集2・9・1012頁）。

9　刑罰法規の不遡及・一事不再理・二重処罰の禁止

憲法39条は、「何人も、実行の時に適法であった行為又は既に無罪とされた行為については、刑事上の責任を問はれない。又、同一の犯罪について、重ねて刑事上の責任を問はれない」と規定しています。

本条の定める**「刑罰不遡及の原則」**は、**「遡及処罰の禁止」**、**「事後法の禁止の原則」**ともいわれており、罪刑法定主義の重要な原則の一つです。実行時に適法であった行為については、さかのぼって刑罰を科してはならず、また実行時に違法とされ刑罰が科されていても、後にこれを重く処罰する規定を設け、さかのぼって重い刑罰を科してはならない趣旨です。

ただし、法律の適用を受ける個人にとって利益になるなら、遡って適用しても、その趣旨に反しないから、犯罪後の法律により刑が廃止または軽減された場合には、その新法を適用してもよいとされています。

本条は「一事不再理の原則」「二重処罰の禁止」についても規定しています。**一事不再理**とは、一度審理し終えたならば、同一の事件について再度審理することはできないという原則です。判決の確定後、再び同じ事件を審理することは許されません。

また、**二重処罰の禁止**とは、同一行為につき、前の確定判決に加えて新たに判決を下すことを禁止するものです。判決が確定して、ある罪で処罰した行為を、それに加え新たに別の判決により、処罰することは許されません。

第9章

精神的自由権

《本章のキーワード》

- □ 思想・良心の自由
- □ 表現の自由
- □ 知る権利
- □ 報道の自由
- □ 集会・結社の自由
- □ 信教の自由
- □ 政教分離
- □ 学問の自由

1　思想・良心の自由

►（1）思想・良心の意義

思想・良心の自由は、人格にとって不可欠な自由であり、その保障は内面的な精神活動（内心領域）に対して及びます。思想・良心の自由は、外部に向かって能動的に表現されるときは表現の自由、宗教的側面のときは信教の自由、学問的な領域に及ぶときは学問の自由の問題となります。およそ人間の活動は内面的な精神活動を基とするものですから、憲法19条が保障する思想・良心の自由は、精神的自由の前提となる自由といえます。

「思想」は論理的判断を指し、「良心」は倫理的判断を指すと解されますが、いずれも内心における判断作用であることから、両者を厳密に区別する必要はありません。

思想・良心の自由の保障範囲は、「思想」と「良心」との関連性の捉え方によって信条説（狭義説）と内心説（広義説）に分かれます。信条説は、「良心」は「思想」の内面化であり、宗教的信仰や体系的知識に準ずるような一定の信条、主義、主張、イデオロギー、人生観、世界観などを意味するとみるものです。一方の内心説は、「良心」を世界観などに限らずに、人の内心の活動一般であるとします。

この点、最高裁は明確にしておらず、謝罪広告事件（最大判昭31・7・4）では、多数意見のほかに、5人の裁判官の意見が出されています。また、「君が代」ピアノ伴奏拒否事件（最判平19・2・27）や「君が代」起立斉唱拒否事件（最判平23・5・30）で、最高裁は、意に反する行為を命じられた場合に、その受動的な外部的行為（ピアノ伴奏や起立斉唱行為）が社会的にどのように認識されるのかについても「思想・良心の自由」の問題として検討しています。

►（2）思想・良心の自由の内容

思想・良心の自由は人間としての本質に基づくものであり、その規律は個人に委ねられるべきものであることから、国家権力は、個人の内心に対して不干渉でなければなりません。

第一に、個人に対して特定の思想を強制することや、あるいは特定の思想を持つことを禁止することは許されません。また、特定の思想を有することを理由に不利益的取扱いを課すことも禁止されます。

第二に、個人の思想を外部に表明するように強制することや何らかの行為を強制することによって内心を推知することは許されません（沈黙の自由）。

►（3）思想・良心の自由の限界

名誉毀損に対する救済方法として裁判所が謝罪広告を命ずることが出来るかが争われた**謝罪広告事件**（最大判昭31・7・4）で、最高裁は、「単に事態の真相を告白し陳謝の意を表明するに止まる程度」であるから、謝罪広告を命ずることは合憲であるとしました。

また、不当労働行為に対する救済方法として労働委員会の発した陳謝を含むポストノーティス命令が争われた事件（最判平2・3・6）で、最高裁は、「同種行為を繰り返さない旨の約束文言を強調する趣旨」であることから、「憲法19条違反の主張は、その前提を欠く」としました。

さらに、政治活動をしたことが内申書に記載されたことが争われた事件（最判昭63・7・1）で、最高裁は、「思想、信条そのものを記載したものではないことは明らか」であり、「思想、信条自体を高等学校の入学者選抜の資料に供したものとは到底解することができない」として、違憲の主張を退けています。

その他、音楽専科の教諭に対して入学式に「君が代」のピアノ伴奏を命ずることの違憲性が争われた**「君が代」ピアノ伴奏拒否事件**（最判平19・2・27）で、最高裁は、「特定の思想を持つことを強制したり、あるいはこれを禁止したりするものではなく、特定の思想の有無について告白することを強要するものでもなく、児童に対して一方的な思想や理念を教え込むことを強制するものとみることもできない」として合憲であるとしました。

これらの判決は思想・良心の自由に対する直接的制約についての判断ですが、**「君が代」起立斉唱拒否事件**（最判平23・5・30）で、最高裁は、間接的制約の違憲性についても審査しています。そこでは、「君が代」の起立斉唱行為は「国旗及び国歌に対する敬意の表明の要素を含む行為である」ことから、「その者の思想及び良心の自由についての間接的な制約となる面がある」とし、「間接的な制約が許容されるか否かは、当該職務命令に上記の制約を許容し得る程度の必要性及び合理性が認められるか否かという観点から判断」すべきとしました。

その上で最高裁は、①学校教育における卒業式の意義、②公務員の地位の性質と職務の公共性、③学校教育の秩序維持（行事などの円滑な進行）などの諸事情を踏まえると、起立斉唱を求める職務命令には間接的制約を許容できる程度の必要性と合理性が認められるとし、本件職務命令は憲法19条に違反しないと判示しました。

なお、思想・良心の自由は、私人によって侵害される場合が少なくありません。この問題については三菱樹脂事件（最大判昭48・12・12）が典型例ですが、政党事務局のように特定の思想傾向に基づく事業体においては「傾向経営の法理」が例外的に認められます。

2 表現の自由

▶（1）表現の自由の意義

表現の自由は、内心の自由と並んで個人の人格の形成・発展にとって重要な個人的価値（**自己実現の価値**）を有すると同時に、政治的意思決定に関与する不可欠の手段であり、民主政治を維持するために必要とされる社会的価値（**自己統治の価値**）を有します。この観点から、表現の自由は、他の自由（特に経済的自由権）に対する「優越的地位」が認められ、表現の自由の制限についての合憲性審査においては「厳格な基準」によることが要請されます（**二重の基準論**）。

この厳格な基準の下では、表現の自由に対する規制は合憲性の推定の原則が働かず、規制の合理性については規制をする側が立証すべきものと考えられています（立証責任の転換）。これは、表現の自由に対する規制は、外部からの規制ではなく、表現行為自体に内在する規制原理である自然淘汰の原理（対抗言論の法理）に委ねられるべきであるとする考え方（思想の自由な市場論）に基づくものです。

表現活動は、時に他者の利益を害し、共同体の秩序を阻害することがあります。そのような表現活動は、規制の対象となりますが、その規制が過度になり、萎縮効果を招くおそれが懸念されます。そのため、表現の自由の規制の合憲性の審査については、次のような考慮が要請されます。

(a) 形式審査：表現の自由に対する規制は、①事前に表現行為を規制するものであってはならず（事前抑制の禁止の原則）、②不明確な文言による規制は許されない（明確性の原則・漠然性の故に無効の原則）。

(b) 目的審査：①規制立法の目的が政策的な目的であってはならず、②実際の規制を正当化するには、規制目的である社会的害悪が発生する蓋然性があり、時間的に切迫していなければならない（明白かつ現在の危険の理論）。

(c) 手段審査：規制立法の目的が正当である場合も、規制手段は目的達成のために必要最小限でなければならない（より制限的でない他の選びうる手段の原則：LRAの原則）。

▶（2）表現の自由の内容

①言論・出版の自由（伝える自由）

憲法21条1項が「言論、出版その他一切の表現の自由」を保障するとしているのは、言論・出版に限らず、写真、絵画、彫刻、音楽、映画、演劇などのすべての表現手段を含む趣旨です。また、思想や意見を象徴的に表現する行為（象徴的表現）にも保障が及ぶと解されます。このように表現の自由には、表現内容、方法、対象者、時期などについての自由が含まれます。

②知る権利（情報を受ける自由）

表現行為は、表現する側と受け取る側の関係を前提としています。受け手の自由は、表現する自由さえ保障すれば自ずと保障されると考えられてきました（送り手と受け手の自同性）。ところが、現代のように多様なメディアが発達し、国家機能の増大（情報量の増大）という状況下では、送り手と受け手の自同性を求めるのが困難になってきています。そのため、受け手の自由は、「知る権利」として保障することが求められるのです。

ただ、知る権利は、情報収集の自由を公権力によって妨げられない権利（自由権的側面）を意味するとしても、行政官庁のもつ情報に対する公開請求（請求権的側面）が含まれるかについては議論があります。多くの学説は、知る権利の請求権的側面を憲法上の「権利」としつつ、法律や条例の制定による具体化がなければ裁判上の権利として主張することはできないとしています。

③報道の自由と取材の自由

民主主義社会においては、国民が政治に関与するための重要な判断資料を提供し、知る権利に奉仕するものとして、報道機関の報道の自由が重要となります。**博多駅テレビフィルム提出命令事件**（最大決昭44.11.26）で、最高裁は、「思想の表明の自由とならんで、事実の報道の自由は、表現の自由を規定した憲法21条の保障のもとにあることはいうまでもない」とし、「報道の自由とともに、報道のための取材の自由も、憲法21条の精神に照らし、十分尊重に値いするものといわなければならない」としました。

▶ （3）表現の自由の限界

①「わいせつ」規制と表現の自由

「わいせつ」規制の根拠は、①善良な性道徳の維持の場合と②性犯罪の増大や被害者の存在などの具体的実害を伴う場合に分けることができます。

刑法175条は「わいせつな文書、図画、電磁的記録に係る記録媒体その他の物」の頒布または公然陳列（電子送信を含む）および販売目的の所持（電子的保管を含む）を処罰の対象としています。**「チャタレー」事件**（最大判昭32・3・13）で、最高裁は、わいせつ文書規制の根拠を「性的秩序を守り、最少限度の性道徳を維持すること」に求め、「わいせつ」の概念については、「徒らに性欲を興奮又は刺激せしめ、且つ普通人の正常な性的差恥心を害し、善良な性的道義観念に反するもの」とし、これに該当するかは「社会通念」によると判示しました。

たしかに、最高裁の言うように「性道徳の維持」のための規制が許容されるとしても、それを表現領域に及ぼす場合には、それが明白に嫌悪感を抱くものであり、社会的価値を全く欠いているものに限定されるべきでしょう。

そこで、最高裁は、「わいせつ性」の判断について、**「悪徳の栄え」事件**（最大判昭44・10・15）で、「文書全体との関連において判断されなければならない」こと（「全体的考察方法」）を示し、**「四畳半襖の下張」事件**（最判昭55・11・28）では、性的描写の程度、手法、文書全体に占める比重、思想等との関連性、文書の構成や展開、芸術性・思想性等による性的刺激の緩和の程度などの観点から文書全体の検討の必要性を示して、「全体的考察方法」の具体的内容を明らかにしました。

また、**「メイプルソープ写真集」事件**（最判平20・2・19）で、最高裁は、掲載写真20点について性的描写に重きを置くものであると指摘しつつ、芸術性など性的刺激を緩和させる要素の存在、全体に占める比重、表現手法の観点から写真集を全体としてみた結果、「わいせつ性」が否定されると判断しました。

なお、児童ポルノ禁止法7条は、頒布等の目的での児童ポルノの製造、所持等のみならず、自己の性的好奇心を満たす目的での所持（単純所持）を処罰の対象としています。これは、わいせつ表現規制と同様に性表現の規制といえますが、具体的な被害者（児童）が存在するという点で、規制の根拠の性質が異なります。

②名誉毀損・プライバシーの権利と表現の自由

人の名誉やプライバシー権は、個人の人格に基づく重要な権利です。しかし、表現行為との間で衝突した場合には、表現の自由が優位する場合があります。名誉の保護については、刑法230条が名誉毀損罪を規定しています。一方で、刑法230条の２では、①表現内容が「公共の利害」に関係し、②表現行為の目的が「公益を図ること」にある場合には、③「真実の証明」があれば処罰しない旨を規定しており、個人の名誉の保護と正当な表現行為の保障との調整を図っています。

また、**「夕刊和歌山時事」事件**（最大判昭44・6・25）で、最高裁は、「真実の証明」がない場合でも、行為者が真実であると誤信したことに「相当の理由があるとき」は、名誉毀損の罪は問われないと判示しました（誤信相当性の法理）。

名誉毀損に対する救済方法としては、表現行為に対する裁判所による差止命令が認められるかが事前抑制の禁止との関係で問題となります。この点、**「北方ジャーナル」事件**（最大判昭61・6・11）で、最高裁は、公務員や公職の候補者に対する批判等の表現行為の事前差止は原則として許されないと判示しました。ただし、最高裁は、真実でないこと、または公益目的でないことが明白で、損害の重大性と回復の困難性が認められれば、例外的に事前差止が認められるとしています。

一方、プライバシーの侵害が問題となる場合は、公表された事実が真実であればあるほど被害者の損害が発生するため、「真実の証明」によって免責されることはありません。また、公人（政治家や有名人）のプライバシーは私人のプライバシーよりも範囲が狭いとする考え方もあります。

モデル小説によるプライバシー侵害が争われた**「石に泳ぐ魚」事件**（最判平14・9・24）で、最高裁は、①登場人物が原告と容易に同定できること、②原告は公的立場にある者ではないこと、③小説の表現内容は公共の利害に関する事項ではないこと、④小説の出版により原告に重大で回復困難な損害が発生するおそれがあること、を理由としてプライバシー侵害があったとして、損害賠償と小説の出版の差止めを認めました。

また、**「ノンフィクション『逆転』」事件**（最判平6・2・8）で、最高裁は、原則として他人によって前科等をみだりに公表されないことを前提に、例外的に前科の公表も許され得る場合として、次の３つを示しました。それは、①公表することに歴史的又は社会的な意義が認められるような場合、②その者の社会的活動に対する批判や評価の一資料となる場合、③その者が公職にあることに対する判断の一資料となる場合です。

このように、プライバシーの権利と表現の自由との関係を考える際には、被害者の性格（公的存在か単なる私人か）、公表される事実の性質等を考慮しつつ、慎重な判断が求められます。

③取材の自由の限界

取材の自由は、公権力による不当な制限を受けずに取材活動をする自由です。しかし、取材の自由といっても、もとより何らの制約を受けないものではありません。法廷秩序維持法、刑事訴訟規則215条、民事訴訟規則77条などでは、法廷における写真撮影、録音、録画等の取材活動を制限してます。

法廷内の写真撮影が問題となった**「北海タイムス」事件**（最大決昭33・２・17）で、最高裁は、取材活動といえども、法廷における審判の秩序を乱し、被告人その他訴訟関係人の正当な利益を不当に害することは認められないと判示しました。

外務省機密電文漏洩事件（最決昭53・５・31）で、最高裁は、報道機関が公務員に対して執拗に秘密の漏示を要請したとしても、それが真に報道目的から出たものであり、その手段・方法が社会通念上是認されるものであるときは正当な取材行為といえるとしましたが、取材の方法が違法行為を伴う場合や個人の人格の尊厳を著しく蹂躙する場合には正当な取材行為とはいえないと判示しました。

適切な取材活動には取材源の秘匿が重要な要素となりますが、この取材源の秘匿が法的な保護を受けるかが問題となります。記者の取材源に関する証言拒否権について、最高裁は、証人として出頭し証言することは裁判の適正な行使に協力すべき国民の重大な義務であるから証言義務を免除した刑事訴訟法149条の例外規定は新聞記者に類推適用できないとし、刑事事件における取材源秘匿権を認めませんでした（**石井記者事件**、最大判昭27・８・６）。

一方で、民事事件では、最高裁は、記者の取材源は「職業の秘密」に該当し、取材源の秘匿が認められる場合があるとしています（NHK記者証言拒絶事件、最決平18・10・3）。

また、取材メモやビデオを証拠として提出させることができるかという点について、**博多駅テレビフィルム提出命令事件**（最大決昭44・11・26）で、最高裁は、「公正な刑事裁判の実現を保障するために、報道機関の取材活動によって得られたものが、証拠として必要と認められるような場合には、取材の自由がある程度の制約を蒙ることとなつてもやむを得ない」としました。

④検閲の禁止

憲法21条2項は、「検閲は、これをしてはならない」と定めています。最高裁は、憲法で禁止される**「検閲」**とは、①行政権が主体となり、②思想内容等の表現物を対象とし、③その全部または一部の発表の禁止を目的として、④網羅的一般的に、⑤発表前に、⑥不適当と認めるものの発表を禁止することをその特質として備えるものを指すとしています（**税関検査事件**、最大判昭59・12・12）。関税法に基づく輸入図書の税関検査が問題となった税関検査事件で、最高裁は、①税関検査はすでに発表済みの表現物に対するものであること、②関税徴収手続に付随する検査であり、網羅的に審査するものではないことなどから、「検閲」にはあたらないとしました。

表現活動に対する裁判所による事前差止めの可否が争われた**「北方ジャーナル」事件**（最大判昭61・6・11）で、最高裁は、検閲の主体はあくまでも行政権であることを必要とすることから、裁判所による事前差止めは「検閲」にはあたらないと判示しました。その他、学校教育法に基づいた教科書検定制度の違憲性が争われた**家永教科書訴訟**（最判平5・3・16）で、最高裁は、検定で不合格とされても一般図書として発行することが禁止されていないことから、「検閲」にはあたらないと判示しています。

3 集会・結社の自由

▶（1）集会・結社の自由の内容

集会・結社とは、共同の目的のために集団を形成する行為のことをいいます。集会は一定の場所における一時的な集合体であり、結社は必ずしも場所を前提としない特定の多数人の継続的な結合体です。集会・結社は、「表現」と同一線上にありますが、集団としての意思形成やその意思を実現するための具体的な集団行動をとることを含むという特徴があります。

▶（2）集会・結社の自由の保障内容

集会の自由の内容は、その目的・場所・公開性の有無・方法・時間などを問わず、集会を開催する自由、集会に参加する自由、公権力によって集会に参加させられない自由を意味します。道路・公園など公の施設は、その設置目的からみて正当な理由のない限り、その利用を拒否することは許されないと解されます。また、この点について、最近では、アメリカの理論である「パブリック・フォーラムの法理」を参考に考えるべきだと主張する学説もあります。

結社の自由の内容は、団体を結成する自由、団体に参加する自由、団体自体が存続する自由が含まれます。ただし、宗教目的の結社については憲法20条が規定し､労働組合については憲法28条がそれぞれ規定しています。また、結社の自由には、団体に加入しない自由や団体から脱退する自由などの消極的結社の自由も含まれます。

▶（3）集会・結社の自由の限界

①集会の自由の制約

集会の自由は、道路・公園などの一般利用者の利益との衝突や、集会の競合による混乱発生の可能性が高いため、秩序維持、利益の相互調整などの観点から法的規制がなされます。規制の合憲性の判断は、①内容に基づく規制か内容中立規制か、②規制手段が目的を達成するための必要最小限度の規制か、③事前規制ではない方法がとられているか、という視点から慎重に検討されなければなりません。

また、反対勢力の存在によって治安妨害が発生するおそれがあることを理由に規制する場合には、警察力等による妨害者の排除が不可能な場合に限って規制が認められるという「敵対集団の法理」による検討が原則的に妥当すると考えられます。

②公共施設の使用拒否

集会のために市民会館の使用許可を申請したところ、条例の規定する「公の秩序をみだすおそれがある場合」にあたるとして市が不許可としたことが争われた**泉佐野市民会館事件**（最判平7・3・7）で、最高裁は、公共施設の利用を拒否できるのは「集会が開かれることによって、人の生命、身体又は財産が侵害され、公共の安全が損なわれる危険を回避し、防止することの必要性が優越する場合」に限定すべきであり、その危険性の程度としては、「単に危険な事態を生ずる蓋然性があるというだけでは足りず、明らかな差し迫った危険の発生が具体的に予見されることが必要である」と判示しました。

その上で最高裁は、集会開催による危険性が「客観的事実によって具体的に明らかに予見された」として不許可処分は違法ではなかったとし、「敵対集団の法理」による検討も「警察に依頼するなどしてあらかじめ防止することは不可能に近かった」としました。

また、労働組合の合同葬に使用するために福祉会館の使用申請を市が不許可にしたことが争われた**上尾市福祉会館事件**（最判平8・3・15）で、最高裁は、対立団体の妨害による混乱のおそれを理由に使用を拒否できるのは「警察の警備等によってもなお混乱を防止することができない特別の事情がある場合に限られる」として「敵対集団の法理」に基づいて判断し、不許可処分を違法としています。

③道路における集団行動

公共の使用に供される場所における集会や集団行動は、公共の安全を害するおそれがあるため、地方公共団体の公安条例によって事前の許可または届出を要すると定める例が多数みられます。**新潟県公安条例事件**（最大判昭29・11・24）で、最高裁は、①「単なる届出制を定めることは格別、そうでなく一般的な許可制を定めてこれを事前に抑制すること」は違憲だが、②「特定の場所又は方法につき、合理的かつ明確な基準の下に、予め許可を受けしめ、又は届出をなさしめ」るとしても違憲ではなく、③「公共の安全に対し明らかな差迫つた危険を及ぼすことが予見されるとき」は、不許可または禁止できる旨の規定を設けることができるとしました。その後、**東京都公安条例事件**（最大判昭35・7・20）、**徳島市公安条例事件**（最大判昭50・9・10）で、最高裁は、集団行動に伴う危険性を理由にして、公安条例を合憲と解しています。

④結社の自由の制限

犯罪を行うことを目的とする結社や憲法秩序を暴力によって破壊することを目的とする結社は、憲法上の保障を受けません。ただ、具体的規制方法は、事後規制を前提に、十分な合理的根拠に基づいて考えられなければなりません。

法的な規制の例としては、破壊活動防止法７条が行政処分による結社の解散を規定していますが、現在のところ同法による解散例はありません。平成11年に団体規制法が制定され、無差別大量殺人を行った団体に対しては、「観察処分」（５条）と「再発防止処分」（８条）に付すことを規定しています。

4　信教の自由と政教分離

►（1）信教の自由の保障内容

信教の自由は、①信仰の自由、②宗教的行為の自由、③宗教的結社の自由をその保障内容としています。信仰の自由は、何らかの宗教を信仰する自由や信仰告白の自由を含み、「思想良心の自由」との類似の性格を有します。宗教的行為の自由は、宗教上の儀式や布教宣伝活動を行う自由を意味し、宗教的結社の自由は、特定の宗教の活動を共同で行うことを目的とした宗教団体を結成する自由を意味します。これらの自由には、それぞれの消極的側面（しない自由）も含まれます。

▶（2）信教の自由の限界

病気の平癒を祈願するための加持祈祷により少女が心臓麻痺で死亡し、僧侶が傷害致死罪に問われた**加持祈祷事件**（最大判昭35・5・15）で、最高裁は、本件行為は宗教的行為だとしても「他人の生命、身体等に危害を及ぼす違法な有形力の行使」に該当し、「著しく反社会的なもの」であり、信教の自由の保障の限界を逸脱したものとしました。

一方、凶器準備集合罪などの容疑で追及されていた高校生を教会内でかくまった牧師が犯人蔵匿罪に問われた**牧会活動事件**（神戸簡判昭50・2・20）で、裁判所は、形式上刑罰法規に反するが、牧会活動は「魂への配慮に出た行為」であり、「目的において相当な範囲にとどまったもの」と言えることから、「正当な業務行為として罪とならない」と判示しました。

▶（3）政教分離

信教の自由の問題は、歴史的にみれば「政治」と「宗教」（教会・教派・church）の関係と連動する側面を有します。憲法20条1項後段は、「いかなる宗教団体も、国から特権を受け、又は政治上の権力を行使してはならない」とし、同条3項では、「国及びその機関は、宗教教育その他いかなる宗教的活動もしてはならない」と定め、個人の信教の自由を保障するために、政教分離原則を制度的に保障しています。

政治と宗教の分離の程度については、①厳格に捉えて完全分離とする立場（厳格分離説）と②限定的な分離とする立場（限定分離説）があります。しかし、厳格に分離原則を貫く場合は、非現実的な結果を招くことがあり、逆に信教の自由を尊重することにならない結果を招きます。一方で、限定分離の場合は、政治と宗教の関係がどの程度であれば許されるのかが問題となります。

この点、三重県津市が体育館建設のために地鎮祭を挙行したことが争われた**津市地鎮祭事件**（最大判昭52・7・13）で、最高裁は、限定分離の立場を示した上で、「行為の目的が宗教的意義をもち、その効果が宗教に対する援助、助長、促進又は圧迫、干渉等になるような行為」を憲法は禁止するものであるとの判断基準（**目的効果基準**）を示しました。その上で最高裁は、本件地鎮祭は「宗教とかかわり合いをもつものであることを否定しえないが、その目的は建築着工に際し土地の平安堅固、工事の無事安全を願い、社会の一般的慣習に従つた儀礼を行うという専ら世俗的なものと認められ、その効果は神道を援助、助長、促進し又は他の宗教に圧迫、干渉を加えるものとは認められない」と判示しました。

ところが、愛媛県知事が戦没者慰霊のために、靖国神社や護国神社に玉串料を奉納したことが争われた**愛媛県玉串料事件**（最判平9・4・2）では、最高裁は、津市地鎮祭事件判決の判断基準を踏襲しつつ、玉串料の奉納は「他の宗教団体とは異なる特別のものであるとの印象を与え、特定の宗教への関心を呼び起こす」ことから、「行為の目的が宗教的意義を持つことを免れず、その効果が特定の宗教に対する援助、助長、促進になる」として違憲判決を下しています。

その他、北海道砂川市が市の敷地を神社に無償で提供していることが争われた**空知太**（そらちぶと）**神社事件**（最大判平22・1・20）で、最高裁は、「氏子集団が神社を利用した宗教的活動を行うことを容易にしている」とし、「一般人の目から見て、市が特定の宗教に対して特別の便益を提供し、これを援助していると評価されてもやむを得ない」ことを理由に違憲と判断しました。

5 学問の自由

▶（1）学問の自由の保障内容

憲法23条は、学問の自由を保障しています。学問は人間の営みと社会の発展に寄与してきたものであり、今日においては、「大学」がその中核を担う存在とされています。学問的研究は、既存の体制や支配的な社会的価値観に対する批判を含むこともあることから、政治権力や多数勢力との緊張関係を生みやすい性質をもっています。

学問の自由は、①学問研究活動の自由、②研究成果発表の自由、③教授の自由をその保障内容としています。学問研究活動の自由と研究成果発表の自由は、内心における思索とその発表であり、それぞれ思想や表現の自由の一形態といえます。そして、学問研究は、人格を発展させ人間的成長の基盤となる精神的活動であるから、国民一般にも広く認められるものでもあります。

研究成果発表の自由と関連して、学問の自由には、「大学」において研究成果を教授する自由（教授の自由）が含まれます。これは、研究教育機関である「大学」における教育という意味をもつ点で、発表の自由とは異なる存在理由があるからです。**東大ポポロ劇団事件**（最判昭38・5・22）で、最高裁は、「教育ないし教授の自由は、学問の自由と密接な関係を有するが、必ずしもこれに含まれるものではない」とした上で、「大学」の目的（現行学校教育法83条）に照らせば、研究者が研究成果を大学において「教授する自由」が憲法23条によって保障されるとしました。

また、大学における学問研究は組織体の自律性と密接不可分の関係にあることから、大学の自治は、学問の自由を担保するための制度的保障として憲法23条に含まれると解されます。ただ、大学内部において、大学と個々の研究者の自由とが緊張関係になることがあるという点は、留意すべき点です。

▶（2）学問の自由の限界

反倫理的な研究や回復不可能な害悪を発生させる実験、あるいは人体実験などの研究は許されず、学問の自由は、その方法・手段において制約を受けます。近年、特に大量殺戮兵器につながるような技術、遺伝子技術、創薬分野、医療分野などの研究においては、難しい問題が提起されています。

例えば、「クローン技術」（平成12年にクローン技術規制法制定）や「ゲノム編集」の研究については倫理上の問題点が多く指摘されています。わが国においては、遺伝子を効率よく改変できる「ゲノム編集」技術を使った子どもの誕生を法律で規制することが検討されています。ただ、学問の自由と関連する問題は、法規制を強めていくのか、研究倫理の枠組みで解決をしていくべきなのか、について見解が分かれるところです。

第10章

経済的自由権

《本章のキーワード》

□ 経済的自由権	□ 公共の福祉
□ 職業選択の自由	□ 規制目的二分論
□ 小売市場距離制限判決	□ 薬事法距離制限判決
□ 居住・移転の自由	□ 外国移住・国籍離脱の自由
□ 財産権	□ 正当な補償

1　経済的自由権とは

日本国憲法は、22条1項において、「何人も、公共の福祉に反しない限り、居住、移転及び職業選択の自由を有する」と規定し、29条1項においても、「財産権は、これを侵してはならない」と規定しています。これらは講学上、「経済的自由権」として分類されています。

▶ (1) 経済的自由権の保障の意義

自由な経済活動を保障するという考えは、西欧の歴史における、人と土地を拘束する封建的な経済構造の否定を端緒としています。すなわち、身分制の廃止やギルド組織の解体によって自由な職業選択や移動を伴う経済活動が保障されるに至りました。このような経緯から、憲法22条1項では職業選択の自由とともに、居住・移転の自由も保障されており、両者は歴史的背景を同じくしています。しかし、現在では、居住・移転の自由の複合的性格から、個別に検討する必要があると考えられています。また、近代市民革命期には、ブルジョワジーによって財産権を中心とする経済的自由権に対する絶対的な保障が要求され、それはフランス人権宣言において自由権として保障されました。これら経済的自由権の獲得は、その後の資本主義社会の基礎となりました。

▶（2）経済的自由権の制約

しかし、自由な経済活動による資本主義が発達すると、資本家による労働者への搾取や経済的不平等の格差などの社会問題が拡大しました。すなわち、経済的自由権は資本を有している一部の資本家のためだけのものとなり、それ以外の多くの労働者にとっては貧困の自由でしかないような状態が生まれました。そこで、国家が法律等により市民社会に介入し、これらの問題を解消する必要性が生じたのです。20世紀初頭には、ドイツのワイマール憲法（1919年）に代表されるように、経済的自由権に対する社会的・政策的制約が認められるようになります。

2　職業選択の自由

▶（1）職業選択の自由の意義

職業選択の自由は、自己の従事する職業を自由に選びうるということを意味します。もちろん、国家によって特定の職業を強制されることもありません。また、自由な職業を選択したところでその職業を遂行できなければ意味がないため、職業選択の自由には職業遂行の自由も含まれます。これらの自由の必要性は、以下のように説明されます。

まず、個人が国家から経済的に独立していることです。次に、自身の望む職業に従事するということは個人の自己実現にも直結するものとなります。そのため、職業選択の自由は、経済的自由権としての性格も有しますが、人格的価値も有するとされます。最後に、精神的自由権の基礎としての役割です。すなわち、経済的基盤がなければ生存することのみに注力せねばならず、人間らしい生き方が困難となってしまいます。

►（2）職業選択の自由に対する制約

憲法上の権利といえども無制限にこれを認めると、公共の安全や秩序に重大な弊害をもたらすこととなります。また、経済的自由権に関しては、社会国家の理念を実現するために、一定の政策的配慮に服する必要もあります。憲法13条で公共の福祉による人権制約が明記されているにもかかわらず、憲法22条１項において「公共の福祉」という文言が繰り返し用いられているのは、職業選択の自由が内在的制約にとどまらず、外在的制約にも服することの表れであると理解できます。

このような職業選択の自由に対する規制の態様としては、届出制、登録制、許可制、資格制、特許制、国家独占、全面禁止などがあります。これらの規制の態様は職業選択の自由に対する干渉の程度が異なり、職業選択の自由を規制する立法の合憲性審査においても、目的達成の手段としていかなる態様における規制がなされているかについて勘案することが重要となります。

①　規制目的二分論

職業選択の自由に関する初期の判例において、最高裁は有料職業紹介事業を原則として禁止していた職業安定法の規定が問題となった事件（最大判昭25・6・21刑集4巻6号1049頁）を公共の福祉のために必要であるという理由だけで合憲としていました。しかし、後述する小売市場距離制限判決及び薬事法距離制限違憲判決では、職業選択の自由を制限する立法の審査にあたり、規制の目的とその手段との関連性に分析の焦点を当てていくこととなります。

これらの判例では、とくに規制の目的に関して、規制目的を積極目的と消極目的に区別し、それぞれに異なる審査基準が用いられるとする規制目的二分論を採用したとされています。積極目的の規制とは、福祉国家的観念から、弱者保護や社会経済の調和的発展のためになされる政策的規制のことです。これに対して、消極目的の規制とは、経済活動から生じる国民の健康や安全に対する弊害を除去・防止するための規制のことです。積極目的規制の場合には、消極目的規制の場合に比して、立法府による裁量の余地が大きく、より緩やかな合憲性審査がなされるとされます。すなわち、積極目的規制の場合には、法的規制措置が「著しく不合理であることの明白である」場合に限り違憲とされる「明白の原則」によって判断されるのに対し、消極目的規制の場合には、規制の必要性・合理性と同じ目的を達成できる、より緩やかな規制手段の有無を問う「厳格な合理性の基準」によって判断されます。

② 判例理論

(i) 小売市場距離制限判決（最大判昭47・11・22刑集26巻9号586頁）

本件では、小売市場の乱設に伴う過当競争による共倒れを防止する目的で、小売市場の開設に一定の距離制限を設けた小売商業調整特別措置法及び同法に基づく大阪府小売市場許可基準内規の規定の合憲性が問題となりました。最高裁は、個人の経済活動に対する法的規制は、個人の自由な経済活動からもたらされる諸々の弊害が社会公共の安全と秩序の維持に対する弊害を除去ないし緩和するために必要かつ合理的な規制（消極目的規制）である限りにおいて許されるべきことはいうまでもなく、福祉国家的理想の下で、国が積極的に国民経済の健全な発達と国民生活の安定を期し、もつて社会経済全体の均衡のとれた調和的発展を図るために、一定の規制措置（積極目的規制）を講ずることも、目的達成のために必要かつ合理的な範囲にとどまる限り、許されるとしました。そして、この法的規制は、決して無制限に許されるべきものではなく、その対象、手段、態様等において限界が存するとし、社会経済分野における法的規制措置については、立法府の政策的技術的な裁量に委ねるほかはなく、裁判所は、ただ、立法府がその裁量権を逸脱し、当該法的規制措置が著しく不合理であることの明白である場合に限って、これを違憲とできるとしました。

以上のような基準の下、本件における規制は、国が社会経済の調和的発展を企図するという観点から、小売市場乱設に伴う過当競争によって招来される小売商の共倒れの防止を目的とする積極目的規制であり、その目的において合理性を有し、その手段・態様においても、それが著しく不合理であることが明白であるとは認められないとして、合憲であると判断されました。

本件では、経済活動に対する積極目的規制に対しては、明白の原則が妥当することが示されました。しかし、経済活動に対する規制の目的を消極目的と積極目的とに区分しながらも、積極目的規制の側面からしか論じられておらず、次に挙げる薬事法事件判決と併せて、規制目的二分論を支える先例であるといわれています。

(ii)　薬事法距離制限判決（最大判昭50・4・30民集29巻4号572頁）

本件は薬局開設に伴う営業許可の申請に対して、旧薬事法6条2項及び同法に基づく条例の定める距離制限に反しているとして不許可とされた事例です。最高裁は、許可制について、単なる職業活動の内容及び態様に対する規制を超えて、狭義における職業の選択の自由そのものに制約を課するもので、職業の自由に対する強力な制限であるから、その合憲性を肯定しうるためには、原則として、重要な公共の利益のために必要かつ合理的な措置であることを要するとしました。そして、本件を検討するにあたって、それが社会政策ないしは経済政策上の積極的な目的のための措置ではなく、自由な職業活動が社会公共に対してもたらす弊害を防止するための消極的、警察的措置である場合には、許可制に比べて職業の自由に対するよりゆるやかな制限である職業活動の内容及び態様に対する規制によっては右の目的を十分に達成することができないと認められることを要するという基準を示しました。

最高裁は、本件距離制限規定が国民の生命及び健康に対する危険の防止という消極的、警察的目的であると認定した上で、薬局の乱設・偏在―競争激化―一部薬局の経営の不安定―不良医薬品の供給の危険という因果関係に規制の必要性と合理性は認められないとしました。そして、当該目的は行政上の監督体制の強化等によっても達成できるのであり、目的と手段の均衡を著しく失するものであるとして違憲であると判断されました。

③　規制目的二分論への批判

規制目的二分論に対しては、経済的自由権の領域において用いられる審査基準を明示したものとして評価する見解がある一方で、これらの判決が出たときから批判的な見解も主張されていました。批判的見解の代表的な論拠としては、経済規制立法の目的を積極目的と消極目的に機械的に二分することに疑問を投げかけます。確かに、公衆浴場の適正配置規制が問題となった２つの事件を例に、一方では、公衆浴場法の目的を公衆浴場業者が経営の困難から廃業や転業をすることを防止し、健全で安定した経営を行えるようにするための積極的、社会経済政策的な目的であるとしながら（最二判平元・１・20刑集43巻1号1頁）、もう一方では、国民保健及び環境衛生の確保という消極目的とともに、既存公衆浴場業者の経営の安定を図るという積極目的があるとしていました（最三判平元・3・7判時1308号111頁）。このように、同様の事例においても規制目的の揺れがみられます。また、国民の生命・身体の保護を目的とする消極目的の立法のほうが積極目的の立法より厳格な審査を求められるというのは、感覚的に疑問の残るところです。すなわち、国民の生命・身体の安全を保護しようとする立法のほうが違憲となる可能性が高くなってしまうのです。

最高裁自身も経済規制立法が問題となった後の森林法事件判決（最大判昭62・4・22民集41巻3号408頁）や酒税法事件判決（最三判平４・12・15民集46巻9号2829頁）において、規制目的二分論を採用しませんでした。このような最高裁の立場から、近時では規制目的二分論は放棄されたものと考える見解が多くなっています。

確かに薬事法事件判決で準則化されたようにみえた規制目的二分論も、経済的自由の中における許可制という強力な規制態様に対する基準を示したにすぎず、経済的自由権一般の規制目的二分論を確立したものとは評価しがたいでしょう。例えば、薬事法判決において、規制手段が立法目的との関連で「より制限的でないもの」というLRAに類似する厳格な基準が求められていましたが、森林法判決では、薬事法判決を引用しつつも「より制限的でないもの」という基準には触れませんでした。すなわち、薬事法事件判決で示された判断枠組みとは、規制目的が公共の福祉に合致しているか、及び、規制手段が目的を達成する手段として必要性・合理性を有しているかというものに過ぎません。そして、その必要性と合理性については、立法府の判断が合理的裁量の範囲内であるかということを規制の目的、対象、方法等の性質と内容に照らして、決定されなければなりません。したがって、規制目的は合憲性審査における一つの要素にすぎず、規制の態様などの他の要素を総合的に検討する必要があります。例えば、職業選択を制限する立法は、職業遂行を制限する立法より厳格に審査されるべきでしょうし、本人の能力の如何に応じた資格制のような制限よりも本人の能力とは関係のない事由での制限は厳格に審査される必要があるでしょう。

3 居住・移転の自由

すでに述べたように、自由な移動による土地からの解放や労働力の移動は、現代の経済活動の前提をなしています。古くは経済活動の一環としての移動を想定していましたが、現代社会において居住・移転の自由は、身体を拘束されないという人身の自由としての側面や自由な移動を通じて知見を広めるという精神的自由権としての側面を併せ持ち、複合的性格を有するとされています。熊本ハンセン病訴訟事件判決（熊本地判平13・5・11判時1748号30頁）においても、「居住・移転の自由は、経済的自由の一環をなすものであるとともに、奴隷的拘束等の禁止を定めた憲法一八条よりも広い意味での人身の自由としての側面を持つ。のみならず、自己の選択するところに従い社会の様々な事物に触れ、人と接しコミュニケートすることは、人が人として生存する上で決定的重要性を有することであって、居住・移転の自由は、これに不可欠の前提というべきものである」として、居住・移転の自由の複合的性格を認めています。

もちろん、居住・移転の自由といえども無制限に保障されるわけではなく、一定の制限に服します。例えば、親権者による子どもの居所指定（民法821条）、破産者の居住地制限（破産法37条１項）、自衛官に対する居所指定（自衛隊法55条）、刑事被告人に対する住居制限（刑事訴訟法95条）、精神障害者・感染症患者に対する強制入院措置（精神保健福祉法29条、感染症予防法19条３項）などがありますが、いずれも合理的な制限であると解されています。しかし、居住・移転の自由の複合的性格に鑑みれば、人身の自由や精神的自由と密接な関係を有する制限に対しては、相対的に厳格な審査が望まれます。

4 外国移住・国籍離脱の自由

憲法22条２項は、「何人も、外国に移住し、又は国籍を離脱する自由を侵されない」と定めています。外国移住は、一般的に定住及び長期の滞在を意味しますが、一時的な海外渡航についても、憲法22条２項によって保障されるものと解されています。

海外渡航のためには、有効な旅券を所持し、入国審査官から出国の確認を受けなければなりません（入管法60条）が、旅券法13条１項７号では、「著しく、かつ、直接に日本国の利益又は公安を害する行為を行うおそれがあると認めるに足りる相当の理由がある者」に対して外務大臣が旅券発給拒否処分をできると規定されています。この旅券発給拒否処分は、まさに外国移住又は海外渡航の自由を制限するものとなります。この点につき、いわゆる「帆足計事件判決」（最大判昭33・9・10民集12巻13号1969頁）では、公共の福祉のための合理的制限であるとして、当該規定の合憲性を認めました。しかし、当該規定の文言があまりにも曖昧かつ不明確であることから、外務大臣による恣意的な運用を危惧する見方もあります。

憲法上、国籍離脱の自由は認められていますが、無国籍になる自由までは保障されていないと解されています。国籍法13条１項も「外国の国籍を有する日本国民は、法務大臣に届け出ることによつて、日本の国籍を離脱することができる」と国籍離脱について他国籍を有することを条件にしており、無国籍となることを認めていません。また、二重国籍に関しては、国籍法上いまだ明示的に認められてはいませんが、国際化が進み、多様な生き方が求められる現代においては、法改正も視野に入れ、再考することが求められるでしょう。

5　財産権

▶（１）財産権の保障

財産権とは、民法上の所有権のみならず、物権、債権、無体財産権（特許権・著作権など）、特別法上の権利（漁業権・鉱業権など）その他の財産的価値を有する権利を広く含みます。

憲法29条１項は、「財産権は、これを侵してはならない」と規定し、財産権の保障を謳っています。これは、国家による恣意的な制限から国民を守るという主観的権利としての財産権を保障するとともに、客観的法秩序としての私有財産制を制度的に保障していると解されています。いわゆる森林法事件判決においても、「憲法29条は…私有財産制度を保障しているのみでなく、社会的経済的活動の基礎をなす国民の個々の財産権につきこれを基本的人権として保障する」と示されました。財産権の意味について、憲法29条1項から読み取ることは困難であり、財産権の内容を公共の福祉に適合するように法律で定めると同条2項でも規定されているように、その内容は法律事項となっています。しかし、財産権の内容の全てが法律によって決せられてしまっては憲法によって財産権を保障した意義が失われてしまうことからも、私有財産制の核心を否定するような法律は認められません。

▶ （2）財産権に対する制約

憲法29条2項では、「財産権の内容は、公共の福祉に適合するやうに、法律でこれを定める」と規定されています。条文上は、財産権の内容と規定されていますが、これには法律で定める内容に基づく財産権の行使も含まれます。

財産権に対する制約としての公共の福祉は、職業選択の自由と同じく、他人に危害を及ぼすような行為を防止する消極目的のための内在的制約のみならず、社会国家的な積極的・政策的意味での公共の福祉も含みます。したがって、憲法29条2項においても、公共の福祉という文言が繰り返し用いられているのは、このような考え方を反映しているものと解されています。

もちろん立法府といえども、無制限に財産権を制限できるわけではありません。財産権への制約が問題となった森林法事件判決において、その限界が示されました。この事件は、生前贈与によって森林を2分の1ずつの持ち分で共有の登記をしていた兄弟のうち、弟が持ち分に応じた森林の分割を求めて出訴したものです。しかし、森林法旧186条は、持分価格2分の1以下の者に分割請求権を否定していました。最高裁は、財産権に対する制限には、「社会公共の便宜の促進、経済的弱者の保護等の社会政策及び経済政策上の積極的なものから、社会生活における安全の保障や秩序の維持等の消極的なもの」があるとして、規制目的二分論を暗に示しながら、制限が公共の福祉に適合するかどうかは、薬事法判決を引用し、規制目的が公共の福祉に合致しないことが明らかであるか、規制目的が公共の福祉に合致するものであっても規制手段が目的を達成するための手段として必要性もしくは合理性に欠けていることが明らかであって、そのため立法府の判断が合理的裁量の範囲を超えるものかによって決せられるとしました。

その上で、「森林の細分化を防止することによつて森林経営の安定を図り、ひいては森林の保続培養と森林の生産力の増進を図り、もつて国民経済の発展に資することにある」という積極目的が公共の福祉に合致するとしながらも、目的達成のための手段の必要性と合理性については、いずれも肯認できず、立法府の判断が合理的裁量の範囲を超えるものとして違憲であると判断されました。

▶（3）正当な補償

憲法29条３項は、「私有財産は、正当な補償の下に、これを公共のために用ひることができる」と規定し、個人の財産を公共目的の達成のために収用・制限する場合には、正当な補償を要求しています。道路、鉄道、ダムの建設などの公共事業のために土地の収用がなされると、特定の土地所有者が社会全体のための負担を負うこととなってしまいます。そのため、税金や公共料金によってこれを補償することで負担を社会全体に転嫁し、負担の公平を図っています。

ここにいう「公共のために用ひる」とは、広く社会公共のために個人の私有財産を収用・制限する場合を含みます。したがって、憲法29条２項の公共の福祉による制限に服している場合でも、同条３項の「公共のために用ひる」に該当し、補償を要する場合もありえます。

①補償の要否

どのような場合に、正当な補償が必要となるかについて、財産権に対する内在的制約の場合には、法律で特別の補償が認められている場合を除いて、補償は不要とされています。例えば、ため池の堤とうにおいて農作物を植える等の行為を禁止する条例が問題となった**奈良県ため池堤（てい）とう事件**判決（最大判昭38・6・26刑集17巻5号521頁）では、ため池堤とうの使用制限は、財産権の行使を全面的に禁止することになるが、これは公共の福祉のため当然に受忍されるべきものであって、ため池の破損・決壊の原因となる行為は、財産権の行使の埒外にあるとして、補償の必要はないとしました。

しかし、財産権に内在する制約としての受忍限度を超え、社会全体の利益のために個人が特別の犠牲を強いられた場合には補償が必要とされます。ここでいう「特別の犠牲」とは、①侵害行為が広く一般人を対象とするものか、それとも特定の人を対象とするものかという形式的要件と、②侵害行為が受忍すべき限度を超え、財産権の本質的内容を侵すほどに強度なものかという実質的要件によって決せられるとする考えが従来から有力に唱えられていました。しかし、形式的要件につき、対象が一般人か特定人かという区別は相対的なものに過ぎないとの批判から、①財産権の剥奪又は当該財産権の本来の効用の発揮を妨げることになるような侵害については補償を要し、②その程度に至らない場合については、(i)当該財産権の存在が社会的共同生活との調和を保ってゆくために必要とされる場合には補償は不要とされ、(ii)他の特定の公益目的のために、当該財産権の本来の社会的効用とは無関係に、偶然に課せられる制限であるときには補償を要する、という実質的要件を重視した考えが通説となっています。

②正当な補償の意味

憲法29条3項にいう正当な補償の意味については、学説上見解が分かれています。制限された財産に対して合理的に算出された額であれば足りるとする相当補償説と当該財産の客観的な市場価格全てを補償すべきであるとする完全補償説の2つです。最高裁は、この点につき、**農地改革事件判決**（最大判昭28・12・23民集7巻13号1523頁）において、「正当な補償とは、その当時の経済状態において成立することを考えられる価格に基づき、合理的に算出された相当な額をいうのであって、必しも常にかかる価格と完全に一致することを要するものではない」として相当補償説を採用しました。しかし、後の土地収用法に関する事件では、損失補償とは「完全な補償、すなわち、収用の前後を通じて被収用者の財産価値を等しくならしめるような補償をなすべき」であるとしました（最一小判昭48・10・18民集27巻9号1210頁）。農地改革は終戦直後の社会変革期になされた施策であり、これを例外的な事例とみるとすれば、やはり原則は財産価値に対して完全な補償が求められるでしょう。

なお、変電所建設のためにみかん畑を収用された者が、補償額につき正当な補償にあたらないとして訴えた事件において、控訴審（大阪高判平10・2・20民集56巻5号1000頁）では、上記昭和48年判決を引用し、憲法29条3項の定める正当な補償とは、完全な補償を意味するとしました。しかし、上告審（最三判平14・6・11民集56巻5号958頁）では、正当な補償の意味を、農地改革事件判決を引用し、正当な補償とは合理的に算出された相当な額でよいと示しました。土地の収用に伴う補償額は、事業認定の告示の時における相当な価格を近傍類地の取引価格等を考慮して算定した上で、権利取得裁決時までの物価の変動に応ずる修正率を乗じて決められます（土地収用法71条）。本件では、土地収用法71条の物価の変動に応ずる修正率を乗ずるという方法が近傍類地の土地価格の変動と一致しないことが問題とされました。しかし、事業認定の告示による近傍類地の価格変動は事業による影響によるものであり、その結果は事業者へと帰属するし、土地収用法には71条のほか、被収用者が被収用地と見合う代替地を取得するための規定（46条の2、46条の4、90条の3）が設けられていることから、同法71条の補償金の算定方法には十分な合理性があり、憲法29条3項に反するものではないと判断されました。最高裁としても、その結論部分において、土地収用法の諸規定によって「被収用者は、収用の前後を通じて被収用者の有する財産価値を等しくさせるような補償を受けられる」としていることから、先例として農地改革事件判決を採用しながらも、完全補償説が求めている水準を土地収用法の諸規定が実現していると解していると認められます。

【参考文献】

・前田徹生「経済的自由規制立法の違憲審査基準と最高裁判所―小売判決と薬事法判決の再検証―」栗城古稀『日独憲法学の想像力』上巻（信山社、2003年）

第11章

参政権

《本章のキーワード》

- □ 選挙権の権利説
- □ 選挙権の公務説
- □ 選挙権の二元説
- □ 普通選挙
- □ 平等選挙
- □ 秘密選挙
- □ 直接選挙
- □ 自由選挙
- □ 選挙運動
- □ 戸別訪問

1 参政権の意義

参政権は、主権者である国民が、直接または代表者を通じて間接的に国政に参加する権利です。一般に、参政権は、選挙権や被選挙権を通じて行使されますが、国家の存在を前提とするものなので、天賦的人権である自由権とは性質を異にします。

わが国では、明治憲法は、「衆議院ハ選挙法ノ定ムル所ニ依リ公選セラレタル議員ヲ以テ組織ス」(35条) と定めていましたが、これ以外に国民が国政に参加する規定は置かれていませんでした。

日本国憲法は、「そもそも国政は、国民の厳粛な信託によるものであつて、その権威は国民に由来し、その権力は国民の代表者がこれを行使し、その福利は国民がこれを享受する」(前文) としています。そして、「公務員を選定し、及びこれを罷免することは、国民固有の権利である」(15条) として、国民主権原理と代表民主制による国政の運営を原則とすることを明らかにしています。

日本国憲法で参政権を具体化した規定は、①公務員の選定罷免権（15条)、②国会議員の選挙権・被選挙権（44条)、③地方公共団体の長および議会議員の選挙権（93条２項)、④最高裁判所裁判官の国民審査での投票権（79条２～４項)、⑤憲法改正に関する国民投票権（96条１項)、⑥地方自治特別法に関する住民投票権（95条）があります。

①公務員の選定罷免権は、全ての公務員が国民の選挙によって選出されなければならないということではなく、公務員の権威が国民に由来することを意味し、国民主権の原理を抽象的に表したものとされています。そして、その内容を具体的に定めたのが②から④であり、各権利の具体的な内容については、公職選挙法、地方自治法、最高裁判所裁判官国民審査法、日本国憲法の改正手続に関する法律などで定められています。また、国民の意思を国政に伝えるという性格に着目し、国務請求権に分類される請願権（16条）を参政権あるいは参政権的権利として整理する学説もみられます。

2　選挙権の法的性格

参政権の中で、代表者を選出する選挙権が最も重要とされていますが、その法的性格については、学説上の争いがあります。第一は、国政への参加を国民に保障した権利とみる「権利説」、第二は、選挙人としての地位に基づき、公務員の選挙に関与する公務とみる「公務説」、第三は、権利であるとともに公務でもあるとする「二元説」です。

▶（1）権利説

「権利説」は、選挙権は、国政に関する自己の意思を表明できる個人の主観的権利であるとする学説であり、選挙権を自然権的なもの、国民主権原理を人民主権的なものとしてとらえるのが特徴です。選挙権を行使するかどうかについては個人の自由、選挙運動のあり方も基本的には自由という自由選挙観と結びつきます。しかし、この説は、古典的な人権とは異なり、選挙人の資格が法律で定められている点など、権利を制限する憲法の規定をどのように理解するかという点に課題があります。

▶（2）公務説

「公務説」は、選挙は国家という団体の行為であり、個人は国家のために必要な公務を遂行しなければならないとする学説です。有権者団という機関が行う公務としての側面を重視するものです。この学説では、選挙は公的な義務であるので、棄権は認められないことになります。また、選挙権の権利性を否定し、選挙の公正さを確保するために一定のルールが選挙運動などに課されることを認めるもので、選挙制度に関する国会の立法裁量も広く解釈されます。しかし、広範な立法裁量を認めるため、法律によって選挙権に対する不当な制約も許されるおそれがあり、憲法が参政権を基本的人権として位置づけていることとの整合性が問われます。

▶（3）二元説

「二元説」は、選挙権を権利と公務の両方の性格を持ち合わせるものとしてとらえる学説です。選挙権は、一定のルールの下に行われる公職者を選ぶ選挙という公務に国民が関与するという側面はあるものの、そのような公務に携わることにより、国政に対して自己の意見を表明することができるという点で権利性があります。最高裁判所も、選挙権は、「国民主権を宣言する憲法の下において、公職の選挙権が国民の最も重要な基本的な権利の一つ」（最判昭30・2・19刑集9・2・217）としつつも、選挙の公正の確保という観点から選挙権の制約を認めており、これらを総合すれば「二元説」を採用しているといえます。

▶（4）法的性格と立法裁量

選挙権の法的性格をどのようにとらえるかによって、選挙制度の内容を決定する国会の立法裁量の範囲が変わってきます。憲法44条では、「両議院の議員及びその選挙人の資格は、法律でこれを定める」として、選挙人および被選挙人に関する事項や両議院の選挙に関する事項は、法律事項とされています。選挙権の権利性に重きを置くのであれば、選挙制度に関する立法裁量は狭くなり、選挙権の公務性に重きを置けば、反対に広くなります。昨今の選挙権の法的性格をめぐる議論では、通説である「二元説」の中でも、権利を強調する立場が強くなりつつあり、「権利説」との違いがなくなりつつあるという指摘がなされています。「権利説」に近い「二元説」になれば、選挙での棄権も権利として認められることになりますが、「選挙権における公務意識の希薄化ないし否定の過程」であるという批判もあります。

3 被選挙権

被選挙権とは、選挙されうる権利です。憲法に被選挙権に関する明文の規定はありませんが、憲法15条1項にいう公務員を選定する権利から、選挙権と表裏の関係をなす被選挙権も保障されると理解されています。最高裁判所は、労働組合が、市議会議員選挙に立候補しないようその組合員に圧力をかけたことが公職選挙法に違反することが問われた「三井美唄炭鉱事件」で、「立候補の自由は、選挙権の自由な行使と表裏の関係にあり、自由かつ公正な選挙を維持するうえで、きわめて重要である」と判示しました（最大判昭43・12・4刑集22・3・1452）。

被選挙権は、選挙に参加する権利の一環としての「立候補の自由」とみなす学説がある一方で、選挙を通じて公職に相応しい人物を選び出すことが選挙の目的であるとする学説があります。これは、被選挙権は、選挙で選ばれた場合に公職に就くことを許される資格ととらえるものです。この学説によれば、被選挙権には選挙権と異なる要件を付される場合があり、選挙権よりも要件が狭くとらえられることとなります。公職選挙法では、参議院議員および都道府県知事の立候補に関する年齢要件を年齢満30歳以上とし（10条1項）、それ以外の年齢要件である満25歳以上と差別化をしています。

4　選挙の基本原則

憲法は、選挙制度のあり方について、具体的な内容を定めず、法律事項としているので、国会が一定程度の立法裁量をもっていると考えられています。ただし、この立法裁量は、近代民主主義の成立からその後の発展過程を通じて確立してきた選挙の基本原則によって枠づけられていると考えられています。選挙の自由や効果的な代表を実現するためには、①普通選挙、②平等選挙、③秘密選挙、④直接選挙、⑤自由選挙の基本原則をふまえなければならないとされます。

①普通選挙

普通選挙とは、選挙人の資格を財産、教養や性別で制限せず、成年者が等しく投票資格をもつものです。明治憲法の下では、納税額を基準とした制限選挙制度を採用していましたが、大正14年（1925年）に納税要件を廃止し、男子普通選挙制が確立されました。そして、昭和20年（1945年）に、性別の要件がなくなり、男女普通選挙制が確立し、満20歳以上のすべての国民に選挙権が認められました。また、平成28年（2016年）には、選挙権年齢が、満20歳から18歳に引き下げられました。

憲法15条3項は、「公務員の選挙については、成年者による普通選挙を保障する」と定め、普通選挙の原則を明らかにしています。また、憲法44条は、「人種、信条、性別、社会的身分、門地、教育、財産又は収入によつて差別してはならない」と定め、この原則を確認しています。

②平等選挙

平等選挙は、「一人一票」を意味し、すべての選挙人の投票の価値を平等に扱うものです。財産や教養などの面で優れた資質をもつ選挙人に複数の投票を認める複数投票制と相対するものです。憲法14条は、「人種、信条、性別、社会的身分又は門地」による差別を禁止する法の下の平等を定め、44条では、選挙権について、「教育、財産又は収入」による差別を禁止しています。これは、財産、教養や性別を条件としない普通選挙制を要求するものです。

平等選挙の原則を損なうものとして、議員定数不均衡の問題があげられます。これは、選挙区によって当選する議員一人あたりの有権者数が異なることで、一票の投票価値に不平等が生じる問題です。昭和51（1976）年の最高裁判決では、格差が4.99倍に達した昭和47（1972）年の衆議院議員総選挙での定数配分を憲法違反とし、「各選挙人の投票の価値の平等もまた、憲法の要求するところである」と判示しました（最大判昭51・4・14民集30・3・223）。最近では、格差が2倍をこえた平成21（2009）年、平成24（2012）年、平成26（2014）年の衆議院議員総選挙では最高裁判所は、「違憲状態」と判示し、平等をより厳格にとらえる傾向にあります。

③秘密選挙

秘密選挙とは、投票人に対する不当な干渉を防止するために、投票を無記名で行うというもので、投票内容を公開する公開選挙制と相対するものです。憲法15条4項は、「すべて選挙における投票の秘密は、これを侵してはならない。選挙人は、その選択に関し公的にも私的にも責任を問はれない」と定め、選挙における有権者の投票の自由を秘密投票制度によって保障してます。また、公職選挙法52条は、「何人も、選挙人の投票した被選挙人の氏名又は政党その他の政治団体の名称若しくは略称を陳述する義務はない」とし、投票の秘密保持について定め、227条では、選挙事務に従事した者が選挙人の投票した被選挙人の氏名を表示した場合の秘密侵害罪について定めています。

④直接選挙

直接選挙とは選挙人が代表者を直接選ぶというもので、選挙人が選挙委員を選び、その選挙委員が公務員を選挙する制度である間接選挙とは相対するものです。憲法43条1項は、「両議院は、全国民を代表する選挙された議員でこれを組織する」と定めており、直接選挙で代表を選出するのかどうかについては、明言していません。ただし、これまでの歴史的経緯からすれば、少なくとも衆議院議員の選出は、直接選挙によって選出されるべきであると考えられています。

⑤自由選挙

自由選挙とは、選挙人が自分の意思で選挙に参加し、棄権することもできるという任意投票の原則です。オーストラリアなどで採用されている強制投票制とは異なり、棄権しても、罰金、公民権の停止、氏名の公表などの措置は科されません。日本国憲法には自由選挙に関する規定はありませんが、選挙権の権利としての性格を重視し、伝統的に任意投票制が採用されて定着していることからすれば、強制投票制を採用することは許されないと考えられます。

5　選挙の方法と選挙運動の規制

（1）選挙制度と選挙権の法的性格

憲法44条は、「両議院の議員及びその選挙人の資格は、法律でこれを定める」とし、47条は、「選挙区、投票の方法その他両議院の議員の選挙に関する事項は、法律でこれを定める」として、選挙人、被選挙人の資格や選挙方式の詳細を法律に委ねています。選挙制度の具体的内容は、選挙権の法的性格をどのようにとらえるかにかかってきます。選挙権の権利性に重点を置けば、国会の立法裁量は限定され、選挙権の公務性に重点を置けば、立法裁量は広く認められることになります。

（2）衆議院議員選挙の方法

わが国では、昭和22（1947）年の第23回衆議院議員総選挙から、1選挙区で3～5人を選出する**中選挙区制**を採用してきました。同一選挙区で同じ政党の候補者が争うこの制度は、「政治とカネ」の問題を引き起こす原因とされてきました。そこで、平成5（1993）年に選挙制度改革が行われ、中選挙区制に代わり、**小選挙区比例代表並立制**が導入されました。

この制度は、全国を300の小選挙区（定数300）と11のブロックに分けた比例区選挙（定数180）を別々に行うものでした。**小選挙区制**は、選挙区で最も多くの得票を得た候補者が当選する制度であり、多数派の民意をより多く議席数に反映するため、政治的安定性をもたらすという特徴があります。その反面、その他の候補者の得票は死票となるので、民意の正確な反映という点で問題があるとされます。

また、**比例代表制**は、政党の得票率に比例して議席配分される制度であり、民意の正確な反映がされるという特徴があります。ただし、小政党も議席を獲得する可能性があり、多党制になりやすいとされます。小選挙区比例代表制は、多数派と少数派という異なる民意の反映に重きをおいた選挙制度を組み合わせており、お互いの長所をいかした制度といえる一方で、どのような民意を重視しているのかがわかりにくいという批判もあります。

衆議院議員の定数は、小選挙区選出議員が289人、比例区選出議員が176人の合計465人となっています（公選法4条1項)。これまで、平等選挙の原則を踏まえ、小選挙区間での投票の価値の格差が2倍以上にならないように配慮されてきましたが、都道府県に1議席を配分する1人別枠方式を採用したこともあり、人口が少ない地域の一票の重みを増大させる結果となっていました。この格差が解消されないままに衆議院議員総選挙が行われた結果、最高裁は、平成21（2009）年や平成24（2012）年に行われた選挙では、1票の価値が2倍を超えている選挙区があり、投票価値の不平等が一般的に合理性を欠く状態である「**違憲状態**」にあると判示し、抜本的な改革が求められました。

▶（3）参議院議員選挙の方法

参議院議員の任期は6年で、3年ごとに議員の半数が改選されまする（憲法46条)。参議院議員の定数は248人で、都道府県を選挙区とする選挙区からの選出議員が148人と全国を単位とする比例区からの選出議員が100人となっています（公選法4条2項)。衆議院のように、一度に全ての議員を選挙するのではなく、3年ごとにその半数を改選する理由は、国民の直近の民意を重視する衆議院とは違い、議院の継続性を保つとともに国会の機能の空白化を防ぐことがその理由としてあげられます。また、参議院には解散制度がなく、3年ごとに定期的に半数の議員が改選されるので、その選挙は、衆議院議員選挙が**総選挙**と呼ばれるのに対し、参議院議員選挙は**通常選挙**と呼ばれます（公選法32条)。

被選挙権は、衆議院議員よりも5歳高く設定され、満30歳以上の日本国民に認められています。その理由は、「良識の府」や「理性の府」として活動することが求められる参議院の役割に配慮したためです。

衆議院と同じく、都道府県を単位とする選挙区での1票の格差の問題が生じています。これまで、最高裁は、参議院の役割に配慮し、1票の格差には衆議院に比べて寛大な判断をしてきましたが、平成24（2012）年の判決では「都市部への人口集中による都道府県間の人口格差が拡大する中で総定数を増やす方法に制約があり、都道府県単位の選挙区を維持しながら投票価値の平等の実現を図ることはもはや著しく困難な状況」（最大判平26・11・26民集68・9・1363）とし、都道府県単位を選挙区とする選挙制度の見直しを迫りました。

その結果、平成28（2016）年の参議院議員選挙から、各県ごとに1人の枠組みが廃止され、鳥取県と島根県選挙区および徳島県と高知県選挙区が合区により1つの選挙区とされ、県をまたぐ選挙区となりました。

▶（4）選挙運動の制限

選挙運動とは、「特定の選挙について、特定の候補者の当選を目的として、投票を得又は得させるために直接又は間接に必要かつ有利な行為」を意味します。選挙運動は、「表現の自由」（憲法21条1項）の行使でもあり、有権者が自分の投票先を決定するために十分な情報を得られるようにするためにも、その規制は必要最小限にとどめる必要があります。

一方で、選挙運動を無制限に認めてしまうと、金銭が絡み、選挙の公正性が損なわれてしまうことや、候補者の資力によって差が出てしまうことから、公職選挙法では、選挙運動に関して、①事前運動の禁止、②戸別訪問の禁止、③法定外文書・図画の頒布禁止、④言論による選挙運動などの規制を設けています。

わが国の選挙規制は、公職選挙法をみても分かるように、原則自由なのではなく、「してよいこと」が限定列挙されており、非常に分かりにくい内容になっています。社会国家への移行により、選挙での力点が、候補者の資質から政策へと移っているこんにち、不正行為を取り締まり、公正な選挙を実現することも必要ですが、自由な選挙の条件を再考しなければならないでしょう。

①事前運動の禁止

事前運動とは、選挙に立候補が確定しているか、もしくは立候補が予想される人が、票を得る目的のためになす行為を意味します。公職選挙法は、選挙運動は、「公職の候補者の届出のあつた日から当該選挙の期日の前日までにでなければすることができない」（129条）と定め、事前運動を禁止しています。事前運動期間は、衆議院議員選挙が12日、参議院議員および都道府県知事選挙が17日、政令指定都市市長選挙が14日、都道府県議会議員および政令指定都市議会議員選挙が9日、市長選挙および市議会選挙が7日、町村長および村議会選挙が5日である以外公職選挙法で定められています。

この事前運動の禁止規定の合憲性については、学説でも意見が分かれるところです。常時選挙活動を認めてしまうと、不当な競争や不正行為がおきて選挙の公正性を害することや経費や労力がかさみ経済力の差による不公平が生じるおそれがあります。こうした弊害を防止するため、より制限的でない方法がないことから、事前運動の禁止は合憲とする説が一般的です。

②戸別訪問の禁止

戸別訪問とは、選挙期間中に、家、会社、事務所などを訪問して投票を依頼したり、候補者の氏名の宣伝をすることです。公職選挙法は、「何人も、選挙に関し、投票を得若しくは得しめ又は得しめない目的をもつて戸別訪問をすることができない」（138条1項）と定め、これを全面的に禁止しています。

戸別訪問を禁止する理由は、買収によって、選挙の公正性や有権者の生活の平穏を害するおそれがあるからです。この規制について、最高裁判所は、「国会は、選挙区の定め方、投票の方法、わが国における選挙の実態など諸般の事情を考慮して選挙運動のルールを定めうるのであり、これが合理的とは考えられないような特段の事情のない限り、国会の定めるルールは各候補者の守るべきものとして尊重されなければならない」（最判昭56・7・21日刑集35・5・568）としています。

しかしながら、学説では、戸別訪問は、選挙人が有益な判断資料を得る機会であること、戸別訪問と不正行為との直接的な因果関係が明らかでないこと、買収の取り締まり強化などのより制限的でない方法があることなどから、この規制は、必要最小限度をこえるものであり、違憲とする見方もあります。

③文書・図画による規制

公職選挙法における文書図画とは、文字、符号または象形を用いて、物体の上に永続的に記載された意識の表示をいいます。選挙運動のために使用できる文書図画は、公職選挙法142条に規定されたものとインターネット等を利用する方法以外は認められていません。

文書図画による選挙運動は、「頒布による文書図画」と「掲示による文書図画」に分けられ、その規格、数量、使用方法などに制限があります。頒布による文書図画は、選挙運動用葉書、選挙運動用ビラ、パンフレットまたは書籍があります。ただし、町村議会議員選挙では、選挙運動用ビラの頒布は認められていません。

次に、掲示による文書図画には、選挙事務所を表示するための文書図画（ポスター、立札、ちょうちん、看板）、選挙運動用自動車（船舶）に取り付けて使用する文書図画（ポスター、立札、ちょうちん、看板）、候補者が使用する文書図画（たすき、腕章、胸章）、個人演説会場で使用する文書図画（ポスター、立札、ちょうちん、看板）、選挙運動用ポスター、個人演説会告知用ポスターがあります。

④インターネットを利用した選挙運動

インターネットの普及に伴い、平成25（2013）年４月に公職選挙法が改正され、選挙運動期間における候補者に関する情報の充実、有権者の政治参加の促進等を図るため、インターネット等を利用する方法による選挙運動が解禁されました。これにより、選挙期間中は、何人も、ホームページ、ブログ、SNS、動画共有サービス、動画中継サイトなどのウェブサイトを利用する方法（公選法142条の31項）を利用することが可能となりました。

また、電子メールを利用する方法による選挙運動用文書図画については、候補者・政党等が、一定の送付先に限り頒布することができるようになりましたが、一般の有権者が送付することは禁止されました（公選法142条の41項）。

⑤言論による選挙運動

言論による選挙運動として、個人演説会、街頭演説、連呼行為、選挙運動用自動車の使用などのような選挙運動が認められているが、方法や時間などに制限があります。たとえば、街頭演説は、午前８時から午後８時まで行うことができますが、選挙管理委員会交付の標旗を掲出し、選挙運動従事者は腕章を着用しなければなりません。また、走行・歩行演説、公共施設、鉄道敷地内、病院などでは演説をすることが認められていません。

6 直接民主制方式としての参政権

憲法は、間接民主制を基調としていますが、国民が政治決定を直接行う例外的な制度を設けています。直接民主制は、それ自体が代表制の中心となる制度ではないため、間接民主制を補完するものとして位置づけられます。

直接民主制としての参政権は、国レベルでは、最高裁判所裁判官の国民審査（憲法79条２項）と憲法改正を対象とする国民投票（憲法96条１項）があげられます。また、地方レベルでは、特別法を対象とする住民投票（憲法95条）や条例制定・改廃を対象とする直接請求制度などの住民参加が制度化されています。

直接民主制は、国民が直接最終決定を行うという意味からすれば、民主的な制度であるともいえますが、時間や費用などの問題、政治的安定性などの面での課題があります。

また、最高裁判所裁判官の国民審査は、ないと困ることがあるかもしれませんが、実際に有効に機能した例がないという課題も指摘できます。憲法改正の国民投票は、我が国では、一度も実施されたことがありませんが、憲法改正や立法を対象とした多くの国民投票の実施例をもつフランスでは、その投票率が低下する傾向にあり、国民投票制の有効性が問われる状況にあります。代表制を補完し、その持ち味をいかしていくための直接民主制のこんにち的なあり方を検討する必要がありそうです。

第12章

社会権

《本章のキーワード》

- □ 社会国家
- □ ワイマール憲法
- □ 生存権
- □ 教育を受ける権利
- □ 子どもの学習権
- □ 勤労の権利・義務
- □ 労働基本権

1　社会権

►（1）社会権の意義と由来

社会権は**社会国家（福祉国家、積極国家）**の理念に基づき、社会的・経済的弱者保護のため、保障されるに至った権利です。

19世紀末ごろまで、国家権力は必要悪であり、国防や治安の維持などを除けば、国家権力は国民生活に関与しないことで国民の自由・平等が確保されると考えられていました（自由国家、夜警国家の思想）。また、当時の人権は「国家からの自由」を保障するものと考えられていました。特に、個人の財産権（所有権）を保障し、経済活動の自由を広く認めることが重視され、民間部門による経済の自由競争を通じて資本主義経済が大きく発達しました。

しかし、一方で、富の偏在による貧富の差の拡大や大規模な経済変動に伴う、労働者の失業や貧困や病苦などの深刻な社会問題を発生させることになりました。そして、資本主義経済を否定する共産主義思想を生み、その思想が労働者階級のなかで国際的に浸透し、20世紀に入るとロシア革命（1917年）により共産主義国家ソ連が誕生しました。

このような背景の下に、資本主義経済の発展に伴う弊害として現れた社会問題を解決することが、資本主義体制を維持するためにも不可欠となりました。国家が経済活動を規制したり、社会保障政策を実施したり、積極的に国民生活に介入することが必要となり、その根拠となるような規定が憲法典におかれるようになります。その初めての例が、1919年ドイツの**ワイマール憲法**（ドイツ・ライヒ憲法）にある、「人たるに値する生存」（151条）を国家が保障するという社会権の規定になります。

このように、20世紀になって社会権の規定が憲法典において規定されるようになったことから、社会権は「20世紀的人権（権利）」とも称されます。

▶（2） 社会権の内容

社会権は、国民が人間に値する生活を営むことを国家によって保障されることを求める権利です（「国家による自由」、作為請求権）。ただし、具体的にどこまで国家に対して保障を求めることができるかについては、国ごとにその保障の程度は異なっています。また、社会権は国家に対して積極的な配慮を求める権利であるというだけでなく、国家によって社会権に対する不当な侵害がなされた場合には、その排除を裁判所に請求することもできる権利という側面もあるとする考え方もあります。

▶（3） わが国における社会権

日本国憲法（昭和21（1946）年）で、生存権（25条）、教育を受ける権利（26条）、勤労の権利・労働基本権（27、28条）の社会権の規定がおかれました。これにより、国は、国民の社会権の実現に努力する法的責務を負うことになったわけです。なお、大日本帝国憲法（1889（明治22）年）には社会権の規定はありませんでしたが、19世紀末近くの時代には、世界のどの国の憲法にも社会権は規定されていませんでした。それでも、国の政策の一つとして社会保障政策がなされていました。

2 生存権

►（1） 生存権の意義

25条1項は、「すべて国民は、健康で文化的な最低限度の生活を営む権利を有する」と規定しています。この生存権の保障規定は、社会権の中で原則的な規定とされ、国民は誰でも人間に値する生活を営むことができることを「権利」として宣言しています。

そして、この1項の趣旨を実現するために、2項では国に、国民のすべての「生活部面」にわたり、「社会福祉、社会保障及び公衆衛生の向上及び増進に努めなければならない」という努力目標を規定しています。この規定をもとに、生活保護法、児童扶養手当法に基づく公的扶助の制度や児童福祉法、身体障害者福祉法などの社会福祉立法、また、国民健康保険法、国民年金法、介護保険法などの社会保険立法等の社会保障制度が設けられています。また、地域保健法、食品衛生法などの公衆衛生のための保健・医療・社会環境整備も図られています。

このように、1項と2項の関係について両者を一体として読み、1項は生存権保障のための目的ないし理念を、2項はその達成のための国の責務を定めたものと解されています。

►（2） 生存権の法的性格

「健康で文化的な最低限度の生活を営む権利」すなわち「生存権」が具体的には何を指すのか曖昧なので、法規範性（法的な拘束力をもつか否か）や裁判規範性（「生存権」を根拠として裁判所に救済をしてもらうことが可能か否か）といった法的性格が問題となりました。この問題をめぐっては以下の学説が主に主張されてきました。

①　プログラム規定説

この説は、25条は国政の指針（プログラム）を宣言したにすぎず、国民の生存を確保すべき政治的・道徳的義務を国に課したにとどまるとして、その法規範性を認めないことが特徴です。したがって、25条１項を直接根拠にして裁判所に訴えることはできないと考えます。

②　抽象的権利説

この説は、「生存権」の内容が抽象的で不明確であり、25条１項を直接の根拠にして生活保障を要求する権利を導き出すことは難しいと考えます。しかし、生存権を保障する法律が制定されていれば、その法律に基づいて具体的にその保障を求めることができる考えます。判例もこの考え方に立ち、「憲法25条１項は、……直接個々の国民に対して具体的権利を付与したものではない。具体的権利としては、憲法の趣旨を実現するために制定された生活保護法によって、はじめて与えられているというべきである」（**「朝日訴訟」**（最大判昭42・5・24））としています。

生存権を具体化する法律が存在しない場合は、25条１項を直接の根拠として給付請求の訴訟は起こせないという点ではプログラム規定説と同じです。しかし、具体的な法律があれば、25条１項を根拠として裁判所においてその保障を請求できるという点で、プログラム規定説とは異なります。

③　具体的権利説

この説は、生存権を実現するための法律が存在しない場合、25条１項にいう「生存権」を根拠に、そのような法律が存在しないことが憲法に違反することを確認してもらうことを裁判所に求める訴訟（立法不作為の違憲確認訴訟）を起こすことが可能であるとする説です。このような裁判所による確認（その後の措置については立法府にゆだねられる）だけではなく、さらに進んで、裁判を通じて、直接金銭等の給付を請求することも可能と考える見解もあります。

生存権の保障は、自由権とは異なり、国による積極的な政策によって初めてその権利が現実に保障されるものであるため、その根拠となる国会の立法やそのもとでの行政措置を求める点に特徴があります。ただし、具体的な法律があっても、その法律や行政措置による保障が不十分な場合、裁判所に救済を求め訴訟が提起されることがあります。しかし、立法府や行政府には一定の裁量権が認められていること、それに何よりも財政措置を伴うので、裁判所による救済には限界があるといわざるを得ません。

なお、何が「健康で文化的な最低限度の生活」かが裁判で争われた有名な事件として、朝日訴訟（最大判昭42・5・24)、堀木訴訟（最大判昭57・7・7）があり、リーディングケースとして知られています。

▶（3）朝日訴訟（最大判昭42・5・24民集21巻5号1043頁）

原告X（朝日茂）は、肺結核患者として国立岡山診療所に入所していましたが単身・無収であったので、月額600円の日用品費の生活扶助、また、現物による全部給付の医療扶助を受けていました。しかし、兄の存在が判明したため、毎月1500円の送金が実現されることになりました。これにより、福祉事務所長は、生活扶助を廃止し、実兄からの送金額から日用品費を控除した残額900円を医療費の一部として原告に負担させる旨の保護変更決定をしました。原告はこの決定を不服とし、申し立てをしたものの認められませんでした。そこで、Xは厚生大臣（現、厚労大臣）を被告として、生活扶助額である600円という金額が憲法25条にいう「健康で文化的な最低限度の生活」水準をではなく違法であると主張して訴えた事例です。

最高裁への上告中にXが死亡したので、養子夫妻が訴訟の承継を主張しましたが、最高裁は、「本件訴訟は、上告人の死亡と同時に終了し、同人の相続人……においてこれを承継し得る余地はない」として、訴えを却下しました。しかし、「念のために」として、25条1項は「すべての国民が健康で文化的な最低限度の生活を営み得るように国政を運営すべきことを国の責務として宣言したにとどまり、直接個々の国民に対して具体的権利を賦与したものではな」く、「具体的権利としては、憲法の規定の趣旨を実現するために制定された生活保護法によって、はじめて与えられている」という旨の意見を付加しました。

▶ （4）堀木訴訟（最大判昭57・7・7民集36巻7号1235頁）

この事件の原告X（堀木フミ子）は、全盲の視力障がい者であり、国民年金法に基づく障害福祉年金を受給していました。その後、内縁の夫と別れ、子を一人で養育してきました。そこで、当時の兵庫県知事に対して、児童扶養手当の受給資格認定を請求しましたところ、児童扶養手当法（改正前）では、他の公的年金を受給している場合には受給できない旨の規定（いわゆる「併給禁止規定」）があるために請求が認められませんでした。

そこで、Xは、本来子どものためにある児童扶養手当が、①健常な母親や養育者であれば受給できるのに、障がいがあるために受け取れないのは憲法14条違反である、また、②視力障がいを持っている母子世帯は、一般の家庭と比較しても裕福とは言えず、併給を禁止することは、手当法の本来の目的を没却しているだけではなく、憲法25条2項違反である、さらに③児童福祉手当が受給できないとする条項は、子を個人として尊重していないものであり、憲法13条に違反する、と主張しました。

②の憲法25条の問題について、最高裁は、25条1項にいう「健康で文化的な最低限度の生活」とは、「きわめて抽象的・相対的な概念」であり、2項にいう国の政策については、「国の財政事情」や「高度の専門技術的な考察とそれに基づいた政策的判断」が必要になるので、現実にどのような保障をするのかという選択は、「立法府の広い裁量」によるとし「著しく合理性を欠き明らかに裁量の逸脱・濫用と見ざるをえないような場合」を除いて判断するのに適さないと判示しました。そのうえで、当該併給禁止規定は不合理な立法であるとはいえないと判断、①③の主張も認められませんでした。

3　教育を受ける権利

▶ （1）　教育を受ける権利と学習権

憲法26条では「その能力に応じて、ひとしく教育を受ける権利」が保障されています。「その能力に応じて、ひとしく」とは、「人種、信条、性別、社会的身分、経済的地位または門地によって、教育上差別されない」（教基法3条）ことを意味し、各人の能力の違いに応じて異なった内容の教育を行うことは可能とされています。このように、教育を受ける権利は、経済的地位、社会的地位などによって教育を受ける機会において差別されないこと（教育の機会均等）を意味すると解されていましたが、今日では、「子どもの学習権」すなわち、子どもが教育を受けることによって人間的に成長、発達していく権利をも保障していると解されています（旭川学テスト訴訟（最大判昭51・5・21））。

▶（2）教育権の所在

26条2項では、国民の義務の1つである「教育の義務」を規定しています。すなわち、子ども（「保護する子女」）に教育を受けさせる義務を負うのは、第一義的には、親（親権者）になります。また、社会権的側面として、国は子どもの学習権を最大限に充足させるように教育制度の維持や教育条件の整備といった義務を負うと解されています。

「保護する子女」に教育を施す内容や方法をめぐって、国と親（親権者）、また、教師との考え方が衝突する場合があり、どちらを優先するかという問題があります。この点に関して、教育内容につき国が関与・決定する権能を有するとする「国家教育権説」と、子どもの教育につき責任を負うのは、親と付託を受けた教師を中心とする国民全体であり、国は教育の条件整備の任務を負うにとどまるとする「国民教育権説」とが対立しています（前者は第二次教科書検定訴訟第一審判決（高津判決、東京地判昭49・7・16）、後者は第二次教科書検定訴訟第一審判決（杉本判決、東京地判昭45・9・17がその例です））。

旭川学力テスト訴訟では、両説は「いずれも極端かつ一方的」であり全面的に採用することはできないとして、教師に一定の教育の自由が認められる一方で、国も一定の範囲で教育内容について決定する権限があると判示しました。なお、学習指導要領は法規としての性格をもち、指定教科書の使用義務は憲法に違反しないと解しています（伝習館訴訟（最判平2・1・18））。また、教科書検定制度については、憲法26条に違反しないと解しています（第1次教科書検定訴訟（最判平5・3・16）など）。

▶（3） 義務教育の無償

憲法26条２項後段は「義務教育は、これを無償とする」として、義務教育の無償を定めています。ここにいう「無償」とは、「授業料不徴収」の意味であると解されています（最大判昭39・2・26民集18巻２号343頁）。なお、現在は授業料の無償だけでなく、教科書も無償で配布されています（義務教育諸学校の教科用図書の無償措置に関する法律）。

①旭川学テ訴訟（最大判昭51・5・21刑集30巻5号615頁）

文部省（現、文科省）実施の学力テスト（学テ）による学力調査を実力で阻止しようとした被告人らが、公務執行妨害罪等で起訴された事例です。

憲法26条にいう「教育を受ける権利」が、「国民各自が、一個の人間として、また、一市民として、成長、発達し、自己の人格を完成、実現するために必要な学習をする固有の権利を有すること、特に、みずから学習することのできない子どもは、その学習要求を充足するための教育を自己に施すことを大人一般に対して要求する権利を有する」「子どもの学習権」であることを確認しました。

さらに、国家教育権説も国民教育権説も「極端かつ一方的であり、そのいずれをも全面的に採用することはできない」と判示し、教師に教育の自由があることを認めつつも、児童生徒には「教授内容を批判する能力」がないこと、教師には児童生徒に対する強い影響力や支配力があること、子どもの側に学校・教師を選択する余地が乏しいこと、全国的に一定の水準を確保すべき要請が強いことなどから、「限られた一定の範囲においてこれを肯定するのが相当である」としました。これに対して国には、国政の一部として広く適切な教育政策を樹立及び実施する必要性、子ども自身の利益の擁護の必要性、子どもの成長に対する社会公共の利益と関心にこたえる必要性などを根拠に、「必要かつ相当と認められる範囲において、教育内容についてもこれを決定する権能を有する」としました。

②伝習館事件（最一判平2・1・18民集44巻1号1頁）

高校教諭であるＸらは、指定教科書を使用せず、成績評価を一律とするなど、学習指導要領に沿った授業を行いませんでした。そのため、Y教育委員会は、Xらを懲戒免職処分にした事件です。

本事件では、Xらの処分について判断が分かれたものの、本判決では、旭川学テスト事件訴訟を参考にしつつ、「高等学校教育の内容及び方法について遵守すべき基準を定立する必要があり、特に法規によってそのような基準が定立されている事項については…」と示し、高等学校における学習指導要領に法規性を認めたと考えられています。

③第一次（家永）教科書検定訴訟（最三判平5・3・16民集47巻5号3483頁）

高等学校以下において使用される教科書は、文科大臣による審査が必要となっています。この事件では、X（家永三郎）の執筆した『新日本史』という書籍が、当時の文部大臣（現、文科大臣）により検定不合格の処分を受け、教科書として出版するには修正指示に従うほかはありませんでした。そのためにはこの教科書検定制度自体が、憲法26条、21条、23条に違反すると主張したものです。

最高裁では、26条が「子どもに対する教育内容を誰がどのように決定するかについて、直接規定していない」ため、「国は、子ども自身の利益の擁護のため、または、子どもの成長に対する社会公共の利益と関心にこたえるため、必要かつ相当と認められる範囲において、子どもに対する教育内容を決定する権能を有する」と判示しました。

4　労働基本権

►（1）　勤労の権利と義務

憲法27条1項は「すべて国民は、勤労の権利を有し」ていると規定しています。すなわち、勤労によってその生活を営む権利と勤労の機会を保障することを国家に要求する権利を認めました。ただし、これは個々の国民が国家に対して勤労の機会、すなわち就労の場を与えることを直接要求する権利を認めたものではなく、勤労者が勤労の機会を確保できるような政策の実施を国家に義務づけるにとどまります。なお、国民は一般に勤労の権利を国家によって侵害されないという自由権的側面もあるとされます。

また、国民は自分の生活は自らの勤労によって維持すべきであるという考えに立っています。27条1項は、「勤労の権利」とともに「勤労の義務」を規定していますが、国が強制的に国民を勤労させることはできません。**社会主義**国家とは違い、**社会**国家は自由主義を基調としているからです。

27条2項では「賃金、就業時間、休息その他の勤労条件に関する基準は、法律でこれを定める」として、勤労条件の基準を法律で定めるよう規定しています。この規定を受けて、労働基準法や最低賃金法といった法律が制定されています。また、児童の酷使は特にその及ぼす害悪が大きいため、27条3項では「児童は、これを酷使してはならない」として、「児童酷使の禁止」が規定されています。

► （2） 労働基本権

憲法28条では、労働者の団結権、団体交渉権、団体行動権（争議権）の労働三権を規定しています。団結権とは、一般には労働組合を結成する権利です。労働者が、労働条件の維持・改善を目的として、使用者と対等に交渉できる団体（労働組合）を結成したり、その団体に加入する権利のことです。

団体交渉権とは、労働組合などの労働者の団体がその代表者を通じて、使用者側と労働蔵件の維持・改善を目的として交渉する権利です。

団体行動権（争議権）とは、ストライキをはじめとして労働組合などの団体が使用者に団体交渉を成功させるために行う行為のことです。正当な争議行為は28条や労働組合法で保障された権利の行使として、合法とされています。

労働基本権は、その性質上、私人間（使用者と労働者の間）に直接適用されるものと解されています（労組法7条1号、8条)。ただし、労働基本権の行使は、労働者と使用者以外の第三者にも大きな影響を及ぼすおそれがあり、制約される場合があります。例えば、全逓東京中郵事件訴訟（最大判昭41・10・26）では、いわゆる政治スト、暴力スト、不当な長期ストは正当な争議行為ではないとされています。

また、判例では、公務員も28条にいう「勤労者」に含まれると解していますが、現行法上、①警察職員・消防職員・自衛隊員などには労働三権すべてが、②非現業の一般公務員は団体交渉権の一部と争議権が、③現業公務員は争議権が、それぞれ否認されています。このような公務員の労働基本権の制限の根拠として、「公共の福祉」や「全体の奉仕者」（15条）という抽象的な原則が根拠とされていますが、公務員の職務は多様であり、一般の労働者と同様の職務を行っている場合もあるため、労働基本権の制限は、その職務の性質や差異等を考慮しつつ、必要最小限度の範囲にとどまらなければならないと考えられています。

なお、判例では、国家公務員の争議行為を一律かつ全面的に制限することを合憲と判断しています（全農林警職法事件（最大判和48・4・25））。

以上の二つの判例について次に紹介します。

①　全逓東京中郵事件訴訟（最大判昭41・10・26刑集20巻8号901頁）

国家公務員の争議行為を禁止する規定の合憲性が争われた事例です。最高裁では、公務員にも労働基本権は保障されていますが、「国民生活全体の利益の保障という見地からの制約を当然の内在的制約」があり、制限は必要やむを得ない場合に限られると判断しました。また、刑事制裁については、正当性の限界（政治スト・暴力スト・不当な長期スト）を超えない限りこれを科さないとする旨を示しました。

②　全農林警職法事件訴訟（最大判昭48・4・25刑集27巻4号547頁）

国家公務員の争議行為を処罰する規定の合憲性が争われたこの事件で最高裁は、「公務員の地位の特殊性と職務の公共性」や財政民主主義、公務員における勤務条件法定主義、また、市場抑制力がないこと、人事院による代償措置が講じられていることなどを理由に、公務員の争議行為の一律かつ全面禁止を合憲と判断しました。

第13章

国務請求権

《本章のキーワード》

□ 請求権	□ 請願法
□ 裁判を受ける権利	□ 自力救済の禁止
□ 国家賠償請求権	□ 国家賠償法
□ 代位責任	□ 請求権
□ 刑事補償請求権	□ 刑事補償法

1　国務請求権とは

国民は政府など国家に対して積極的に一定の行為を要求し、権利の実効的な保障を求めることができます。これを国務請求権といいます。国務請求権は受益権ともいい、人権保障をより確実にするための権利であるといわれます。

人権は憲法によって保障され、守られています。しかし、政府をはじめとした国家機関がその言々を濫用しないとも限りません。そこで、人権保障をより確実にするために、国民が直接国家機関に対して一定の権利を保障するよう請求できる方法があります。例えば、国民が国会に対して法律の制定や廃止などを請願したり、権利や自由の侵害からの救済を求めるために裁判を受けられるようにし、公務員による違法な公権力の行使により人権を侵害された場合に、その救済を求めることができることなどです。

国務請求権は国家に一定の行為（作為）を要求することから、国家に対して国民の生存確保のために積極的な措置（給付）を求める社会権と同じように捉えられます。しかし、社会権はあくまで社会国家の考え方から生まれたものであり、弱者救済を目的としたものです。それに対し、国務請求権は自由権（人権の中心）を支える権利として誕生したものであり、社会権とはその性格を異にします。日本国憲法では、国務請求権として、請願権（16条）、裁判を受ける権利（32条）、国家賠償請求権（17条）、刑事補償請求権（40条）の４つを定めています。

2 請願権

▶（1）請願権の意義

請願権とは、主権者である国民が直接国政の運営について自らの意見を表明し、それを実現させるべく、国や地方公共団体などに要望を述べる権利です。憲法は「何人も、損害の救済、公務員の罷免、法律、命令又は規則の制定、廃止又は改正その他の事項に関し、平穏に請願する権利を有し、何人も、かかる請願をしたためにいかなる差別待遇も受けない。」（16条）として請願権を規定しています。「何人も」と憲法に規定されているように、請願権は日本国民のみならず、日本に在住する外国人にも保障されると解されています。

そもそも日本国憲法の採用する民主主義は、国民が選挙を通じて代表者（国会議員）を選び、国政の運営を代表者（国会議員）に任せ、代表者は国民の福利の実現するものとされています（前文１項２文）。これを間接民主制（代表民主制）といい、基本的に国民は間接的に国家運営に携わることになっています。そのため、国民には選挙権をはじめとした参政権が保障されています（憲法15条など）。

しかし、代表者は常に国民の意に沿う活動をするとは限りません。場合によっては不当に人権を侵害する活動や人権が侵害されている状況を放置する可能性もあります。そのため、国民が国や地方公共団体に対して要望などを直接述べる機会を権利として憲法が保障しています。それが請願権です。もともとは絶対王政時代の国王などに対して民意を知らせるものであったのが、現代では国家の運営を任せている人たちに対して要望を述べる権利になったものです。

▶（2）請願法

憲法が保障する請願権は、その具体的な手続について請願法で定められています。それによると、請願を行うには請願者の氏名（法人の場合はその名称）及び住所（住所のない場合は居所）を記載した請願書（2条）を、請願の事項を所管する官公署に提出しなければなりません（3条）。

例えば、実際に国会に対して請願を行いたい場合は、まず各議院の議員の紹介により請願書を提出します（国会法79条）。その後、その請願は各議院において委員会の審査を経た後に議決されます（同法80条）。また、地方公共団体の議会に請願したい場合は、各地方公共団体の議会議員の紹介で請願書を提出しなければならないと定められています（地方自治法124条）。

ただ、請願権はあくまで国民の希望や要望を示すものであり、必ず国会や地方公共団体の議会などが請願の内容に対して判断を下す義務を課すものではなく、これらの機関はあくまで請願を受理する義務が生じるに過ぎません。

請願権は議会制度が発達した現代において存在意義が薄れているとはいえ、民意を国家運営に忠実に反映し、人権保障を確実なものにするための手段としてはなお重要な意義を有しています。

3　裁判を受ける権利

▶（1）裁判を受ける権利の意義

憲法は、「何人も、裁判所において裁判を受ける権利を奪はれない」（32条）と規定しています。これが裁判を受ける権利です。当たり前のようですが、裁判は裁判所において行われる裁判のことです。法治国家では何か法律上の紛争（トラブル）を解決する場合、民事事件では当事者間で解決することもありますが、刑事事件については自分でなんとかするのではなく、裁判で解決することが求められています（自力救済の禁止）。基本的に国民が裁判所に申し立て、それに対して裁判所は判決をもってそのトラブルを解決します。そのため、トラブルから国民の権利や利益を守るために国民は裁判を利用できます。国民が紛争の解決や権利や利益の実現ために裁判を受けることができるのが裁判を受ける権利です。

明治憲法でも「日本臣民ハ法律ニ定メタル裁判官ノ裁判ヲ受クルノ権ヲ奪ハルルコトナシ」（24条）として、国民（臣民）の裁判を受ける権利を保障していました。しかし、現在の憲法とその内容は異なっています。明治憲法では、裁判＝刑事事件・民事事件のことをいい、国や地方公共団体を相手に裁判をする行政事件は、行政裁判所という特別裁判所が扱うことになっていました。つまり明治憲法第24条で保障される裁判に行政事件は含まれていなかったのです。日本国憲法では、裁判所は刑事事件・民事事件・行政事件のすべてを担当し、行政裁判所のような特別裁判所の設置は認められていません（76条２項）。

▶（２）裁判とは

そもそも裁判とは、法律上のトラブルを解決するために、トラブルを抱えた２者の間で（対審）、公開の法廷で行われます。刑事・民事・行政のいずれの事件も客観性・公平性を保つために公開の法廷で行われます（憲法82条１項）。これによって、裁判を受ける権利がよりよく保障されるのです。

裁判を受ける権利は、国民に裁判を受ける機会を保障するものである以上、裁判所は裁判を拒否することができません。つまり、裁判を受ける権利は、何人も裁判所にアクセスできる権利であるといえます。ただし、裁判を受けるためには当然裁判の当事者が法律を使って解決できるトラブルであることを必要とします。そして、そのトラブルの解決について裁判所の判断を求める法律上の利益を有することを前提としている（最大判昭35・12・7民集14巻13号2964頁）。裁判所が扱うのは、あくまで法律の適用によって解決できる、法律上の利益のある、法律上のトラブルが対象となります。

刑事事件は犯罪を行なった人を有罪か無罪かを決め、有罪の場合は量刑、つまり刑罰の種類や内容を法律に従って決めます。そのため、犯罪を行い逮捕され、起訴された場合、必ず公開の法廷での裁判を受けなければなりません。このことは、検察官によって起訴された人（被告人）に裁判を受ける権利が保障されているということになります。公開の場で裁かれることによって被告人の人権が保障されるのです。

また、民事事件でも借金をめぐる揉め事や交通事故による損害賠償（怪我の治療費など）請求などは、多くの場合公平な第三者である裁判官の判断に委ねることで、法律に照らした公正な結論を得ることが出来ます。もちろん当事者同士で納得のいく解決が図られれば裁判は必要ないのですが（私的自治の原則）、なかなか当事者同士の話し合いでは納得のできる結論をえるのが困難であることがしばしばです。そのため、裁判所の門戸が開かれている必要があるのです。

►（3）非訟事件について

法律上のトラブルが必ず法廷で審理され、判決をもって解決されるとは限りません。家事審判など、裁判所が法廷で裁判するのではなく、裁判所が後見的な立場で解決に導く非訟事件という訴訟類型があります。例えば、離婚した場合の子供の養育費や親権をめぐる争いがこれです。これらの法律上のトラブルの場合、親権を誰にするか、養育費をいくらにするかは法律で決まっていないため、個々のケース、様々な解決方法がありえます。そこで、裁判所は、後見的立場から、非公開で親権は父母のどちらにも与えるのが子供にとっていいのかを考えて決めます。このようなトラブルを扱うために非訟事件手続法が制定されています。

しかし、このことは裁判を受けることなくトラブルを解決することを認めることであるともいえ、憲法が保障する裁判を受ける権利が骨抜きにされてしまうという批判もあります。しかし、裁判をするとかなりの時間と費用を要することになり、また裁判所はつねにかなりの件数の裁判を抱えている現状をふまえると、非訟事件は当事者にとって時間や費用の負担が少なく、裁判所にとっても事件を簡易迅速に処理するという利点があり、現代社会の要請に沿うものともいえるでしょう。

裁判を受ける権利について、最高裁判所は、憲法32条にいう「裁判」は、憲法82条により対審・公開が求められるとしています。すなわち、裁判を受ける権利は「基本的人権として裁判請求権を認め、何人も裁判所に対し裁判を請求して司法権による権利、利益の救済を求めることができることとすると共に、他方において、純然たる訴訟事件の裁判については、前記のごとき公開の原則の下における対審及び判決によるべき」（最大決昭35・7・6民集14巻9号1657頁）と判示しています。

このように、刑事・民事・行政の各事件は、すべて対審と判決は公開で行われなければ憲法32条で保障する裁判とはならないとしています。したがって、非訴事件はそもそも非公開で行われ、憲法82条1項の要件を満たしていないため、憲法32条の裁判に含まれないことになります。これについて最高裁は、もしこの非訴事件でトラブルが解決できない場合には、通常の裁判として公開の法廷で裁判を受ける権利が保障されるとして、非訴事件を裁判所に行わせても問題はないとしています（最大判昭40・6・30民集19巻4号1089頁）。

4 国家賠償請求権

(1) 国家賠償請求権の意義

国家賠償請求権とは、公務員から違法な行為を受けて損害が発生した場合、その損害を国や地方公共団体に対して賠償を求めるものです。憲法は「何人も、公務員の不法行為により、損害を受けたときは、法律の定めるところにより、国又は公共団体に、その賠償を求めることができる。」（17条）としています。明治憲法では国民が公務員の違法な行為を受けても損害を賠償する責任を公務員は負わないとする「国家無答責の原則」が一般的でした。これに対し、日本国憲法では、公務員が国民に対して違法な行為をした場合、裁判による救済を可能にしています。憲法17条では「法律の定めるところにより」として、公務員の違法な行為に対する賠償の具体的な内容については法律に定めるとしています。ここにいう法律が、国家賠償法です。

▶（2）国家賠償法

①国家賠償法１条

国家賠償法１条では「国又は公共団体の公権力の行使に当る公務員が、その職務を行うについて、故意又は過失によつて違法に他人に損害を加えたときは、国又は公共団体が、これを賠償する責に任ずる」とし、公務員が仕事上わざとあるいは誤って国民に損害を及ぼした場合、その公務員が所属する国又は地方公共団体がその損害の責任を負い、賠償することになると定めています。本来であれば損害を与えた公務員個人が国民に対して賠償する責任を負うべきでしょうが、この法律により公務員個人が責任を負うのではなく、代わってその所属する国か地方公共団体が責任を負うことになっています。これを代位責任といいます。

これについて最高裁判所も「公務員の職務行為に基づく損害については、国又は公共団体が賠償の責に任じ、職務の執行に当たった公務員は、行政機関としての地位においても、個人としても、被害者に対しその責任を負担するものではない（最判昭30・４・19民集第９巻５号534頁）」と判示しています。例えば、神奈川県警の警察官が、ある人にいきなり理由も告げず手錠をかけて拘束してしまった場合、これは違法行為となるわけですが、この被害者はこの警察官個人に賠償を求めるのではなく、この警察官が所属する神奈川県に対して賠償を請求することになります。ただ公務員個人は一切賠償責任を負わない代わりに、故意でも悪質な場合、または故意でなくても甚だしい不注意があった場合は、賠償した国や地方公共団体から支払った分を公務員個人に請求することができます（国家賠償法１条２項）。これを求償権といいます。

②国家賠償法２条

国家賠償法２条では、「道路、河川その他の公の営造物の設置又は管理に瑕疵があつたために他人に損害を生じたときは、国又は公共団体は、これを賠償する責に任ずる」とされ、国や地方公共団体が公の目的のために設置された物（営造物）で国民に損害を与えた場合、設置者や管理者である国や地方公共団体が賠償責任を負うことになります。例えば、東京都が設置し管理する都立公園の遊具が錆びていたにもかかわらず、都がそれを直さず放置していたところ、遊具が壊れて遊んでいた子供が怪我をした場合、東京都の管理に不備（瑕疵）があったとして、その子供の親は東京都に対して賠償を求めることができます。

5　刑事補償請求権

►（1）刑事補償請求権の意義

憲法40条は「何人も、抑留又は拘禁された後、無罪の裁判を受けたときは、法律の定めるところにより、国にその補償を求めることができる」としています。刑事事件において犯罪を行なったとされる人は、起訴されてから裁判が終わるまで基本的にその身柄は拘束されます。そのため、もし裁判の結果、無罪の判決が下された場合、その人の行為を罪に問うことができないということが確定するため、判決が出るまでの間の拘束は違法とはならないが、その人が拘束されている間に被った精神的または肉体的な苦痛に対して責任を負わなければなりません。そこで、金銭補償を受けられるように、憲法は刑事補償請求権を保障しています。

►（2）刑事補償法

憲法40条の内容を具体化するために刑事補償法が制定されています。この法律によって、拘束（抑留又は拘禁）による補償は、その日数に応じて、１日千円以上１万２千５百円以下の割合による額の補償金を交付する（同法４条）ことになっています。

犯罪の疑いがある人（被疑者）は、起訴される前に警察などに逮捕され、取り調べを受け、その後さらに検察によって取り調べが行われます。この間身柄は拘束されますが、その後、不起訴になって裁判にかけられずに身柄が解放される場合があります。この場合の拘束は、憲法40条の「抑留又は拘禁」には当たらないとされています（最大判昭31・12・24刑集10巻12号1692頁）。

▶（3）少年法による身柄拘束

未成年が犯罪を行なった場合、その身柄は少年鑑別所に収容されます。つまり拘束されるわけですが、成年と違い、少年法により少年審判手続が進められます。その審判の結果、不処分決定になった場合、当該未成年は身柄の拘束が解かれることになります。しかし、この不処分決定は憲法40条にいう「無罪の裁判」には該当せず、刑事補償の対象とはならないとされていました。しかし、平成４年に「少年の保護事件に係る補償に関する法律」が制定されたことで、この場合も補償の対象になりました。

第14章

国会

《本章のキーワード》

- □ 国民の代表機関
- □ 国権の最高機関
- □ 唯一の立法機関
- □ 国会中心立法の原則
- □ 国会単独立法の原則
- □ 二院制
- □ 法律案の議決権
- □ 議院の自律権
- □ 国政調査権
- □ 政党

1 国会の地位

憲法は、「そもそも国政は国民の厳粛な信託によるものであつて、その権威は国民に由来し、その権力は国民の代表者がこれを行使し、その福利は国民がこれを享受する」（前文）とし、国民主権の下、議会制民主主義を採用することを明らかにしています。また、憲法第4章では、国会は、「国民の代表機関」（43条1項）、「国権の最高機関」（41条）、「唯一の立法機関」（41条）の地位にあり、その地位にともなう組織と権能について定めています。

▶ （1）「国民の代表機関」

憲法43条1項は、「両議院は、全国民を代表する選挙された議員でこれを組織する」とし、国会が「国民の代表機関」であることを定めています。

これは、国会は、構成する議員が国民によって直接選出されることによって、民意を反映する機関であると同時に、全国民の代表である議員が自由に行動できることを法的に保障することで、国家の意思を決定する機関であることを意味しています。

▶ （2）「国権の最高機関」

憲法41条は、「国会は、国権の最高機関であつて、国の唯一の立法機関である」とし、国会が「国権の最高機関」であることを定めています。ただし、現実には、権力分立制を採用していて、国会が内閣や裁判所に法的に優位する統治機構にはなっていません。そこで、この規定をどのように理解するかが問題となりますが、「国権の最高機関」の意味をめぐる学説として、「政治的美称説」、「統括機関説」、「最高責任地位説」という3つの説があります。

「政治的美称説」は、三権の中で、国会だけが主権者である国民によって直接選出される議員によって構成されることを重視し、国会が国政で中心的地位を占めていることを政治的に強調しているにすぎないとする学説です。

次に、「統括機関説」は、国家法人説に基づくと、国家機関には、国家の意思を決定する最高の機関が必要となり、国会がそれにあたるとする学説です。最後に、「最高責任地位説」は、国会は国政全般の動きにたえず注意しつつ、その円滑な運営に配慮すべき立場にあり、その意味で国会が国政全般に最高の責任を負う地位にあるとする学説です。

「統治機関説」と「最高地位責任説」は、国会が内閣や裁判所に優位する形となってしまう点が問題であるため、現実に即した学説である「政治的美称説」が通説となっています。

▶ （3）「唯一の立法機関」

憲法41条は、国会を「唯一の立法機関」として位置づけています。これは、国民主権の原理から、法律の制定権は、国民が直接選出した議員から構成される国会に委ねられ、国会に立法権が属することを明らかにしたものとされています。ここでいう立法とは、国民に権利を与え、義務を課す法である「実質的意味の立法」を意味します。

国の「唯一の立法機関」の具体的な内容としては、「国会中心立法の原則」と「国会単独立法の原則」があげられます。

①国会中心立法の原則

「国会中心立法の原則」とは、憲法に定める例外を除き、国の立法はすべて国会を通し、国会だけが立法できるという原則です。憲法に定めるこの例外には、両議院の議院規則（58条2項）、最高裁判所規則（77条1項）、政令（73条6号）、条例（94条）の各制定権があります。

②国会単独立法の原則

これに対し、「国会単独立法の原則」とは、憲法59条1項が「法律案は、この憲法に特別の定めのある場合を除いては、両議院で可決したとき法律となる」としているように、憲法に特別に定めのある例外を除き、国会の議決だけで「実質的意味の立法」にあたる事項について法律を制定できることを意味します。憲法に定めるこの例外は、地方自治特別法（95条）です。その制定には国会の議決に加えて、住民投票による同意を必要とします。

③内閣の法律案提出権

内閣法5条が「内閣総理大臣は、内閣を代表して内閣提出の法律案、予算その他の議案を国会に提出し、一般国務及び外交関係について国会に報告する」と定める点が、「国会単独立法の原則」との関連で問題となります。現実をみると、国会で成立した法律の多くは内閣提出によるものとなっていますが、法律案の提出権が立法に含まれるとすると、「国会単独立法の原則」に反することになってしまいます。通説では、立法権と法律案の提出権は別のものであり、内閣に法律案の提出権を認めても国会の議決権を拘束しないので、「国会単独立法の原則」に反するものではないとされています。

2 国会の組織

▶（1）二院制

憲法42条は、「国会は、衆議院及び参議院の両議院でこれを構成する」とし、国会は、衆議院および参議院の二院で構成されること、すなわち「二院制」について定めています。「二院制」は中世イギリスの政治事情からできあがった制度であり、国民から直接選出される議員で構成される第一院に対して、それとは違った原理によって組織される第二院を対峙させるものです。この第二院の性格によって、二院制のもつ意味合いは異なります。諸外国では、①上院が貴族院であるイギリスのような貴族院型、②上院が連邦を構成する各州の利益を代表するアメリカ合衆国のような連邦制型、③上院が下院と同じように、選挙で選出された議員で構成されるイタリアのような民主的第二次院型が知られています。日本は③の類型に入りますが、これは、衆議院と参議院を構成する議員はともに選挙によって国民から直接選出されますが、一方の議院が他方の議院の活動をチェックすることで、審議を慎重に行い、一つの議院の行き過ぎを抑制し、足りないところ補完することを期待するものです。

衆議院議員と参議院議員は、選挙制度や構成などの面で違いがありますが、憲法44条はその詳細を法律事項としています。選挙制度についてみると、衆議院議員選挙は、小選挙区比例代表並立制を採用しています。衆議院の議員定数は465人であり、その内訳は289人が小選挙区、176人が比例区から選出されます。これに対し、参議院議員は248人であり、その内訳は148人が選挙区、100人が比例区から選出されます（公職選挙法４条。なお、この定数となるのは、2022年の参議院議員通常選挙後からであります）。衆議院議員の任期は４年で、任期中に解散があります。これに対し、参議院議員の任期は６年であり、任期中の解散はありません。また、衆議院議員とは違い、３年ごとに半数が改選されます。

▶（2）衆議院

衆議院議員の任期は4年で、解散制度があります。昭和51年に行われた第31回衆議院議員選挙以外は、任期満了前に解散が行われており、任期の平均は約3年となっています。参議院よりも短い任期や解散制度から、国民代表の性格の強い衆議院に内閣総理大臣の指名や法律案の議決などの面で、参議院に対する優越が認められています。

▶（3）参議院

参議院議員の任期は6年であるが、3年ごとに議員の半数が改選されます。解散がある衆議院とは異なり、定期的に選挙が実施されます。被選挙権は、衆議院議員よりも5歳高い満30歳以上の日本国民に与えられていますが、これは、「良識の府」や「理性の府」と呼ばれる参議院の役割に配慮し、年功にともなう良識や理性の充実に着目したものと考えられています。さらに、議員の任期が衆議院より長く、解散がない参議院の特質として、①長期的視野による国政への取組みが可能であること、②3年ごとに半数を改選するため、急激な政治変化を回避できること、③衆議院の解散中に緊急に国会の審議を必要とする事態が発生した場合、緊急集会において対応できることがあげられます。

3　国会の権能

「国権の最高機関」である国会には、立法に関する権能、行政や財政を統制する権能が憲法で認められています。具体的には、①法律案の議決権（59条）、②内閣総理大臣の指名権（67条1項）、③憲法改正の発議権（96条1項）、④弾劾裁判所の設置権（64条）、⑤財政監督権（83～91条）、⑥条約締結の承認権（73条3項）です。

▶（1）法律案の議決権

憲法59条は、「法律案は、この憲法に特別の定のある場合を除いては、両議院で可決したとき法律となる」とし、法律案の議決権が国会にあることを明らかにしています。議員が法律案を発議する要件は、衆議院では議員20人以上、参議院は議員10人以上の賛成となります。ただし、予算を伴う法律案の場合は、衆議院は議員50人以上、参議院は議員20人以上の賛成となります（国会法56条）。

法律案が提出されると、提出を受けた議院の議長は、これを適当な委員会に付託します。委員会で可決された後に、本会議では、委員長報告、討論、採決が行われます。可決されると、もう一方の議院に送付されます。送付を受けた議院でも同じ手続を経て、両議院で可決されたとき法律となります（憲法59条）。

▶（2）内閣総理大臣の指名権

憲法67条は、「内閣総理大臣は、国会議員の中から国会の議決で、これを指名する」とし、国会に内閣総理大臣の指名権があることを定めています。国会が内閣総理大臣の指名権をもつことの意味は、国会による内閣の統制手段であり、議院内閣制の重要な要素の１つであるとされます。指名の手続は、衆議院または参議院で指名の議決を行うと、もう一方の議院にこれを通知します（国会法86条）。両院の指名が一致した場合には、国会の議決があったこととなります。ただし、両院の指名が一致しない場合には、両議院協議会を開催しますが、それでも一致しない場合には、衆議院の指名の議決が国会の議決となります（憲法67条２項）。また、衆議院が指名の議決をした後、国会休会中の期間を除いて10日以内に参議院が議決をしない場合には、衆議院の議決が国会の議決となります（憲法67条２項）。

▶（3）憲法改正の発議権

憲法96条１項は、「この憲法の改正は、各議院の総議員の３分の２以上の賛成で、国会が、これを発議し、国民に提案してその承認を経なければならない」とし、国民に提案される憲法改正案を決定する発議の権限が国会にあることを定めています。国会法68条の2は、改正案の原案を発議するには、衆議院は議員100人以上、参議院は議員50人以上の賛成を要件としています。改正原案の発議にあたっては、内容において関連する事項ごとに区分して行うこととされ（国会法68条の3）、両議院で総議員の3分の2以上の賛成が得られたとき、国会の発議が成立します（憲法96条）。

▶（4）弾劾裁判所の設置権

憲法78条は、「裁判官は、裁判により、心身の故障のために職務を執ることができないと決定された場合を除いては、公の弾劾によらなければ罷免されない」とし、裁判官の弾劾裁判について定めています。これを受け、国会法125条は、「裁判官の弾劾は、各議院においてその議員の中から選挙された同数の裁判員で組織する弾劾裁判所がこれを行う」とし、両議院の議員で構成される弾劾裁判所の設置権が国会にあることを明らかにしています。

裁判官の罷免の訴追は、各議院においてその議員の中から選挙された同数の訴追委員で組織する訴追委員会がこれを行います（国会法126条）。そして、両院から7人の議員が裁判員となり、罷免するかどうかの裁決を行います（裁判官弾劾法16条）。罷免事由は、「職務上の義務に著しく違反し、又は職務を甚だしく怠つたとき」または「その他職務の内外を問わず、裁判官としての威信を著しく失うべき非行があつたとき」（裁判官弾劾法2条）であり、審理に関与した裁判員の3分の2以上の多数の意見で、訴追を受けた裁判官を罷免することができます（裁判官弾劾法31条2項）。これまで、収賄や児童売春などで、7名の裁判官が罷免されています。

▶（5）財政監督権

憲法83条は、「国の財政を処理する権限は、国会の議決に基いて、これを行使しなければならない」とし、国の財政を処理する権限が国家にあることを明らかにしています。国の財政とは、国家がその存立を図り、任務を遂行するのに必要な財源を調達し、管理し、使用する作用です。したがって、財政を処理する権限とは、国の財政を処理する上で必要となる権限を指しますが、その原則として、憲法では、財政民主主義（83条）、租税法律主義（84条）、国費支出議決主義（85条）を採っています。

国会が財政を民主的に統制する制度に予算があります。予算とは、一会計年度における国の財政行為の準則をいいます。国会は、予算という法形式によって、歳入と歳出の準則を設け、事前の監督を行います。そして、歳入は租税法律主義、歳出は国費支出議決主義によって民主的に統制されています。

▶（6）条約承認権

憲法73条3項は、条約の締結権は内閣にありますが、事前または事後に国会の承認を経ることを要件としています。条約は、国家の対外的な意思表示の一つであり、国民の権利義務関係に大きな影響を与えるので、国会によって民主的に統制されることが必要です。条約の承認は、原則として、締結の前に行われる必要があります。国会で事前承認が得られなければ、条約は不成立となります。また、事後の承認は緊急性があり、やむを得ない場合に限られるべきであるとされています。

4　両議院の関係

両議院の意思の合致によって国会の意思が成立しますが、衆議院と参議院の意思が一致しないことにより、国会の意思が成立しないことがあり得ます。これは、慎重な審議をその持ち味とする二院制の特質ですが、場合によっては、国民に多大な影響を及ぼすこともおこりえます。そこで、憲法は、衆議院と参議院が対立した事態を解決するための方法として、両院協議会や衆議院の優越を定めています。

►（1）両院協議会

両院協議会は、衆議院と参議院の意思が異なった場合に、両院の意思の調整を図るための場です。両院協議会は、予算の議決（60条2項）、条約締結の承認（61条）、内閣総理大臣の指名（67条2項）で両院の意思が異なった場合に必ず開かれ、法律案の場合は、必要に応じて衆議院の判断により開かれます（59条3項）。両院協議会は、衆議院と参議院から選ばれた10名ずつの協議委員で組織され（国会法89条）、各議院の協議委員3分の2以上の出席で開かれます（国会法91条）。両院協議会において、出席協議委員の3分の2以上の多数で議決されたとき、両院協議会の成案となりますが（国会法92条）、成案は両院の本議会で議決されなければ国会の意思になりません。

►（2）衆議院の優越

憲法は、参議院に対して衆議院の優越を認め、衆議院に強い権限を与えています。これを衆議院の優越といいます。衆議院の優越には、権限面での優越と議決面での優越があります。

権限面での優越は、衆議院のみに認められている内閣不信任決議権（69条）と衆議院の予算先議権（60条1項）です。次に、議決面での優越は、①法律案の議決（59条）、②予算の議決（60条2項）、③条約承認の議決（61条）、④内閣総理大臣の指名（67条2項）です。

①法律案の議決法

法律案の議決は、衆議院で可決し、参議院で否決や修正議決した法律案は、衆議院で出席議員の3分の2以上の多数で再び可決したときは法律になります（59条2項）。また、参議院が衆議院の可決した法律案を受け取った後、国会休会中の期間を除いて60日以内に議決しないときは、衆議院は参議院がその法律案を否決したものとみなすことができます（59条4項）。

②予算の先議権

予算は、衆議院が先議権をもちますが、衆議院の議決後に、参議院で衆議院と異なった議決をした場合、両議院協議会を開いても意見が一致しないとき、または参議院が衆議院の可決した予算を受け取った後、国会休会中の期間を除いて30日以内に議決しないときは、衆議院の議決が国会の議決となります（憲法60条２項）。

③条約の承認

条約の締結に必要な国会の承認は、予算の議決について定めた60条２項の規定が準用されます。

④内閣総理大臣の指名

内閣総理大臣の指名は、参議院が衆議院と異なる指名の議決をした場合に、両議院協議会を開いても意見が一致しないとき、または衆議院が指名の議決をした後、国会休会中の期間を除いて10日以内に参議院が指名の議決をしないときは、衆議院の議決が国会の議決となります（憲法67条２項）。

また、国会法では、国会の臨時会・特別会の会期の決定（国会法13条）、国会の会期の延長（国会法13条）、法律案に関する両院協議会の開催（国会法84条）について、衆議院の優越を認めています。

5　議院の権能

両議院は、国会に与えられた権能を行使する一方で、各議院には、他の議院と関係なく、独立して行使できる権能として、「議院の自律権」と「国政調査権」が認められています。

「議院の自律権」とは、内閣、裁判所、およびもう一方の議院の干渉を受けることなく、内部組織や運営のあり方を自主的に決定できる権能です。具体的には、「内部組織に関する自律権」である、会期前に逮捕された議員の釈放要求権（憲法50条）、議員の資格争訟の裁判権（55条）や役員選任権（58条１項）と「運営に関する自律権」である議院規則制定権と議員懲罰権（58条２項）があります。

次に、憲法62条は「両議院は、各々国政に関する調査を行ひ、これに関して、証人の出頭及び証言並びに記録の提出を要求することができる」とし、各議院には、国政についての調査を行い、これに関して証人の出頭、証言や記録の提出を求めることができる「国政調査権」が認められています。

6　会期

国会は、会期制を採用しています。会期とは一定の期間に限って、国会に活動能力を与える制度である。会期制度では、「会期不継続の原則」と「一事不再議の原則」があります。会期不継続の原則とは、国会は会期ごとに独立して活動し、会期中に議決されなかった案件は、次の会に継続しないという原則である（国会法68条）。また、一事不再議の原則とは、一度否決（または可決）された議案は、同じ会期中に再び提出できないとする原則です。

国会の会期には、①毎年１回召集される常会（憲法52条）、②必要に応じて召集される臨時会（53条）、③衆議院解散後の総選挙から30日以内に召集される特別会（54条）があります。また、総選挙が実施されてから特別会が召集されるまでの間に、国会の審議を必要とする緊急の事態が生じたと内閣が判断した時には、内閣の求めにより、参議院の緊急集会が開かれます（54条）。ただし、緊急集会において採られた措置は臨時のものであり、次の国会の開会後10日以内に、衆議院の同意がない場合には、その効力を失います（54条３項）。

7　国会議員の地位と特権

（1）国会議員の地位

衆議院および参議院は、全国民を代表する選挙された議員で組織されます。各議員は、本会議や委員会等における審議や意思決定への参加、法律案や決議案などの議案の発議権、国務大臣や各委員会委員長などに対する議案についての質疑権、議案の賛否を討論できる討論権や表決に参加できる表決権が認められています。このような職責を果たすため、国会議員には、歳費受給特権（憲法49条）、不逮捕特権（50条）、免責特権（51条）が認められています。

▶（2）歳費受給特権

憲法49条は、「両議院の議員は、法律の定めるところにより、国庫から相当額の歳費を受ける」とし、国会議員の歳費について定めています。歳費は、国会議員の地位や職責にふさわしい生活をするための職務に対する報酬を意味しますが、その額は、「一般職の国家公務員の最高の給与額より少なくない」（国会法35条）ものとなっています。また、歳費以外にも、退職金（国会法36条）、通信等手当（同38条）なども支給されます。

▶（3）不逮捕特権

憲法50条は、「両議院の議員は、法律の定める場合を除いては、国会の会期中逮捕されず、会期前に逮捕された議員は、その議院の要求があれば、会期中これを釈放しなければならない」とし、国会議員の不逮捕特権を定めています。国会議員は、院外で現行犯による犯罪を行った場合（国会法33条）と議員の所属する議院の許諾があった場合（国会法34条）を除き、会期中は逮捕されません。また、会期前に逮捕された場合でも、議院の要求があれば釈放されます。不逮捕特権の目的は、政府権力により議員の職務遂行が妨げられないよう、議員の身体的自由を保障することにあります。

▶（4）免責特権

憲法51条は、「両議院の議員は、議院で行つた演説、討論又は表決について、院外で責任を問はれない」とし、免責特権を定めています。免責特権は、国会議員の職務の遂行の自由を保障するためのものであり、国会議員は、議院で行った演説、討論または表決について、院外で責任を問われません。具体的には、名誉毀損罪などの刑事上の責任や不法行為による損害賠償などの民事上の責任を問われず、弁護士会による懲戒責任もこれに含まれます。国会議員が委員会で行った発言が、国民の名誉または信用を低下させる違法行為であったとして、国の損害賠償責任が問われた病院長自殺事件（最三判平9・9・9民集51・8・3850）で、最高裁判所は、国会議員が国会で行った質疑等において、個別の国民の名誉や信用を低下させる発言があったとしても、国会議員がその付与された権限の趣旨に明らかに背いてこれを行使したものと認められるような特別の事情がない限り、合法であると判示しました。

8 政党

政党は、議会制民主主義の根幹であり、多様な民意を国政に反映する過程において、重要な地位と役割を有しています。それゆえ、政党をめぐる諸問題を正し、その公正さと透明性とを確保する仕組みを確立していくことが重要です。

ドイツのトリーペルが歴史的変遷の観点から、国法と政党の関係について、①敵視、②無視、③法律による承認・合法化、④憲法的編入の四段階に整理したことが知られている。①は国家が政党を敵視した時代、②は国家が政党を無視した時代、③は政党が法律で容認される時代、④は政党が憲法秩序の中に編入される時代です。ここで、議員に国民代表としての性格を認める議会制と憲法や法律にとりいれられた政党との関係をどのように整理するかが問題となります。日本国憲法は、政党に関する規定を置いていないことから、議員の国民代表としての性格を考慮し、政党に対して消極的な見方をする学説もありましたが、現在では、政党の果たす役割を考慮し、積極的に評価する学説が支配的です。判例においても、八幡製鉄の代表取締役が自民党に対して行った政治資金の寄付が商法違反であるかどうかが争われた**「八幡製鉄政治献金事件」**では、「憲法の定める議会制民主主義は政党を無視しては到底その円滑な運用を期待することはできないのであるから、憲法は、政党の存在を当然に予定している」（最大判昭45・6・24民集24・6・625）とし、政党の健全な発展に企業が協力することは、当然の行為として期待されていると判示しました。

第15章

内閣

《本章のキーワード》

- □ 行政権
- □ 文民
- □ 内閣総理大臣の氏名
- □ 議院内閣制
- □ 内閣総辞職
- □ 内閣不信任（信任）決議
- □ 衆議院の解散

1　行政権

憲法65条では「行政権は、内閣に属する」と規定しています。ここで意味する行政権の内容や性質はどのようなものか、つまり行政権（実質的意味の行政権）とは何かということについていくつかの学説があります。そのなかで通説とされるのは、行政権をすべての国家作用から立法作用と司法作用を除いた残りの作用、と説明する控除説（消極説）という考え方です。しかし、この説明では具体的な行政権の内容が明らかにはならないという点が問題とされます。

この他の学説には行政を法律の執行とする法律執行説がありますが、この説に立つと73条１号に列挙されている「国務の総理」を行政として説明することができなくなります。また、国家目的実現説という学説では、行政を法の規制のもとに国家目的の積極的な実現を目指す全体として統一性をもった活動とされますが、この説も行政権の内容を明らかにしているとはいえません。このように行政権を明確に規定することは難しく、結局は控除説が通説とされています。

2 内閣の組織と権能

▶（1）内閣の組織

内閣は、首長たる内閣総理大臣とその他の国務大臣によって組織される合議体です（憲法66条1項）。その意思決定は全閣僚の合議である閣議によってなされ、その正式な決定は閣議決定といわれます。内閣の議事や議決方法については憲法や法令の規定はなく、閣議は非公開で、議決方法については全員一致が慣例とされています。

明治憲法では内閣を憲法上の機関ではなく、勅令によって定めていましたが、日本国憲法では行政権を担う憲法上の機関として内閣を位置付けています。国務大臣の定数は14名以内とされ、特別の場合には17名まで増員できます（内閣法2条1項）。国務大臣は通例として法務大臣、外務大臣、財務大臣といった各省庁の主任の大臣であるが、行政事務を分担管理しない無任所の大臣も認められています（内閣法3条2項）。

内閣総理大臣は国会議員の中から選ばれますが、その他の国務大臣についてはすべて国会議員でなければならないわけではないため、官僚や研究者、実業家などの民間人が国務大臣として選ばれることもあります。ただし、内閣構成員の過半数が国会議員でなくてはならないとされているため（憲法68条1項）、内閣構成員のうち過半数が国会議員でなくなった場合、内閣総理大臣には過半数が国会議員となるように必要な国務大臣の任命を行う義務が発生します。

また内閣構成員は文民でなければならないとされています（68条2項）。文民（civilian）とは、一般には単に軍人でない者とされますが、学説においては現在職業軍人でない者、かつて職業軍人であったことのない者、現在職業軍人でなくかつこれまで職業軍人であったことのない者とする説に分かれていました。憲法9条で陸海空軍を保持しない旨の規定があるため、文民を現在職業軍人でない者とするとこの条文は意味を持たなくなり、適当ではありません。そのため、自衛のための武力である自衛隊の存在を前提として、「文民」とはこれまで職業軍人であったことがなく、かつ現役の自衛官でない者とされていましたが、現在ではこれに該当する人はいません。

▶ （2）内閣総理大臣

内閣の首長である内閣総理大臣は、国会議員の中から国会の議決で指名され、天皇が任命します（67条・6条）。内閣総理大臣は国会議員の中から選ばれると規定されていることから、参議院議員であっても総理大臣に指名することは可能ですが、参議院議員から指名された例はありません。内閣総理大臣の指名に当たっては、衆議院の優越があるからです。

①　内閣総理大臣の指名手続

内閣総理大臣の指名手続きは内閣の活動に空白をつくらないように、総辞職した場合にはすべての案件に先立って速やかに行われます（67条1項）。指名方法は衆議院と参議院がそれぞれ独立して記名投票を行い、その過半数を得た者をその院の議決とし、議決した時は他の院に通知されます。そして両院の指名の議決が一致した場合、国会における内閣総理大臣の指名決議が成立します。

しかし、両院が異なった者を指名した場合、両院協議会が開かれ協議の上で総理大臣が決定されますが、それでも指名する者が一致しないときには、衆議院の最初の議決が国会の議決となります（67条2項）。また、衆議院での議決後、国会休会期間を除いた10日以内に参議院が議決をしないときも、衆議院の最初の議決が国会の議決となります（67条2項）。このように内閣総理大臣の指名については、衆議院の絶対的な優越が認められています。

②　内閣総理大臣の地位と権能

明治憲法では、内閣総理大臣は「同輩中の首席」とされ、他の国務大臣と同格とされていましたが、日本国憲法では内閣の首長としての地位が与えられています（66条1項）。この裏付けとして内閣総理大臣は国務大臣の任命権（68条1項）とともに罷免権（68条2項）を持つことから、国務大臣を任意に罷免できるとされ、これが閣内における総理大臣の統率力の基盤となっています。また内閣総理大臣には、国務大臣の訴追同意権（75条）があり、内閣総理大臣が同意しなければ国務大臣は訴追されることはありません。こうして内閣の一体性が確保される仕組みになっています。

内閣総理大臣は内閣を代表し、行政各部を指揮監督する権限が与えられ、内閣を代表して議案を国会に提出し、一般国務及び外交関係について国会に報告します（72条）。この他、総理大臣には法律・政令に署名・連署します（75条）。ただし、これは法律の執行責任を明確にするためのものであって、権限であると同時に義務であり、署名・連署することを拒否することは許されないと解されています。

このほかにも内閣総理大臣には法律で定められた権限があり、内閣法での閣議の主宰や重要政策の基本方針の発議（内閣法４条２項）や最近の身近な例では改正新型インフル特別措置法に基づく新型インフルエンザ等緊急事態の宣言などがあります。

►（3）内閣の権能

内閣の権限として65条に規定された行政権は実質的意味の行政権ですが、憲法の条文によって内閣に固有の権限として与えられている権限は形式的意味の行政といわれます。このように憲法上内閣に与えられた権限には73条の各号に挙げられている権能がありますが、73条の列挙事務だけに限定されるものではなく、他の機関と関連した権能もあります。

① 列挙事務

73条柱書では「一般行政事務の外、左の事務を行ふ」として、１号から7号に権限が上げられています。これらは列挙事務と呼ばれ、内閣の権能のうち主要なものの例示とされています。

列挙事務として、まず１号で挙げられている法律の誠実な執行と国務の総理は、内閣の行政事務の中心となるものです。法律の誠実な執行とは、仮に国会の制定した法律が内閣の賛成できないものであっても、内閣には法律の目的にかなった執行が義務付けられるということです。ここで問題となるのは、内閣が違憲と判断する法律の執行です。しかし違憲審査権は81条で最高裁判所に認められているため、内閣には法律が違憲であるかどうかを判断する権限はないとされます。しかし国務大臣には憲法尊重擁護義務（99条）があることから、重大かつ明白な違憲の瑕疵がある場合、例えば裁判所が違憲と判断した法律などに限って内閣はその法律の執行を拒否することができるとされます。そして国務の総理とは、国の基本的な政策決定など国の政治全体が、調和を保って円滑に進行するように配慮することとされます。

２号の外交関係の処理と３号の条約の締結は、明治憲法で13条の天皇の外交大権とされていたものです。外交交渉や外交文書の発行など条約締結以外の外交事務がすべて２号にあたります。また天皇の国事行為には内閣の助言と承認が必要なので、国事行為のうち外交に関する全権委任状及び大使及び行使の信任状の発行（７条５号後段）、批准書及び法律の定めるその他の外交文書の認証（７条８号）、大使及び行使の接受（７条９号）についての実質的決定権は内閣にあってこの２号に該当するものです。そして３号にいう条約とは、国会の承認を要する条約であって条約の明示的な委任のあるものや条約実施のための細目などについては国会の承認を要しないとされています。また国会の承認の時期について「時宜によっては事後に」とされますが、原則として事前に国会の承認を得ることとされます。

４号の官吏に関する事務とは中央政府の職員人事であり、これは明治憲法10条の任官大権に対応するものです。ただしこの事務にあたっては、国会の定めた基準である国家公務員法にしたがいます。

予算の作成と国会への提出は５号で内閣の権限とされていますが、これは86条の予算を作成し、国会に提出する内閣の義務に対応する規定です。

６号では内閣に政令を制定する権限が与えられています。政令とは内閣の制定する命令で、行政機関が制定する命令のなかで最高の形式です。ただしこの政令は法律の存在を前提とするものでなければならず、法律から独立して発せられる独立命令や、法律と同等の効力を有する代行命令、法律に代わる規定を定めたり、法律に反したりすることは許されません。そしてその内容は法律が政令に委任した事項を定める委任命令と、法律を執行するために必要な細則を定める執行命令に区分されます。

７号の恩赦も明治憲法において天皇の大権とされていた（明治憲法16条）ものです。恩赦とは、裁判所が国会の制定した法律に基づいて、裁判により確定した刑罰の効果を訴訟手続によらず一部を消滅、または特定の犯罪につき公訴権を消滅させることになり、立法部や司法部の行為の一部を覆すことになります。これは天皇の国事行為である7条6号の「大赦、特赦、減刑、刑の執行の免除及び復権を認証すること」と対応し、この実質的決定権が内閣にあるとされます。しかし、これは権力分立制の例外であることから、内閣が自由に決定することができるのではなくその種類と内容、手続は恩赦法で定められています。

② 他機関との関係

73条の列挙事務以外にも、他機関との関係において内閣の権限とされているものもあります。

天皇の国事行為に関する助言と承認（3条・7条）を行う権限もそのひとつです。天皇は4条1項で「国政に関する権能」を持たないとされており、憲法上規定された天皇の国事行為についても内閣の助言と承認のもとに行われます。同様に天皇の国事行為とされる最高裁判所長官の任命（6条2項）についても、内閣の指名に基づくものとされ実質的な決定権は内閣にあります。裁判所との関係については、最高裁判所長官以外の裁判官の任命（79条1項）、および下級裁判所の裁判官の任命（80条）も内閣の権限です。最高裁判所の裁判官については、内閣が任命し天皇が認証しますが、「下級裁判所の裁判官は、最高裁判所の指名した者の名簿によって、内閣でこれを任命」（80条1項）します。

国会との関係での内閣の権限には、国会の臨時会の招集（53条）があります。衆議院が解散された場合、54条2項の同時活動の原則により参議院も閉会となりますが、国に緊急の必要があるときには内閣は参議院の緊急集会の請求をすることができます。また内閣には議案の提出権(72条)があり、国会で議決されるべき原案を内閣が発案することができます。しかし法律案の提出については憲法に規定がないため、内閣法5条によって内閣総理大臣は内閣を代表して法律案を提出することができます。

このほかには予備費の支出（87条）、国の決算を会計検査院の検査報告とともに国会に提出すること（90条）、国会及び国民に対し国の財政状況について報告すること（91条）などがあります。

▶（4）内閣の総辞職

内閣構成員が同時に辞職することを総辞職といい、内閣はその存続が適当でないと考える時はいつでも総辞職することが可能です。内閣が総辞職したときにはただちに両議院に通知して、速やかに新たな内閣総理大臣を指名することになります。そして必ず内閣が総辞職をしなくてはならない場合もあります。それは衆議院が不信任の決議案を可決、もしくは信任の決議案を否決した場合で、このとき内閣は衆議院を解散することを決定することができますが、10日以内に衆議院の解散がなされなかったときには、内閣は総辞職をしなくてはなりません（69条）。また内閣不信任の決議後、内閣がどちらにも決めずに10日が経過した場合も総辞職となります。この他にも衆議院議員総選挙の後に初めて国会の招集があった場合にも内閣は総辞職をしなくてはなりません（70条）。

内閣総理大臣が欠けた場合も内閣は総辞職をしなくてはなりません（70条）。総理大臣が欠けたとされるのは、国会議員を辞職したとき、死亡したとき、国会議員となる資格を喪失したときで、病気のような暫定的な故障については副総理が臨時にその職務を代行します。ただしこの場合、国務大臣の任命権については代行できないものとされています。

ただし総辞職した場合であっても、すぐにその職務から離れるのではなく、行政の継続性を維持するためにあらたに内閣総理大臣が任命されるまで引き続きその職務を行うとされます（71条）。

►（5）内閣の責任

行政権の行使にあたって内閣は国会に対して連帯して責任を負うとされ（66条3項）、天皇の国事行為に対する「助言と承認」（3条）についてもまた内閣の責任とされています。そしてこの責任は政治責任とされています。またこれは連帯責任であるとされていることから、内閣の決議方法は多数決ではなく全員一致とされています。そのため国務大臣は閣議の決定と異なる意見であっても、表明することは許されません。このように内閣を構成する国務大臣は一体となって行動しなければならず、その決定について連帯して責任を負います。

3 議院内閣制

▶（1）立法権と行政権の関係

近代的憲法では国家権力を制限して人権を保障するために国家権力を区分して異なる機関に配分し、権限が配分された機関を互いにチェックさせることにしました。このように機関相互に抑制させて機関間の均衡を保たせることによって権力の暴走を防ぐという権力分立（三権分立）の制度を採用しています。しかし権力分立制度による統治機構のシステムは国によって異なり、特に立法権（議会）と行政権（政府）の関係には①大統領制、②超然内閣制、③会議政・議会統治制、④議院内閣制といったバリエーションがあります。

まずアメリカやラテンアメリカ諸国で採用されている①大統領制は議会と政府を完全に分離するもので、政府の長たる大統領は民選であり議会に対して責任を負いません。また大統領は議会を解散させることができません。②超然内閣制の例としては明治憲法下における内閣があります。君主制のもとで政府は君主に対して責任を負い、議会に対しては責任を負うことはありません。③会議政・議会統治制はスイスで採用されている制度で、政府はもっぱら議会によって選任されます。そのため行政権を担う政府は辞職の自由がなく、議会の指揮に服するものです。そして日本で採用されている④議院内閣制は、18世紀から19世紀初頭にかけてイギリスで自然発生的に成立したもので、君主と議会との権力の均衡を狙って成立した政治形態です。議院内閣制の形態もまた一様ではなく、公選の大統領と議会の二元構造の間に内閣が介在するフランス第５共和国憲法のような制度や、ドイツのように内閣による議会解散権と議会による政府不信任決議権の行使が限定されている制度もあります。そのため議院内閣制の本質的要素としては、①議会と政府が一応分立していること、②政府が議会に対して連帯責任を負うこと、そして③政府が議会の解散権を有することとされています。

▶（2）日本国憲法における議院内閣制

日本国憲法には議院内閣制を採用していると明記されていません。しかし（1）で説明した議院内閣制の本質的要素の①議会と政府の分立については、国会に立法権（41条）、内閣に行政権（65条）がそれぞれ授権されています。そして②政府の議会に対する連帯責任については、内閣の連帯責任の原則（66条3項）があること、衆議院による内閣不信任決議（69条）、国会による内閣総理大臣の指名（67条）、そして内閣総理大臣および国務大臣の過半数は国会議員でなければならないこと（67条・68条）が規定されています。最後③の政府が議会の解散権を有することについては、衆議院による内閣不信任の可決、または内閣信任案の否決に対して衆議院を解散させることが可能であること、またこれ以外にも解散を行うことができるとされています。これらのことから日本国憲法において議院内閣制の本質的要素が充足されていることから、議院内閣制が採用されているとされます。

▶（3）衆議院の解散

解散とは、任期の満了する前にすべての衆議院議員の地位を失わせることです。政治的には解散の後に続く総選挙によって国民の審判を求める民主主義的契機と、内閣と国会の抑制・均衡を図る自由主義的契機の機能であるといえます。

しかし憲法上、内閣に衆議院の解散権があることは明示されていません。そのため内閣の解散権の根拠を憲法上のどこに見出すかについては、7条を根拠とする7条説と、69条を根拠とする69条説、権力分立に根拠をもとめる制度説が対立しています。これらの説の違いは単に憲法における解散権の根拠の所在だけでなく、どのような条件であれば内閣に解散権の行使が認められるかという点にも違いがあります。

まず7条説は天皇の国事行為が列挙されている7条3号に「衆議院を解散すること」とあって国事行為には内閣の助言と承認を必要とすることから、国事行為に実質的決定権を持つ内閣の自由な解散権が認められるとするものです。対する69条説は、内閣不信任の決議に基づく解散が69条に規定されていることを根拠としています。そのため解散は内閣不信任の決議に基づくものに限定され、内閣に自由な解散権は認められません。そして制度説は天皇の国事行為が形式的儀礼的行為であることから、国事行為に対する内閣の助言と承認に解散の決定権は含まれないとしています。ただし日本国憲法が権力分立制度にもとづく議院内閣制を採用している以上、内閣には自由な解散権が認められるとするものです。

現在では、慣行的に衆議院の解散が７条の天皇の国事行為であるとすることを根拠として、国事行為に助言と承認を行う内閣に実質的な解散権があると解されています。

第16章

裁判所

《本章のキーワード》

- □ 司法権
- □ 法律上の訴訟
- □ 終局性
- □ 事件性
- □ 司法権の限界
- □ 最高裁判所
- □ 下級裁判所
- □ 司法権の独立
- □ 三審制
- □ 公開の法廷

1 司法権の範囲と限界

► (1) 司法権とは

日本国憲法は、司法権について「すべて司法権は、最高裁判所及び法律の定めるところにより設置する下級裁判所に属する」(76条) と定めています。司法権は法律上の紛争（争訟）を解決するために行使されます。そのためには、裁判所は中立・公平でなければならず、それを維持するために独立した立場が認められています（**司法権の独立**）。また密室でコソコソと裁判すると中立・公平を維持できないため、裁判は国民の目の前で行なわれるよう公開を原則としています（憲法82条1項)。

明治憲法においても司法の章が設けられ「司法権ハ天皇ノ名ニ於テ法律ニ依リ裁判所之ヲ行フ」(57条) と定められていました。明治憲法下では、統治権の総攬者である天皇に全ての権力が由来するため「天皇ノ名」で裁判が行われることになっていました。現在の憲法は、権力は全て国民に由来し、三権分立により、司法権は裁判所に帰属するとしています（憲法76条）。

司法権の内容については日本国憲法では明文の規定がなく、通説は「司法とは、具体的な争訟について、法を適用し、宣言することによって、これを裁定する」作用であるとしています。ところが、司法権の内容は各国の歴史的経緯や裁判所の制度によって異なるため、必ずしもこの定義がどの国でも当てはまるものではありません。

では、諸外国では、司法権と裁判制度はどのように違っているのでしょうか。ドイツやフランスなどのヨーロッパ大陸の諸国は、司法権が扱う裁判は民事・刑事裁判のことをいい、行政に関する裁判は含まないとされています。行政裁判については、裁判所（司法裁判所）から独立した機関（例えば行政裁判所など）が行い、司法権に含まれないとされています。他方で、イギリスやアメリカでは、司法権は民事・刑事・行政の全てを対象とし、いずれも通常の裁判所で行われます。日本では、現在の憲法がアメリカの強い影響を受け、裁判所が担う司法権の対象は、民事・刑事・行政の全てとなっています。そして、司法権に属さない特別裁判所の設置は禁止されています（憲法76条２項）。

▶（2）司法権の範囲

司法権の範囲は、「具体的な争訟」に対して法律を適用し、裁定することとされているため、具体的な法律上の争い（争訟・事件）に限られます。では、具体的争訟とは何かというと、具体的な事実を認定して、その事実に法を当てはめ（適用）て、紛争の解決を図ることです。つまり、何らかの具体的な法律上のトラブルがあり、そのトラブルが、裁判所が法律を使って解決できるものが裁判の対象となります。抽象的な法律の解釈をめぐる争いなどは裁判の対象とはなりません。また、法律を適用しても最終的に解決できない宗教上の教義についての争いなども裁判の対象にはなりません。裁判所法３条では「裁判所は、日本国憲法に特別の定のある場合を除いて一切の法律上の争訟を裁判し、その他法律において特に定める権限を有する（下線引用者）」と定められています。ここにいう「法律上の争訟」

が、具体的な争訟と同じです。

最高裁判所は判例で法律上の争訟とは、①当事者間の具体的な権利義務ないし法律関係の存否に関する紛争であって、かつ②それが法律の適用によつて終局的に解決し得べきものであることを要する（最判昭27・11・17行集4巻11号2760頁）と判示しています。①を事件性、②を終局性といいます。これは司法権の定義にいう具体的争訟の意味とほぼ同じものです。

裁判所は、①と②の要件を満たしていない訴えについては裁判できないとしています。かつて、警察予備隊（自衛隊の前身）の存在そのものが憲法9条に違反するとして訴えた事件（**「警察予備隊違憲訴訟」**最大判昭27・10・8民集第6巻9号783頁）で、最高裁は「特定の者の具体的な法律関係につき紛争の存する場合においてのみ裁判所にその判断を求めることができる」とし、①の事件性が必要であることを明らかにしています。この事件では、具体的な法律関係の紛争（事件）が発生しているわけではないのに、将来を予想して警察予備隊が憲法に違反するかしないかの判断を求めたもので、裁判所はそのような判断を下す権限はないとしたものです。

②の終局性については、宗教団体の元信者が宗教団体に対して寄附金の返還を求めた事件（**「板まんだら事件」**最判昭56・4・7民集35巻3号443頁）で、裁判の対象となるのは「当事者間の具体的な権利義務ないし法律関係の存否に関する紛争であつて、かつ、それが法令の適用により終局的に解決することができるものに限られる」と判示しました。寄付金の返還を求める裁判でも、その前提に宗教上の教義や価値の判断があるため、これに触れずに寄付金の返還を判断することが難しいというのがその理由です。この点で「法令の適用により解決するのに適しないもの」であり、「裁判所の審判の対象となりえない」としたものです。この裁判は②の終局性がないため裁判の対象とならないとしたものです。

つまり、事件性と終局性というこの2つの要件を満たさないかぎり、裁判所の裁判の対象とはならないと言うことです。

▶ （3）司法権の限界

法律上の争訟の要件である①や②を満たしているにも関わらず、その事件の内容に応じて裁判所が判断をしないとする事柄があります。これを司法権の限界と呼んでいます。この限界には、憲法が明文で認めたもの、憲法上に明文はないが解釈によって導かれるもの、および国際法によるものがあります。

憲法が明文で司法権の限界を定めているのが、議員の資格争訟の裁判（55条）と裁判官の弾劾裁判（64条）です。前者はその国会議員が所属する議院の権限として認められ、後者は罷免の訴追を受けた裁判官を裁判する場合に国会議員で構成される裁判官弾劾裁判所の権限として認められています。解釈上の限界として議院の自律権、部分社会論、自由裁量行為、統治行為などがあげられます。

(a) 議院の自律権

議院の自律権とは、議院（衆議院・参議院）内部の事項については議院独自に判断すべきとするもので、国会の各議院の自主性が尊重されています。例えば、各議院に属する国会議員に対する登院停止などの懲罰や会議をどのように進めるかなどの議事手続はそれぞれの議院の判断が最終的なものになります（58条２項）。これらの院内の内部事項には裁判所の審査が及ばず、司法権の限界とされています。最高裁も警察法改正無効事件で、警察法は「両院において議決を経たものとされ適法な手続によって公布されている以上、裁判所は両院の自主性を尊重すべく同法制定の議事手続に関する所論のような事実を審理してその有効無効を判断すべきでない」（最大判昭37・3・7民集16巻3号445頁）と判示しています。

(b) 部分社会

国会や裁判所のように憲法で認められた自律権があるわけではありませんが、同じように自律が尊重される組織があります。例えば、地方議会、会社、大学、政党などの組織（部分社会）は内部事項については独自に判断することができます。この判断について、司法権が及ばない範囲があると理解されています。このような考え方を部分社会論といいます。

①地方議会

地方議会については、地方議員に対する懲罰決議（出席停止）はその議院の独自の内部規則に基づいて行われるものであり、最高裁は「内部規律の問題」として、司法権の範囲ではないとしています。ただし、地方議員の身分を喪失する除名処分については「議員の身分喪失に関する重大事項で、単なる内部規律の問題に止らない」(最大判昭35・10・19民集14巻12号2633頁）場合に当たるとして、司法審査の対象となるとしました。

②大学

大学については、学則（内部規則）に基づく単位認定行為は純然たる大学内部の問題であるとして司法の審査にはなじまないとした（最判昭52・3・15民集31巻2号234頁)。ただし学生の身分に関わる退学処分などについては「一般市民法秩序と直接の関係を有するもの」となり、司法権の対象となるとされます。

③政党

政党に関しては、政党内部の規則に基づく所属議員への政党からの除名処分が「一般市民秩序と直接関係のない内部的な問題にとどまる限り、裁判所の審査権は及ばない」(最判昭63・12・20集民155号405頁）とされています。ただし、「政党の自律的に定めた規範が公序良俗に反するなどの特段の事情のない限り、…適正な手続に則ってされたか否か」についてのみ、司法審査の対象となるとされています。

(c) 自由裁量行為

政治部門、とりわけ内閣（行政）や国会（立法）といった国家機関はある程度の裁量が認められています。これを自由裁量行為といいます。この自由裁量行為については、原則として司法権が及ばないとされます。憲法や法律は行政に対して一定の自由な判断に委ねています。例えば、内閣総理大臣が誰を国務大臣に任命するのか、経済政策や福祉政策といった分野で、行政機関（各省庁など）に裁量を広く認めています。行政には幅広い活動範囲があり、現場での判断が求められる場合が多くあります。そのため憲法や法律の定めた範囲内で裁量が認められているのです。ただし、裁量の範囲を逸脱したり、濫用が認められる場合は司法権の対象となり、裁判所による裁判が行われます（行政事件訴訟法30条)。

また、最高裁も「何が健康で文化的な最低限度の生活であるかの認定判断は、いちおう、厚生大臣の合目的的な裁量に委されており、…直ちに違法の問題を生ずることはない。ただ、現実の生活条件を無視して著しく低い基準を設定する等憲法および生活保護法の趣旨・目的に反し、法律によつて与えられた裁量権の限界をこえた場合または裁量権を濫用した場合には、違法な行為として司法審査の対象となることをまぬかれない」（朝日訴訟）と同様の判断を示しています。

国会が、いつどのような法律を制定するか（立法行為）は政治的な判断であり、国会の裁量に委ねられています。そのため、国会がどのような法律を制定すべきかについては、原則として司法権が及びません。そもそも政治的な判断は民主主義の観点から、国民の代表機関である国会が行うべきものだからです。ただし、例外として、最高裁は「立法の内容又は立法不作為が国民に憲法上保障されている権利を違法に侵害するものであることが明白な場合や，国民に憲法上保障されている権利行使の機会を確保するために所要の立法措置を執ることが必要不可欠であり，それが明白であるにもかかわらず，国会が正当な理由なく長期にわたってこれを怠る場合」（最大判平17・9・14民集第59巻7号2087頁）などは、裁量の逸脱となり、司法審査の対象となるとしています。

(d) 統治行為

統治行為とは、一般に直接国家の統治の基本に関する高度に政治性を有する行為のことをいいます。このような行為については、本来であれば裁判所による法律上の判断ができるにも関わらず、高度の政治性を有するため、司法権の範囲とならないとされています。そもそも政治性を有する行為は裁判所ではなく、国会や内閣が判断するのが民主主義国家の原則です。そのため、国民が関与することなく選ばれる裁判官がこのような政治的なものに対して判断することはなじまないと考えられるからです。

最高裁は衆議院の解散に関して争われた**苫米地事件**（最大判昭35・6・8民集14巻7号1206頁）で、解散行為は「直接国家統治の基本に関する高度に政治性のある国家行為」であり、「たとえそれが法律上の争訟となり、これに対する有効無効の判断が法律上可能である場合であつても、かかる国家行為は裁判所の審査権の外にある」としています。つまり、衆議院の解散は、裁判所が審査する対象にはならないと言うことです。

他方で、日米安全保障条約に基づく駐留米軍の合憲性が争われた**砂川事件**（最大判昭34・12・16刑集13巻13号3225頁）では、「本件安全保障条約は…わが国の存立の基礎に極めて重大な関係をもつ高度の政治性を有するもの」であり、裁判に「原則としてなじまない性質のもの」とし、「一見極めて明白に違憲無効であると認められない限りは、裁判所の司法審査権の範囲外のもの」と判断されています。ここで条約に関しては、「一見極めて明白に違憲無効であると認められ」る場合は、例外的に裁判所がその有効無効を判断できるとしている点には注意が必要です。

(e) 国際法上の限界

最後に、国際法による限界があります。国家観の合意に基づき締結される条約によって、わが国の司法権が及ばない内容の取極めをすることができます。外交官などに認められる治外法権や日米安全保障条約に基づくアメリカ軍人や軍属に対する日本の裁判制限がこれにあたります。

▶ （4）司法権の帰属

司法権は最高裁判所及び法律の定めるところにより設置する下級裁判所に一元的に帰属します（憲法76条１項)。さらに「特別裁判所は、これを設置することができない」（同条２項前段）とされています。**特別裁判所**とは、通常の裁判所の系列から独立した裁判所で、特定の身分の人などを対象とする裁判所のことです。例えば、大日本帝国憲法下に設置されていた軍人に対する裁判を行う軍法会議、皇族間の民事裁判を担当した皇室裁判所、行政訴訟を扱った行政裁判所がこれにあたります。現在の憲法では、このような特別裁判所の設置は禁止され、全て最高裁判所を頂点とする裁判所によって裁判が行われます。

「行政機関は、終審として裁判を行ふことができない」（憲法76条２項後段）が、前審としてならば行政機関が審判することができます。その審判が通常の裁判所での裁判を受ける道を閉してはならず、必ず裁判所にアクセスできる道を確保する必要があります。行政機関による審判制度として、海難審判所や国税不服審判所などがあります。これらの判断に不服がある場合、裁判所で裁判を受けることができます。

司法権は裁判所に帰属し、その裁判は裁判官によって行われています。しかし、例外として、一定の刑事裁判については一般国民が裁判に加わる裁判員制度が導入されています。本来裁判官が裁判し、判決を下し、事件を解決するものですが、その裁判官の下す判決と一般国民の感覚にズレが生じているといわれるようになり、市民に身近にすべきであるということから一般国民を裁判員として裁判に参加することになりました。対象は一定の刑事裁判の第１審であり、犯罪を行なったとされる人（被告人）が本当に犯罪を行ったかどうか（有罪か無罪）を審理して、犯罪を行ったと認定したらどのような刑罰を与えるか裁判官と一緒に決める制度です。ただし、裁判員制度の対象となる事件は、「死刑又は無期の懲役若しくは禁固に当たる罪に係る事件」（裁判員の参加する刑事裁判に関する法律２条１項１号）と「裁判所法26条２項２号に掲げる事件であって、故意の犯罪行為により被害者を死亡させた罪に係るもの」（同条同項２号）に限られています。

2 司法権の独立

▶（1）司法権の独立について

司法権は具体的な法律上の争訟に法を適用して解決する役割を担うため、裁判所は公平・公正でなければなりません。そのために裁判所は立法権や行政権から干渉を受けないようにその地位が保障されています。これが司法権の独立です。この独立を確保するため、憲法は裁判所が独自の運営ができるように最高裁判所に規則制定権（77条）や下級裁判所の裁判官の指名（80条）を与えています。

また、司法権の独立を確保するためには、裁判官がその職権の執行について他から干渉を受けないこと**（裁判官の独立）**も必要です。そのため、裁判官は「すべて裁判官は、その良心に従ひ独立してその職権を行ひ、この憲法及び法律にのみ拘束される」（76条３項）と規定されています。ここにいう良心とは、裁判官個人としての主観的良心ではなく、裁判官としての良心（客観的良心）とされます。裁判官の職権の行使に対しては、国会や内閣からの干渉を受けず、さらに裁判所組織の内部においても干渉を受けないことを意味します。

裁判官の職権行使に干渉したとされている事例として、裁判長の訴訟指揮のあり方について最高裁判所が通達を出して間接的にこれを批判した事件（吹田祈祷事件）、地方裁判所長が事件担当裁判官に対して書簡を送り判決の方向性について示唆した事件（平賀書簡事件）があります。

明治憲法下では、司法権の独立は明文がなく、その保障は不十分でした。それを示しているのが**大津事件**です。大津事件は司法権の独立を守ったことは確かです。ただ今からみれば、事件を担当する裁判官に対して上司である児島惟謙大審院長が裁判に干渉した点は、裁判官の職権の独立を守ったとはいえないと評価できます。しかし、それでも当時において司法権の独立を守った意義は正当に評価されるべきでしょう。なお、明治憲法では「司法権ハ天皇ノ名ニ依リ裁判所之ヲ行フ」（57条1項）として、裁判所が「天皇ノ名」において司法権を行うとされていたことが、裁判に対する帝国議会や内閣からの干渉を排除する役割を果たしていました。

▶（2）身分保障

裁判官が独立して職務を遂行できるためには、その身分が保障される必要があります。そこで、憲法は「裁判官は、裁判により、心身の故障のために職務を執ることができないと決定された場合を除いては、公の弾劾によらなければ罷免されない。裁判官の懲戒処分は、行政機関がこれを行ふことはできない」（78条）と規定しています。まず、裁判官が罷免されるのは、「心身の故障」または「公の弾劾」の場合だけです。前者は裁判官自身が回復困難な病気などの故障の場合に裁判によって決定され、後者は裁判官の行状や職務上問題がある場合に国会に設置されている弾劾裁判所（64条）で判断されます。さらに、最高裁判所の裁判官については国民審査があり（79条2項3項）、国民によって同裁判官を罷免することもできます。

また憲法78条は行政機関が裁判官の懲戒をすることができないとしています。懲戒とは戒告（厳重注意）などです。行政機関はできないとだけ定められていますが、当然立法機関もできません。ただし、裁判所自身が裁判官に対して懲戒処分をすることについては禁止されていません。

憲法はさらに裁判官の身分保障を確保するため、定年制を採用しています（79条5項、80条1項但書）。最高裁判所裁判官は国民審査を受けるために任期は設けられていませんが、下級裁判所裁判官は10年の任期制があり、再任されることができます（80条1項本文）。また、裁判官の報酬は在任中に減額できないとして（79条6項、80条2項）、経済面からも裁判官の身分保障がなされています。

3 裁判所の組織と運営

(1) 裁判所の種類と各組織と権限

裁判所は最高裁判所と法律で定める下級裁判所からなっています（憲法76条1項）。下級裁判所は、裁判所法によって、高等裁判所、地方裁判所、家庭裁判所、簡易裁判所の4種類とされています（裁判所法2条1項）。最高裁を頂点にして、高裁、地裁、家裁、簡裁の順に上下関係になっています。

(a) 最高裁判所

最高裁は全ての裁判所の頂点となっています。明治憲法下においては、大審院が通常裁判所の頂点とされていましたが、通常裁判所とは別に皇室裁判所や軍法会議といった特別裁判所が設置されていたため、全ての裁判所の頂点というわけではありませんでした。これに対し、日本国憲法で特別裁判所の設置を禁止し（76条2項）、さらに行政が前審として行った審判を含めて全ての裁判が最高裁で最終審理を受けられるようになっています。

最高裁は大法廷と小法廷に分かれており、前者は原則として最高裁判所長官が裁判長となる裁判官全員の合議体です。15人中9人の裁判官が出席すれば裁判ができます。小法廷は3つの小法廷に分かれていて、裁判長は各法廷で決定します。それぞれ5人の裁判官で構成されて、3人以上の出席で審理および裁判ができます（裁判所法9条）。また、受理した事件はその種類に応じて大法廷または小法廷で審理されます。ただし、法律、命令、規則、処分が憲法に適合するかどうかを判断する場合や以前に最高裁が行った法解釈を変更する場合は大法廷で審理しなければなりません（裁判所法10条）。また、最高裁判所裁判官は国民審査に服することになります。

最高裁は「上告」および「訴訟法において特に定める抗告」についての裁判権を有するとされています（裁判所法7条）。そして、最高裁は、これらの最終的な判断を下す終審裁判所となります。最高裁への上告ができる場合は、大きく分けて、「憲法違反」と「判例違反」です（民事訴訟法312条、刑事訴訟法405条）。最高裁の役割は、違憲の疑いのある法令などについては最終的な憲法判断を下し、さらに当該事件における法令解釈の統一を図ることにあります。憲法81条で「最高裁判所は、一切の法律、命令、規則又は処分が憲法に適合するかしないかを決定する権限を有する終審裁判所である」として、最高裁に違憲審査の終審としての地位が与えられているのはこのためです。

さらに最高裁は、司法権の頂点に位置する裁判所として、司法権の独立を確保するために規則制定権を有します（77条１項）。ただし、規則と法律の規制領域の関係について、問題があります。判例では、憲法77条に列挙された事項に関しては法律で定めることもできるとしています（最大決昭25・6・24裁時61号6頁）。

(b) 高等裁判所

高等裁判所は下級裁判所の中で最上位にあり、８カ所（札幌・仙台・東京・名古屋・大阪・広島・高松・福岡）に置かれています。各高裁は、長官および相応する員数の判事で構成されています。事件の審判は、原則として３人の裁判官からなる合議体で行うが、内乱罪のような特別な刑事事件などは５人の合議体で行います。また平成17年に特許権等の知的財産権に関する紛争を専門的に扱うため、高等裁判所の特別支部として、知的財産高等裁判所が設立されました。

(c) 地方裁判所

地方裁判所は、高等裁判所の下位に位置する下級裁判所であり、各都府県に１カ所と北海道に４カ所設置されています。各地裁は、相応な員数の判事および判事補から構成されます。原則として、第一審として裁判を行いますが、簡易裁判所の判決に対する控訴、同裁判所の決定や命令に対する抗告を扱うことがあります。裁判は通常は１人の裁判官で行いますが、重罪事件等の特定の事件や簡易裁判所の判決に対する控訴事件の場合は、３人の裁判官（そのうち１人を裁判長とする）の合議体で裁判を行います（裁判所法26条）。

(d) 家庭裁判所

家庭裁判所は、地方裁判所と同格の下級裁判所であり、その所在地や管轄地域も地方裁判所と同じです。また取り扱う事件は、家庭事件の審判・調停、少年の保護事件の審判、特定の少年に関する刑事事件です（裁判所法31条の2）。さらに、少年法37条1項に掲げる少年を害する成人の刑事事件を専門に扱います。各家庭裁判所は、原則として1人の裁判官により裁判を行いますが、法律で特別の定めがあるときは3人の裁判官の合議体で行います。

(e) 簡易裁判所

簡易裁判所は、軽い事件を扱う下級裁判所です。国民に身近な裁判を扱う簡易裁判所は、利用しやすいようにという趣旨から、全国各地（438カ所）に設けられています。民事事件では訴額が140万円以下の請求、刑事事件では罰金刑以下の刑罰の場合などは、簡易裁判所が第一審となり（裁判所法33条1項2項）、1人の裁判官が常に事件を扱います（同35条）。簡易裁判所が、事件の審理に当たり、禁錮以上の刑を科することが相当と認めたときは、事件を地方裁判所に移送しなければなりません（同33条3項）。また民事事件の場合、他の下級裁判所と違い、原告が口頭で訴えを提起することができます（民訴法271条）。

▶（2）裁判所の運営

裁判所が行う裁判の公正・公平を確保するために、裁判の対審及び判決は公開の法廷で行うとされています（憲法82条1項）。対審とは、裁判官の目の前で当事者双方が口頭でそれぞれの主張をすることをいいます。しかし、いくら目の前でも誰も見ていない密室のような場所でやっては公正・公平が保てません。そのために裁判は公開の場（法廷）で行い、誰でもその法廷で裁判を傍聴することができるとされています（傍聴の自由）。しかし、傍聴席には限りがあり、さらに法廷の秩序を維持するために一定の制約を加えることができます。例えば、裁判をメモすることは許されます（最判平元・3・8民集43巻2号89頁）が、録画・撮影する事は禁止されています。

我が国では三審制を採用し、原則として1つの事件について裁判を3回受けることができます。法的なトラブル（事件）に対する判決に当事者の一方が不服の場合、上位の裁判所に上訴でき、改めて判断をしてもらうことができます。刑事裁判では、比較的軽い犯罪（罰金刑以下）については簡裁が第１審になり、それ以外については地裁が第１審となります。民事裁判では、訴額が140万円未満の場合は簡裁が第１審、それ以上の額の場合は地裁となります。

上訴にも違いがあり、第１審から第２審を控訴（民事訴訟法281条、刑事訴訟法372条）、第２審から第３審を上告（民訴法312条、刑訴法405条）といいます。さらに家庭事件や少年事件の場合は家裁が第１審となり、不服の場合は高裁に抗告し、それでも不服の場合は最高裁に特別抗告や許可抗告などを行います。

第17章

財政

《本章のキーワード》

- □ 財政民主主義
- □ 租税法律主義
- □ 債務負担行為
- □ 予算
- □ 予算単年度主義
- □ 予算法形式説
- □ 決算
- □ 会計検査院
- □ 公金支出の禁止

1　財政民主主義

►（1）代表なくして課税なし

いかなる国家も活動を行うには財源が必要ですが、それは国民に対する課税として賄われます。この課税に対する国民の抵抗・承認を契機として、立憲政治・議会政治が発展してきました。例えば、イギリスにおける1215年のマグナ・カルタ12条には、国王の賦課に対して王国の一般評議会による同意が必要とされるとの規定が認められ、課税には課税される側の同意が必要であるとの考え方は、その後の権利請願（1628年）や権利章典（1689年）にも引き継がれていきました。

また、アメリカ独立革命期には**「代表なくして課税なし」**が謳われ、1789年のフランス人権宣言14条にも「すべての市民は、みずから、またはその代表者によって、公の租税の必要性を確認し、それを自由に承認」

するというように、課税には被課税者側の承認・同意が必要であることが明記されています。日本国憲法もこの理念を引き継いでおり、国民代表による財政統制という考え方が規定されています。

►（2）国会による財政統制（83条）

憲法83条は、「国の財政を処理する権限は、国会の議決に基いて、これを行使しなければならない」と規定しており、国の財政処理が「国会の議決」による統制に服するという基本原則を定めています。国の財政処理を国民代表機関である国会の統制に服させるこの原則は、財政立憲主義、財政国会中心主義、財政議会主義もしくは財政民主主義などといわれます。財政を処理する権限の行使は「国会の議決」に基づかなければならないとするのは、国の財政処理を国会の徹底した関与・統制の下に置くことによって、国民代表機関である国会を通じて国民の統制を及ぼそうとするためです。これは、大日本帝国憲法下において、議会による財政統制に対して多くの制約が課されていたことに鑑み、そのような制限を排除しようとした結果です。

►（3）財政の意義

ところで、「財政」とは、国または地方公共団体がその存立を維持し、その目的を達成し任務を遂行するために必要な財力を調達・管理・使用する作用をいいます。このうち、収入・支出といった形式的経理の手続に関するものが「会計」と呼ばれ、租税の賦課・徴収、専売権の行使といった国家及び国民経済の実体に関わる部分が狭義の「財政」と呼ばれますが、この両者を含めて「財政」と考えて差し支えないでしょう。

「財政を処理する権限」は広範囲に及び、租税の賦課徴収など財力を取得するために国民に対して命令し強制力を行使する作用である財政権力作用と、国費の支出や国有財産の管理など、財力を管理し会計を経理する作用である財政管理作用に区分されますが、これらがすべて国会の監督に服することになります。「国会の議決」について、憲法は具体的な形式や手続を特定していませんが、税法の議決のように一般的・抽象的な基準が定められるものと、国庫債務負担行為のように個別的・具体的な内容を持つものの両者が含まれると解されています。

なお、憲法83条は、国の財政作用について規定するものであり、地方公共団体の地方財政は含まれませんが、その趣旨は地方財政にも及ぶものと解されています。

2 租税法律主義

(1) 租税法律主義の意義（84条）

憲法84条は、「あらたに租税を課し、又は現行の租税を変更するには、法律又は法律の定める条件によることを必要とする」と規定し、国民に対して直接負担を強いる租税の賦課や現行租税の変更は、法律の形式によって国会の議決を必要とするという租税法律主義を宣言し、83条の財政民主主義を租税の賦課徴収に関して具体化したものです。この租税法律主義は、「国民は、法律の定めるところにより、納税の義務を負ふ」と定める憲法30条において国民の義務の面からも規定されていますが、それは、法律の定めがなければ納税の義務を負わないことを意味します。また、30条と84条において同じことを宣言するのは、「代表無くして課税なし」という近代憲法の政治原理に基づくものです。

租税法律主義は、まず、課税要件と租税の賦課・徴収手続が法律または法律の委任を受けた法令によって定められるべきことを要請します（課税要件法定主義）。そして、この要請を具体化するために、①租税の種類や根拠のような基本的事項だけではなく、納税義務者、課税物権、課税標準、税率などの課税要件や租税の賦課・徴収手続が一義的で明確な定めであることが必要とされる（課税要件明確主義）ほか、②公布日以前にさかのぼって、課税立法を適用してはならないとともに、課税内容が非課税者の不利益になるような変更を行う立法はなされてはならないこと（課税の不遡及）や、③課税に関する事項の命令への委任は包括的・概括的なものではなく個別的・具体的であること（概括的委任の禁止）などが求められます。

▶（2）租税の意義

ここにいう「租税」とは、「国または地方公共団体が、その統治権に基づいて、その使用する経費に充当するために強制的に徴収する金銭給付」のことです。最高裁も、旭川市国民健康保険条例事件（最大判平18・3・1民集60巻2号587頁）において、「国又は地方公共団体が、課税権に基づき、その経費に充てるための資金を調達する目的をもって、特別の給付に対する反対給付としてでなく、一定の要件に該当するすべての者に対して課する金銭給付」であるとしています。

ここで問題となるのが、強制的に徴収されるものでありながら「特別の給付に対する反対給付」としての性格を有する金銭である負担金（道路負担金など）、手数料（免許手数料など）、国の独占事業の料金（郵政民営化以前の郵便料金など）などが、「租税」に含まれるか否かということです。つまり、財政法3条は、「租税を除く外、国が国権に基いて収納する課徴金及び法律上又は事実上国の独占に属する事業における専売価格若しくは事業料金については、すべて法律又は国会の議決に基いて定めなければならない」としていますが、この規定が、憲法83条および84条の内容を明らかにしたものなのかが問題となります。

学説は３つに分かれており、①財政法３条は憲法とは関係なく、立法上の要請によって設けられたとするものであり、上記の負担金、手数料、国の独占事業料金は「租税」には含まれないとする説（立法政策説）、②財政法３条は憲法84条の租税法律主義ではなく、憲法83条の財政民主主義に基づいて制定されたものであり、負担金、手数料、国の独占事業料金は「租税」には含まれないが、83条に基づく国会の議決を必要とすると考える説（憲法83条説）、③財政法３条は憲法84条の租税法律主義の要請するところであり、負担金、手数料、国の独占事業料金も「租税」には含まれるとする説（憲法84条説）があります。現在のところ、憲法84条説が多数説のようです。

ところで、課税は「法律又は法律の定める条件」によらなければなりませんが、一般国民には効力が及ばない行政内部の法規である通達の解釈変更により、それまで非課税であった物権が課税対象となった事件がありました。この事件で、最高裁は、「課税がたまたま所論通達を機縁として行われたものであっても、通達の内容が法の正しい解釈に合致するものである以上、本件課税処分は法の根拠に基く処分と解するに妨げがな」く、憲法違反にはならないと判断しました（パチンコ球遊器通達課税事件・最判昭33・3・28民集12巻4号624頁)。

なお、他にも、「関税」について、その特性上および条約の形式的効力という点から、租税法律主義の例外として許容されると解されています。また、「租税」に関する定めを地方公共団体の条例に委任することも許されると考えられています。

3 国費の支出と債務負担行為

憲法85条は、「国費を支出し、又は国が債務を負担するには、国会の議決に基くことを必要とする」と規定していますが、これは憲法83条の財政民主主義の原則を支出面で具体化したものであり、支出の面においても国会の議決によるべきことを定めたものです。

▶ (1) 国費の支出

「国費の支出」とは、「国の各般の需要を充たすための現金の支払」（財政法２条１項）を意味し、支払原因がいかなるもの（法令の規定に基づくもの、私法上の契約に基づくもの、それ以外のもの）であれ、いずれも国費の支出とされます。国費の支出には、支出に先だって、支出を必要とする行為をなす権能または義務が政府に存在しなければなりませんが、これらは法律により定められます。憲法はそれに加えて、政府の権能または義務に伴う支出について、さらに国会の議決による承認を要求しています。国費の支出に関する国会の議決は、法律の形式ではなく、予算という形式でなされます。

▶ (2) 債務負担行為

「国が債務を負担する」とは、財政上の必要から各種経費を調達するために国が債務を負うことを意味します。憲法は、国費の支出と同様、国が債務を負担するにあたっては国会の議決に基づくことを要求していますが、これも、国の財政に対する国会による統制の表れのひとつです。すなわち、国費の支出と同様に、国の債務負担もまた、将来的には国民の負担となるものであることから、その統制をはかるべく、国会の議決を要するとしているのです。

ただ、国の債務負担行為に対する国会の議決形式について憲法は明示しておらず、その定めは財政法でなされ、その形式として、法律と予算の二つの方式が認められています。第一の法律の形式による債務負担行為とは、財政上の目的のために国が負担する債務（財政公債）のことであり、償還期限が次年度以降にわたるもの（固定公債、長期公債といわれるもの）です。

第二の予算の形式によるものには２種類あり、ひとつは、歳出予算内の債務負担であり、財務省証券や一時借入金のように、当該年度内に債務の返済がなされるもの（流動公債、短期公債といわれるもの）です。これは、歳出予算として国会の議決を経ていれば、歳出予算内で処理される限り、国会によるさらなる特別の決議は必要とはされません。もうひとつは、法律によるものでもなく、歳出予算内のもの以外（つまり、次年度以降に継続するものであるが継続費の範囲に属しないもの）の債務負担行為であり、財政法は、これのみを「国庫債務負担行為」としています。

4　予算

▶（1）予算の意義

予算という形式で、毎年、国の歳入（収入）・歳出（支出）が議会に提出され、審議・議決されるのは近代国家における基本原則ですが、日本国憲法もまた、その86条において「内閣は、毎会計年度の予算を作成し、国会に提出して、その審議を受け議決を経なければならない」と規定しています。

「予算」とは、一会計年度における国の歳入歳出の見積もりを内容とする国の財政行為の準則ですが、国の歳入歳出はすべて予算に編入しなければならないとされています（財政法14条、総計予算主義）。「予算」は内閣が作成し、国会に提出して審議・議決を経なければなりませんが、その際、衆議院に先に提出しなければならず、議決の効力においても衆議院の優越が認められています（60条）。ここでいう「会計年度」とは、歳入（収入）・歳出（支出）を区分してその対応関係を明示するために設けられた期間のことで、通例は１年です。「会計年度」は、毎年４月１日に始まり、翌年３月31日に終わります（財政法11条）。内閣が「毎会計年度」予算を作成し、国会の議決を経なければならないことを**予算単年度主義**といい、一会計年度の歳出（支出）は、当該会計年度の歳入（収入）によってまかなわれなければならないことを会計年度独立の原則といいます（財政法12条）。

▶（2）予算の内容

予算の内容については財政法が規定しており、それによれば、①予算総則、②歳入歳出予算、③継続費、④繰越明許費および⑤国庫債務負担行為の５つの部分からなっています（財政法16条）。

①予算総則とは、歳入歳出予算、継続費、繰越明許費及び国庫債務負担行為に関する総括的規定のほか、公債・借入金の限度額など財政法22条に定める諸事項およびそれらの上限額などを定めるものです。

②歳入歳出予算とは、当該会計年度の歳入・歳出を計数で示したものをいいます。質量ともに予算の中心となるのがこの歳入歳出予算であり、関係部局なども多岐にわたるため、財政法は予算に詳細な区分を設けて、それぞれに国会の議決を必要としています。

③継続費とは、総額および年割額を定めて数年度（原則として５年以内）にわたる支出が国会の１回の議決で認められる経費で、計数で示されたものです。工事、製造その他の事業で、その完成に数年度を要するものについて、特に必要がある場合に、数年度にわたっての支出が認められます（財政法14条の２）。

④繰越明許費とは、歳出予算のうち、翌年度に繰り越して使用することが認められる経費をいいます。すなわち、歳出予算の経費のうち、その性

質上あるいは予算成立後の事由に基づいて年度内に支出を終わらない見込みのあるものについて、翌年度に繰り越して使用することがあらかじめ認められた経費のことです（財政法14条の3）。

④国庫債務負担行為とは、「法律に基くもの又は歳出予算の金額若しくは継続費の総額の範囲内におけるものの外、国が債務を負担する行為」（財政法15条）のことであり、次年度以降に支出が義務付けられますが、当該年度はその債務負担だけなされれば足りるものです。

以上のうち、継続費、繰越明許費の両者は会計年度独立の原則の例外となります。

（3）予算の種類

予算の種類としては、①本予算、②補正予算（追加予算・修正予算）と③暫定予算があります。

①本予算とは、一会計年度の年間予算として当初に成立した予算のことで、当初予算とも呼ばれます。財務大臣が予算案を作成し閣議の決定の後、内閣として国会（常会・通常国会）に提出し、国会の承認を受けて成立します。

②補正予算は、予算成立後の事態に対応するために予算に追加・修正を加えるものです。そのうち、追加予算とは、法律上もしくは契約上国の義務に属する経費の不足を補う以外に、予算作成後に生じた事由に基づいて特に緊要となった経費の支出または債務の負担を行うためになされる予算の追加をいいます。また、修正予算は、予算作成後に生じた事由に基づき、追加以外の変更を予算に加えるものをいいます（財政法29条）。補正予算は、本予算と一体のものとして執行されます。

③暫定予算は、新年度の開始前までに本予算が成立しない場合に、本予算成立までの事態に対応するため、内閣が作成する一会計年度のうちの一定期間に関わる予算です（財政法30条）。暫定予算は本予算成立までの間の「つなぎ」であるため、義務的な経費のみが計上され、本予算が成立したときは失効します。なお、国会審議の紛糾などで新年度までに本予算が成立せず、暫定予算の成立も間に合わない場合にはいわゆる「予算の空白」が生じることになります。実際にこれまで17回発生しまし

たが、1991（平成３）年の与野党合意を受けて以降、空白は生じていません。

►（4）予算の法的性格

予算の法的性格については、大日本帝国憲法時代から種々の議論がなされてきています。学説史的に見るならば、当初、予算は天皇が議会の協賛を得て、国の歳入・歳出について行政庁に与える訓令であるとする訓令説にはじまり、その後、財政処理の権能は本来的に行政であるとの理解を前提に、予算は議会が政府の財政計画を承認する意思表示であるとする予算承認説（予算行政説）が展開されました。日本国憲法の下でも、学説上争いがありますが、それは以下に大別することができます。

第一は、予算を独自の法規範と捉える立場、すなわち、予算を法律ではないが、法律とならぶ法的性格を持った国法の独自の一形式であるとみる予算法形式説（予算国法形式説、予算法規範説）で、現在の多数説です。第二に、予算法規範説に対して、少数ながらも有力に唱えられている、予算を法律それ自体であるとする予算法律説があります。

①予算法形式説

予算法形式説によれば、①予算は政府を拘束するだけで、一般国民を直接拘束する効力を有しないこと、②予算の効力が一会計年度に限られており永続性を持たないこと、③内容的には計算だけの計数を扱っていること、④内閣に提出権があること、⑤衆議院に先議権が認められていること、⑥衆議院の再議決が認められていないこと、⑦予算が公布規定を持たないことなどを理由として、予算を、法律と異なる特殊な国法の形式であると考えます。

②予算法律説

予算法律説は、①法律にも行政組織法のように国家機関だけを拘束するものがあること、②法律にも一定期間のみ効力を有する時限立法があること、③諸外国にも予算を法律として扱っている国々があること、④予算法形式説によれば、予算と法律の不一致を生ずる可能性があるが、予算法律説では、予算を法律と捉えることにより予算と法律の不一致という矛盾を生じさせることがないことなどをあげて、予算を法律と考えることに問題はないと主張します。

③予算と法律の不一致

予算と法律の不一致とは、予算は成立したが、その支出を命じ認める支出根拠となる法律（権限法）が制定されなかった場合と、法律は制定されたが、それを執行するための予算がつかない場合の二つがあります。不一致が生じる原因は、①予算と法律の法形式および議決手続が異なること、②両者の議決時期が異なる可能性があること、③国会による予算修正もありうること、④内閣だけでなく議員にも法案の提出権が認められていることなど、さまざまです。不一致の解消には、現実には、内閣が必要な法案を提出して国会の議決を求める、国会が法律を修正する、内閣が補正予算を提出して国会の議決を求める、内閣が予備費を支出するなどといった対応が考えられます。

►（5）予算修正を巡る問題

予算の修正には、原案にあるものを排除削減する減額修正と、原案に存在しない新たな款項を加えたり原案の款項の金額を増額する増額修正があります。83条の趣旨からして、当然、国会は予算を減額することも増額することも認められます。ここで問題となるのは、国会が有する修正の程度または範囲がどこまで認められるか、すなわち、国会の修正に限界があるか否かということです。この点については、大きく以下の３つの立場があります。

第一は、国会は、予算に対する減額修正・増額修正のいずれについても、限界なく自由に行うことができると考える説、第二は、国会は、減額修正については自由に行うことが可能であるが、増額修正については新規支出の追加はできないという意味で限界があるとする説、第三は、国会は、政府提出の予算との「同一性」を損なうことはできないという意味で、減額修正も増額修正も限界があるとする説です。このうち、第一の考え方が多数説であり、第二の考え方が政府の見解であるといわれています。

(6) 予備費制度

憲法87条1項は、「予見し難い予算の不足に充てるため、国会の議決に基いて予備費を設け、内閣の責任でこれを支出することができる」と定めています。予算は予測に基づいた歳出の見積もりであるため、予測しがたい事情の発生により予算に不足をきたす場合がありえます。そのような場合としては、支出すべき金額が予算に計上された金額を超過する場合や予算の費目に含まれていない新たな支出が必要になった場合などがありますが、それらの事態に応じるために、予備費という制度を設けています。

予備費は、歳入歳出の一部として議決されますが、予備費を設ける国会の議決は、一定の金額を予備費として計上することの承認であり、予備費を支出することの承認ではありません。予備費は財務大臣が管理しますが、「内閣の責任で」支出します。ただし、内閣は無制限に予備費を支出できるわけではなく、国会によって削除・減額された費目についての支出は認められず、国会開会中の支出も、補正予算の議決を求めることが可能である以上、認められないと解されています。

ところで、憲法87条2項は「すべて予備費の支出については、内閣は、事後に国会の承諾を得なければならない」と規定しており、内閣による予備費の支出については、事後の国会の承諾が不可欠となります。しかし、事後に国会の承諾が得られなかった場合においても、すでになされた支出行為の法的効力には影響は及ばず、内閣の政治責任が発生するだけです。

5 決算

憲法90条1項は、「国の収入支出の決算は、すべて毎年会計検査院がこれを検査し、内閣は、次の年度に、その検査報告とともに、これを国会に提出しなければならない」と規定しています。ここでいう「決算」とは、会計期間の経過後、一会計年度における国の現実の収入支出という財務実績を総合的に表示した確定的計数であり、国会が議決した予算執行の実績を示すものです。決算は予算と異なり、法規範性を持ちません。

決算は財務大臣が作成し、閣議の決定によって成立しますが、会計検査院の検査を経たのち、さらに国会が審査し議決します（財政法39・40条）。また、同条２項の「会計検査院の組織及び権限は、法律でこれを定める」という規定に基づいて会計検査院法が定められています。会計検査院は、３人の検査官で構成される検査官会議と事務総局をもって組織され、内閣に対して独立の地位を有しています。検査官は、両議院の同意を経て、内閣が任命しますが、手厚い身分保障がなされています。

なお、憲法91条では、「内閣は、国会及び国民に対し、定期に、少くとも毎年一回、国の財政状況について報告しなければならない」として、内閣に対して国会および国民に向けて財政状況の報告を義務付ける財政状況公開の原則を定めています。

6　公金支出の禁止

国会の議決があればいかなる国費の支出も認められるわけではなく、国や地方公共団体が所有する「公金その他の公の財産」は国民の負担と密接に関わるものであるゆえに、憲法が認めていないことについては国費の支出は許されません。その観点から、憲法89条は、「公金その他の公の財産は、宗教上の組織若しくは団体の使用、便益若しくは維持のため、又は公の支配に属しない慈善、教育若しくは博愛の事業に対し、これを支出し、又はその利用に供してはならない」と規定しています。ここにいう「公金その他の公の財産」とは、国や地方公共団体に直接的・間接的に帰属する財産のことを意味し、公社・公庫・公団などの財産も含まれます。

▶（１）政教分離原則の財政的保障

憲法89条前段は、政教分離原則を財政面から裏付けることによって信教の自由を確保しようとする規定です。

「宗教上の組織若しくは団体」について、最高裁は、**箕面忠魂碑訴訟**（みのおちゅうこんひ）（最判平5・2・16民集47巻３号1687頁）において、「宗教と何らかのかかわり合いのある行為を行っている組織ないし団体のすべてを意味するものではなく、……特定の宗教の信仰、礼拝又は普及等の宗教的活動を行うことを本来の目的とする組織ないし団体を指す」としています。

「公金その他の公の財産は、宗教上の組織若しくは団体の使用、便益若しくは維持のため、……これを支出し、又はその利用に供してはならない」とはあっても、現実には、公金が支出され、または公の財産がその利用に供されているようにみられる事例がありますが、そのすべてが違憲というわけではありません。例えば、①特定宗教と関係のある私立学校に対する助成、②文化財保護のために寺社仏閣に対して維持・保存・修理のためになされる補助金支出、③刑務所における教誨などは憲法違反ではないとされています（**津地鎮祭訴訟**・最大判昭52・7・13民集31巻4号533頁）。

また、宗教法人に対する免税措置も認められているほか、「社寺等に無償で貸し付けてある国有財産の処分に関する法律」（昭和22年法律53号）についても、最高裁は、「明治初年に寺院等から無償で取上げて国有とした財産を、その寺院等に返還する処置を講じたものであって、かかる沿革上の理由に基く国有財産関係の整理は、憲法89条の趣旨に反するものとはいえない」としています（**国有境内地処分法事件**・最大判昭33・12・24民集12巻16号3352頁）。

►（2）慈善・教育・博愛事業への公の財産の支出・利用の禁止

憲法89条後段は、「公の支配に属しない慈善、教育若しくは博愛の事業」に対する国の財政的援助を禁止していますが、その趣旨は明らかではありません。この禁止の趣旨を巡っては、学説上争いがあります。

第一は、私的に行われるべき慈善・教育事業の自主性を確保するために、公権力による介入を排除し事業の自主性を確保することに根拠を求める自主性確保説、第二は、私的な慈善・教育事業の援助という美名のもとで包括的な支出がなされ、公費が濫用されるのを防ごうとするものと考える公費濫用防止説、第三は、89条後段を前段と統一的に理解し、政教分離原則を補完するもの、あるいは、慈善・教育事業と結びついている特定の信条と国家との分離をはかろうとするものと捉える中立性確保説、その他、自主性確保と公費濫用防止や公費濫用防止と中立性確保といった、複数の理由づけを並列してあげる見解もあります。

ここで特に問題となるのは、私立学校への公費助成（私学助成）ですが、現在では違憲論は少なくなっていますが、依然として憲法上問題がないわけではありません。

第18章

地方自治

《本章のキーワード》

- □ 地方自治の本旨
- □ 団体自治
- □ 住民自治
- □ 制度的保障説
- □ 普通地方公共団体
- □ 特別地方公共団体
- □ 補完性の原理
- □ 二元代表制
- □ 条例制定権
- □ 直接請求制度

1 地方自治の本旨

►（1）「地方自治の本旨」の意義

憲法92条は、「地方公共団体の組織及び運営に関する事項は、地方公共団体の本旨に基いて、法律でこれを定める」とし、地方自治の核心が地方自治の本旨にあることを定めています。本旨とは、「あるべき姿」や「本来のあり方」を意味するが、憲法や地方自治法は、地方自治の本旨が何であるのかを明らかにしていません。それゆえ、この文言の解釈が問題となるが、通説では、地方自治の本旨は、自由主義を基調とする団体自治と民主主義を基調とする住民自治の要素をあわせもったものとして説明されます。

▶（2）団体自治

団体自治とは、国と地方公共団体の関係に重点を置く考え方であり、地方公共団体が固有の事務を自らの機関において処理することを意味します。国の権力を抑制するために、地方に権力を分散させるものといえるが、憲法94条の「その財産を管理し、事務を処理し、及び行政を執行する権能を有し、法律の範囲内で条例を制定することができる」という規定がこれにあたります。

▶（3）住民自治

住民自治とは、地方公共団体と住民の関係を自治の観点からとらえる考え方であり、地域の政治や行政を住民の意思に基づいて処理することを意味します。住民自らが政治の方針を決定するので、政治的自治ともいわれています。住民自治の側面は、憲法93条2項で地方公共団体の長、議会の議員の直接選挙について、95条で地方自治特別法に関する住民投票について定められています。

団体自治と住民自治は、性格の違いはあるものの、両者が補い合って、地方自治を実現するものとして説明されます。自治を実現するためには、国から独立した地方公共団体の存在が必要であるとともに、住民の参加がなければ、その実質がないからです。しかし、歴史的経緯をみると、団体自治は大陸ヨーロッパで、住民自治はイギリスで発展した概念であり、別々に形成されたものです。両者の充足が地方自治に不可欠という考え方は、わが国独自の説明です。それゆえ、地方自治の本旨とは何であるのかという問いに対する解答を、憲法から一義的に導き出すことは難しく、現実的にみれば、憲法の基本理念をふまえ、国民の代表者から構成される国会が法律で決めざるをえないということになるでしょう。

2 地方自治の根拠

▶ （1）固有権説

地方自治を憲法で保障する意義は、自治権の根拠をめぐる議論として展開されていますが、その内容は多岐にわたります。第一に、自治権は、国家以前にあり、地方公共団体に固有の権利であるとする「固有権説」があります。この説は、人権と同じように、不可侵で永久の権利としての自治権が地方公共団体に委ねられていると考えます。したがって、国といえども、地方公共団体の固有の事務については干渉できず、幅広い自治を保障しなければなりません。

▶ （2）伝来説

次に、自治権は国家の統治権から由来するとする「伝来説」があります。この説は、地方公共団体を国の下部機関として位置づけ、自治は国が承認する限りで存在し、その内容は国の立法政策によって決まるものとします。

明治憲法下では、地方自治に関する規定が設けられなかったこともあり、「固有権説」と「伝来説」の対立がみられました。「固有権説」は、単一、不可分という性質を持つ主権との関連、歴史的基盤の欠如などの点で問題であり、「伝来説」は、立法政策によって地方自治のあり方をどのようにもできるとすると、憲法で地方自治の章を設けた意味がなくなってしまう点で批判を受け、どちらも通説としての地位を確立することができませんでした。

▶ （3）制度的保障説

そこで、日本国憲法に地方自治の章を設けたという点を積極的にとらえた「制度的保障説」が登場します。この説は、広義の意味では、自治権の前国家的性質を否定する「伝来説」に分類されます。ただし、憲法で地方自治の制度を保障した以上、法律をもってしても侵し得ない自治の核心部分があり、地方自治という歴史的、伝統的、理念的な公法上の制度を保障しているとみる点が異なります。「制度的保障説」は、固有権説と伝来説の欠点を補い、地方自治を憲法で保障した意義を説明したので、通説としての地位を確立しました。しかし、この説は、国家の存在を前提としているため、分権改革が進むとともに、その核心部分が曖昧であるとして批判されました。

▶（4）新固有権説

「制度的保障説」が抱える問題に対し、「固有権説」に新たな意味づけをした「新固有権説」が登場しました。「新固有権説」は、地方自治の前国家的性質を認める固有権説を基本として、そこに人民主権や基本的人権の保障などの憲法原理を組み込み、地方自治の核心部分である具体的内容を明らかにしようとするものです。国の中央集権的支配から地方公共団体を解放し、住民の人権実現のために、自由な活動を地方公共団体に認める点が新しい視点です。

この説は、遅々として進まない分権改革の現状からすると、一見、魅力的な考え方です。しかし、地方自治は、地方公共団体を国から独立させるためのものではありません。それは、国は地方公共団体の連合ではないからです。それゆえ、国と地方公共団体がそれぞれに本来的な役割を分担しあうという発想に立ち、そこから自治権の根拠を問い直し、地方自治の本旨とは何かを改めて検討する必要があるでしょう。

3　地方公共団体の種類

▶（1）普通地方公共団体と特別地方公共団体

憲法は、地方自治の主体を地方公共団体とし、その組織及び運営に関する事項を地方自治法に委ねています。地方自治法1条の3では、「地方公共団体は、普通地方公共団体及び特別地方公共団体とする」と定めています。ここでいう普通地方公共団体とは、都道府県および市町村を指します。

また、特別地方公共団体は、地方公共団体の存在を前提とし、普通地方公共団体の行う事務の中で特定の事務を遂行する便宜のために設置される組合、財産区、地方開発事業団や特別区のことをいいます。

▶（2）特別区

特別区である東京23区は、他の特別地方公共団体とは異なり、市町村とほぼ同じ権限をもち、区議会も設置されています。地方自治法281条2では、「特別区は、法律又はこれに基づく政令により都が処理することとされているものを除き、地域における事務並びにその他の事務で法律又はこれに基づく政令により市が処理することとされるもの及び法律又はこれに基づく政令により特別区が処理することとされるものを処理する」としています。

▶（3）特別区は普通地方公共団体か

かつて、特別区が普通地方公共団体に当たるのかどうかが争われた事件に、渋谷区長選任贈収賄事件があります。これは、昭和27年（1952年）の地方自治法の改正により、公選制であった区長の選出方法が区議会の推薦による東京都知事の任命制に変更したことが憲法93条に反するかどうかが争われた事件です。

最高裁判所は、「地方公共団体といい得るためには、単に法律で地方公共団体として取り扱われているということでは足りず、事実上住民が経済的文化的に密接な共同生活を営み、共同体意識を有しているという社会的基盤が存在し、沿革的にみても、また現実の行政の上においても、相当程度の自主立法権、自主行政権、自主財政権等地方自治の基本的機能を付与された地域団体であることを必要とする」（最大判昭38年3月27刑集17巻２号）とし、特別区は、憲法でいう地方公共団体にはあたらないと判示しました。

その後、昭和49（1974）年に、区長公選制が復活しました。また、平成12（2000）年の地方自治法の改正により、特別区は基礎的な地方公共団体として位置づけられました。しかしながら、上下水道、消防、都市計画、保健所などの事務の扱いにおいて、市町村と同じ権限が与えられず、都区財政調整制度も残っています。東京23区で最も人口の多い世田谷区には、約90万人の区民がいて、これは、鳥取県や島根県の県民の数を上回っています。このように、特別区の実態は普通地方公共団体ですが、分類としては特別地方公共団体となっており、この点は再検討が必要と考えられます。

4 都道府県と市町村の関係

地方自治法１条の２において、国は、「国際社会における国家としての存立にかかわる事務、全国的に統一して定めることが望ましい国民の諸活動若しくは地方自治に関する基本的な準則に関する事務又は全国的な規模で若しくは全国的な視点に立つて行わなければならない施策及び事業の実施その他の国が本来果たすべき役割」を重点的に担うこととし、住民に身近な行政はできる限り地方公共団体に委ねるとされています。

憲法のいう地方公共団体が市町村であることに学説上の対立はありませんが、都道府県の位置づけについては、意見が分かれています。都道府県を憲法でいう地方公共団体とする学説によれば、法律で都道府県を廃止することは許されず、広域的な地方公共団体である都道府県と市町村の二層構造を憲法の要請と解しています。これに対して、国の下請け機関としての位置づけから都道府県を二次的な地方公共団体としてみる学説は、法律で都道府県を解消し、市町村の一層構造や道州制も許されるとします。

都道府県と市町村の役割分担をみると、地方自治法は、市町村を基礎的な地方公共団体とし、都道府県は市町村を包括する広域の地方公共団体として位置づけています。この関係は、「補完性の原理（Principle of subsidiarity）」としてとらえるべきであるとする学説があります。

補完性の原理は、個人を包摂する小さな共同体が社会的責務を担当し、その共同体ができない機能をより大きな共同体が果たすべきであるという原理です。個人、家庭や地域社会で解決するべき事項は各自で責任をもち、そこで解決できないものを住民に身近な市町村、都道府県、国という順序で解決にあたっていくとするものです。住民により身近な基礎自治体を重視し、基礎自治体を地域における行政の中心的な役割を担うものとと位置づけています。

5　地方公共団体の組織

▶（1）二元代表制

地方公共団体における執行機関と議事機関の関係は、首長と議員が共に住民の直接選挙によって選出されるという点から、二元代表制として位置づけられています。

憲法93条は、議会を議事機関として設置することを定めていますが、首長の位置づけは、公選とするだけで、明確な規定が存在しません。地方自治法147条は、首長は、「当該普通地方公共団体を統轄し、これを代表する」とし、148条は、「当該普通地方公共団体の事務を管理し及びこれを執行する」としています。

▶（2）首長の権限

首長の権限は、地方自治法149条で次のように定められています。

主なものとしては、①普通地方公共団体の議会の議決を経べき事件につきその議案を提出すること、②予算を調製し、及びこれを執行すること、③地方税を賦課徴収し、分担金、使用料、加入金又は手数料を徴収し、及び過料を科すること、④決算を普通地方公共団体の議会の認定に付すること、⑤会計を監督すること、⑥財産を取得し、管理し、及び処分すること、⑦公の施設を設置し、管理し、及び廃止すること、⑧証書及び公文書類を保管すること、⑨当該普通地方公共団体の事務を執行することなどです。

このように、地方自治法は、首長に強い権限を認めており、首長主義ともいえる制度となっています。

▶ （3）議会の権限

これに対し、議会の権限は、地方自治法96条から100条で限定的に列挙されています。主なものとしては、①条例を設け又は改廃すること、②予算を定めること、③決算を認定すること、④副知事などの人事同意権、⑤財政統制権、⑥執行機関の行う事務の検査・監査権、⑦地方公共団体の事務に関する調査権、⑧関係執行機関への請願処理、報告請求権などです。

▶ （4）首長と議会の関係

首長と議会は、相互に独立して、地方自治法で授権された権限を行使し、地方自治を動かす「車の両輪」として活動することを想定してますが、両者の関係は、大統領制的特質だけでなく、議院内閣制的特質が混在しています。地方自治法176条は、議会の決定に対する首長の拒否権を認めています。この点は大統領制に近いといえます。

その他に、首長は、条例の制定や改廃、予算に関する議決について異議があるときは、その送付を受けた日から10日以内に理由を示してこれを再議に付することもできます。この場合、議会は、再議決することができますが、同じ議決をする場合には、出席議員の３分の２以上の同意が必要となります。

次に、議会による首長の不信任決議権とその場合の首長による議会の解散の権限があげられます。議会において、首長の不信任の議決をしたときは、首長は、10日以内に議会を解散するか、失職するかを選択しなければなりません。これは、国会と内閣の関係と同じです。

6 条例制定権

▶ （1）条例の意義

憲法94条は、地方公共団体は、法律の範囲内で条例を制定することができることを定めています。条例とは、地方公共団体が制定する自主法を意味しますが、実質的な意味では、地方自治法15条が定める長の制定する規則や教育委員会、公安委員会、人事委員会が定める規則を含み、形式的には議会が制定する法規のことを意味します。

▶（2）条例制定権の根拠

条例制定権の根拠は、憲法92条が保障する自治権とする説、国会が唯一の立法機関であることを定めている41条の例外を認める94条とする説、92、94条の両方に求める説などがありますが、最高裁判所は、「条例制定権は憲法94条末段から直接与えられたもの」（最大判昭37・5・30刑集16巻5号579頁）としており、94条に根拠をおく説を採用しています。これは、条例制定権は自治権に由来するものでなく、その根拠は憲法にあるとする説です。

また、地方自治法14条にも条例制定権に関する規定がありますが、これは憲法の規定を再度確認したものとされています。したがって、条例制定権に対する地方自治の本旨に反する制限は許されません。

▶（3）条例制定権の限界

ただし、条例制定権は無制約なものではありません。地方公共団体は、国から独立した存在でない以上、司法、外交、通貨、登記など国が画一的に行うべき事務を条例の対象とすることはできません。したがって、国と地方の役割分担にみあう形で条例制定権の範囲を定めておく必要があります。

条例の限界として、第一に法律留保事項の問題があげられます。具体的には、憲法で保障する人権を制限できるのかが問題になります。通説では、憲法94条は地方公共団体に条例制定権を付与したので、住民の権利や自由を制限できるとしています。

次に、憲法29条2項では、「財産権の内容は、公共の福祉に適合するやうに、法律でこれを定める」としていますが、条例で財産権を制限できるかが問題となります。通説では、憲法94条は、国会中心立法の原則を定めた41条の例外であること、条例は住民の代表機関である地方議会の議決によって成立する立法であり、実質的には法律に準じるものであることから、財産権の内容を制限できるとしています。

最後に、法律の範囲内という条件ですが、国の法令で定める規制基準よりも厳しい基準を定める**「上乗せ条例」**や規制対象を広げる**「横出し条例」**を制定できるのかが問題となります。

国の法令が明示または黙示に先占している事項については、法律の明示的な委任がない限り、条例は制定できないとする法律先占論がありますが、この法律占有論は、公害規制の事例などで、地方公共団体が地域の特性に応じた抑制方法をとることができないという批判があります。そこで、単に法令と条例の規定や対象とする事項だけでなく、両者の趣旨、目的、内容や効果を比較し、条例が法令に抵触するかどうかを判断すべきであるとする説が有力となってきました。

この説に基づくと、法令と同一事項であるけれども、異なった目的の条例は認められます。また、法令と同一目的・事項であるけれども、法令よりも厳しい規制の基準を定める「上乗せ条例」は、法令がそうした条例の存在を認める趣旨である場合には認められます。また、法令と同一目的であるけれども、法令の対象以外の事項を規制する「横出し条例」も認められます。

道路交通法に抵触する公安条例が問題となった**徳島市公安条例事件**において、最高裁判所は、「特定事項についてこれを規律する国の法令と条例とが併存する場合でも、両者が同一の目的に出たものであっても、国の法令が必ずしもその規定によって全国的に一律に同一内容の規制を施す趣旨ではなく、それぞれの普通地方公共団体において、その地方の実情に応じて、別段の規制を施すことを容認する趣旨であると解されるときは、国の法令と条例との間にはなんらの矛盾牴触はなく、条例が国の法令に違反する問題は生じえない」（最大判昭50・9・10刑集29巻8号489頁）と判示しました。

7 住民参加

►（1）地方自治特別法の住民投票

憲法95条は、「一の地方公共団体のみに適用される特別法は、法律の定めるところにより、その地方公共団体の住民の投票においてその過半数の同意を得なければ、国会は、これを制定することができない」と定めています。これは、特定の地方公共団体の組織、権能、運営に関する基本的事項について、一般の地方公共団体と異なる取り扱いをする法律を制定する場合には、当該地方公共団体で住民投票を実施し、過半数の同意を得ることを要件とするものです。

これは、憲法で常設化された唯一の住民投票制度であり、昭和24(1949)年から4年間で、16件の法律（うち1件は一部改正）について18の地方公共団体において投票が実施されました。対象となった法律は、昭和24(1949)年の広島平和記念都市建設法、長崎国際文化都市建設法にはじまり、首都建設法、旧軍港市転換法、温泉文化都市建設法、国際港都市建設法、国際文化観光都市建設法、そして、昭和27（1952）年の伊東国際観光温泉文化都市建設法の一部を改正する法律が最後の事例となりました。対象となった多くの法律は、地方公共団体に優遇措置を与える内容であったため、すべて賛成が多数となりました。以後、特別法を対象とした住民投票は1回も実施されず、今ではその意義が問われる状況にあります。

►（2）直接請求制度

地方自治法では、地方公共団体の長および議員の選挙権・被選挙権の他に、住民の一定数の署名をもって、住民が地方公共団体の機関に対して、特定の事項を請求できる直接請求制度がもうけられています。

具体的なものとしては、①**条例制定・改廃の請求**（地方自治法74条）、②**議会解散の請求**（同法76条）、③**首長・議員の解職請求**（同法80・81条）、④**主要公務員の解職請求**（同法13、86条）、⑤**事務の監査請求**（同法12、75条）があります。これらは、地方自治の本旨の一側面である住民自治を拡充するための制度であるとされます。

（図）直接請求制度の仕組み

種類	請求者	請求先		請求後の措置		結果の通知等
条例の制定・改廃の請求	選挙権を有する者の50分の1以上の連署による。	長	請求要旨の公表	議会を招集し提案（意見付）	議決（過半数で成立）	請求代表者 公表
事務の監査請求	選挙権を有する者の50分の1以上の連署による。	監査委員	請求要旨の公表	監査の実施		請求代表者 公表 議会 長（執行機関）
議会の解散請求	選挙権を有する者の3分の1以上の連署による。 （議員の解職請求の場合、選挙区のあるときは、所属の選挙区を単位として計算する。） （※）	選挙管理委員会	請求要旨の公表	選挙権者の投票	過半数の同意があったとき　解散	（通知） 請求代表者 議会の議長 （関係議員） 公表 （報告） 市町村長 知事
議員の解職請求	〃	選挙管理委員会	請求要旨の公表	選挙権者の投票	過半数の同意があったとき　解職	〃
長の解職請求	〃	選挙管理委員会	請求要旨の公表	選挙権者の投票	過半数の同意があったとき　解職	〃
主要公務員の解職請求	〃	長	請求要旨の公表	議会の付議	2/3以上の出席 3/4以上の同意　解職	請求代表者 関係者 公表 知事

※選挙権を有する者が40万を超え80万以下の場合にあってはその40万を超える数に６分の１を乗じて得た数と40万に３分の１を乗じて得た数とを合算して得た数、80万を超える場合にあってはその80万を超える数に８分の１を乗じて得た数と40万に６分の１を乗じて得た数と40万に３分の１を乗じて得た数とを合算して得た数。

（出典）総務省「直接請求の仕組み」

▶（３）町村総会

町村総会は、地方公共団体の議事機関である議会の代わりに、有権者が一堂に集まり、総会で審議するという住民参加の一形態です（地方自治法94条）。しかしながら、憲法93条は、議事機関としての議会を地方公共団体に必置としているので、この規定との関係が問題になります。それゆえ、町村総会は、憲法が定める地方自治の本旨、さらには、その構成要素である団体自治と住民自治にかなうものなのかということを検討しなければなりません。学説では、町村総会は、選挙権を有する者全部によって組織されるので、選挙人により選出された議員によって組織される議会より、より高い程度において地方自治の本旨に適合するとするものが有力であり、地方自治の本旨の観点からすれば、むしろ好ましい制度と位置づけられています。しかしながら、その詳細を定めた法規定はなく、実際にも神奈川県芦之湯村や東京都宇津木村の事例があるだけです。

第19章

憲法改正

《本章のキーワード》

□ 憲法改正手続	□ 憲法審査会
□ 硬性憲法	□ 国民による承認
□ 軟性憲法	□ 国民投票法
□ 国会による発議	□ 憲法改正の限界

1　憲法改正の意義

憲法改正とは、憲法が定める改正手続にしたがって、その条文を変更（修正、削除、付加）することを言います。日本国憲法が制定されて以来、憲法改正を口にすることすら禁句という空気が支配する時期が長らく続いていました。現在、こうした風潮は衰退し、日本でも憲法改正の議論が活性化しつつあります。今後も、憲法改正に関するニュースに触れる機会が多くなることでしょう。ここで注意してほしいのは、日本では、憲法改正の内容だけではなく、「憲法改正という行為そのものの是非」をめぐっても議論が行われている点です。各メディアの世論調査において「あなたは憲法改正に賛成ですか、反対ですか」という質問が頻出しているのは、象徴的な例です。改正の内容を抜きにして、改正の是非そのものが議論されている状況は、世界的にも稀な事例でしょう。

憲法とは、国民が制定し、国家権力を行使する者に対して、その遵守を命ずる法であるといわれます。すなわち、憲法は国家と国民の間を規律する法であり、その主たる目的の一つは、国家権力が濫用されないように国家権力の行使を拘束する点にあるとされます。憲法改正をめぐる議論がこうした状況であるからこそ、一人ひとりの国民が憲法改正について正しく理解しておく必要があります。なぜなら、国民こそが、憲法改正の主体だからです。

2 憲法の特質と改正

憲法には、「安定性」と「社会適応性」という二つの性質が要求されます。

第一に、憲法は、国家の法体系の最上位に位置する法です。すなわち、憲法は、その国家の最も基本的な原理・原則を定めた最高法規である。そのため、安定性がなければなりません。最高法規である憲法が不安定なものであれば、国家の法秩序そのものが不安定なものとなってしまいます。したがって、憲法には特に安定性が求められます。

第二に、現実社会に適応できず、統制できなくなった憲法は、次第に形骸化してしまいます。国家も国民も「憲法は守らなくてもよいもの」と思うようになった状態を想像してみてください。憲法がもはや法としての価値を失っている状態です。こうした状態が、立憲主義の観点から望ましくないことは言うまでもありません。したがって、憲法にも、法律と同様に、社会適応性が求められるのです。

ここで、安定性と社会適応性が本質的には相反する要求であるため、話が少し複雑になります。安定性は、憲法に対して「静」を要求しています。「安定＝静」という構図は、イメージしやすいでしょう。安定性を重視すれば、「憲法はできるだけ変えるべきではない」という主張につながります。他方で、社会適応性は、憲法に対して「動」を要求してます。では、なぜ、「社会適応性＝動」という構図となるのでしょうか？　それは、現実社会における政治や経済が日々変動しているからです。変動する現実社会に対して憲法が社会適応性を維持するためには、憲法にも一定の変動が求められる場合があります。したがって、社会的適応性を重視すれば、「憲法は現実に合うように変えていくべきだ」という主張となるわけです。

この点、現代世界の憲法は、憲法改正手続規定を憲法の中に置いています。現実社会は急激に変化するため、憲法と現実社会との間に矛盾や不適合が生じることは常に起こりえます。こうした矛盾や不適合に対して、どのように対処すればよいでのでしょうか？

憲法の最高法規性を考慮するならば、可能な限り現実社会を憲法にあわせるほうが望ましいでしょう。憲法の中でも、特に国家の基本原理・原則はそう簡単に変えるべきものでも、また変えられるものでもありません。

しかし、現実社会を憲法にあわせることが不可能な場合もあるでしょう。その場合には、憲法の内容を変更する必要が出てきます。現実社会に適応できなくなった憲法は、最終的に法としての価値を失ってしまうからです。憲法を変えないことにこだわりすぎて、憲法そのものが価値を失ってしまえば本末転倒でしょう。

この点、一般的に憲法は、法律よりもその規定が抽象的な内容となっています。抽象的であればあるほど、「解釈」の幅が広がります。したがって、憲法を改正しなくても、条文の解釈の変更により、憲法を現実社会に適応させられる場合もあります。しかし、憲法規定の内容と現実の隔たりが大きくなりすぎて、条文の解釈の変更では到底対応できなくなる場合もあります。そうした場合に、最終的に採られる手段が憲法改正手続に基づいた憲法改正です。要するに、安易に憲法の内容を変更するべきではないが、条文の解釈を変更しても対応できないほどに憲法と現実とのギャップが生じてしまった場合には、憲法改正という手段は決して否定されるものではなく、むしろ望ましいことでもあるのです。

3　硬性憲法と軟性憲法

憲法改正に関して学習するための前提として、「硬性憲法」と「軟性憲法」という概念の区別を理解することが重要となります。硬性／軟性という言葉が示しているとおり、憲法は「硬い憲法」と「軟らかい憲法」とに分類されます。この文脈での硬い／軟らかいは、「形を変えやすいかどうか」を意味します。一般的に、硬い物質（金属など）は形を変えにくく、軟らかい物質（ゴムなど）は形を変えやすいということは想像しやすいでしょう。具体的な物質ではない憲法も、形を変えるという点では物質と共通しています。つまり、憲法の形を変える作用こそが、「改正」です。

その意味で、硬性憲法とは、形を変えにくい憲法、すなわち、改正が難しい憲法ということです。逆に、軟性憲法とは、形を変えやすい憲法、すなわち、改正が易しい憲法です。ここで、注意しなければならないのは、この文脈での難しい／易しいは、「通常の法律の改正手続き」と比較して判断されるということです。つまり、硬性憲法とは、通常の法律よりも改正手続きが難しくなっている憲法のことで、要するに改正のために通常の法律よりも厳格な改正手続が課されている憲法ということです。これに対し、軟性憲法とは、改正のための手続が通常の法律と同じ憲法をいいます。硬性憲法と軟性憲法の区別は、実際に憲法の改正が行われているかどうかということによる区別ではありません。

硬性憲法は、安定性と社会適応性とのバランスを調整した制度です。硬性憲法は、憲法改正に対して通常の法律よりも厳格な要件を課しています。改正を難しくすることで、安易な憲法改正を防げる効果があります。その結果として、通常の法律よりも強い安定性が確保されます。つまり、硬性憲法は、改正手続きを置くことで憲法の社会適応性を担保しつつ、安定性の要請を加味しているのです。

現在、世界の多くの国の憲法は硬性憲法です。日本国憲法も硬性憲法です。軟性憲法の国は、英国、ニュージーランドなどの数カ国だけです。

4　憲法改正の手続

日本国憲法の改正手続は、96条で次のように規定されています。

第96条　①この憲法の改正は、各議院の総議員の三分の二以上の賛成で、国会が、これを発議し、国民に提案してその承認を経なければならない。この承認には、特別の国民投票又は国会の定める選挙の際行はれる投票において、その過半数の賛成を必要とする。

②憲法改正について前項の承認を経たときは、天皇は、国民の名で、この憲法と一体を成すものとして、直ちにこれを公布する。

この96条において規定された日本国憲法の改正手続について、「国会による発議」、「国民による承認」、「天皇による公布」という順で、検討します。

なお、憲法改正の比較対象となる通常の法律の改正は、国会で行われます。つまり、通常の法律は、制定の改正のいずれも国会だけで行われます。ところが、憲法の改正は上記のような三段階の手続きを憲法が要求しています。この違いを前提に、憲法改正の要件と、通常の法律の改正の要件との共通点／相違点を理解することが重要です。

▶（1）国会による発議

憲法改正手続の第一段階は、国会による発議です。第一段階である発議は、さらに「発案」、「審議」、「議決」というより詳細な段階に分類できます。

① 発案

まず、「発案」に関しては、国会議員（衆議院議員の場合には100人以上、参議院議員の場合には50人以上）と各議院に設置された憲法審査会（後述）が、憲法改正原案を発案できます。その内容は、国会法により規定されています（国会法68条の2、102条の7）。

ここで、通常の法律の場合と比較してみましょう。通常の法律の場合には、衆議院議員の場合には20人以上、参議院議員の場合には10名以上（予算を伴う場合には、それぞれ50名以上と20名以上）で発案できます（国会法56条）。したがって、発案の段階で、憲法改正には通常の法律よりも厳しい要件が課されていることが分かります。

なお、通常の法律の場合には、内閣にも発案権が認められています（内閣法5条）。この点、内閣にも憲法改正原案の発案が認められているかどうかは、憲法にも法律にも規定がありません。そのため、肯定説と否定説とが存在します。この点、憲法は議院内閣制を採用していることから、内閣は与党議員を経由して憲法改正原案を発案できます。したがって、内閣に憲法改正の発案が認められているかどうかの議論に実益は少ないと言えます。

② 審議

次に、「審議」に関しては、両議院ともに、憲法審査会と本会議において審議されます。いずれの院においても、憲法審査会が憲法改正原案の審査などを管轄します。憲法審査会は、「委員会」という名称は用いられていないものの、「憲法改正問題を管轄する委員会」と考えてよいでしょう。それぞれの議院が制定した「憲法審査会規程」により、審議および議決のための詳細が規定されています。定足数は、委員の過半数です。議決に関しては、出席議員の過半数により行われ、可否同数の場合には議長が決定する旨が規定されています。これらの要件に関しては、通常の法律の場合と共通しています（国会法49条、50条）。

本会議における審議の定足数に関しては、学説上の争いがあります。憲法56条１項は、特別の規定がある場合を除いて、本会議における定足数を総議員の３分の１としています。憲法改正原案の審議に関して憲法上に特別の規定がないため、憲法改正原案の審議に関しても定足数は３分の１で足りるとする説があります。他方で、憲法改正は重要な議題であるため、通常の法律案と異なり総議員の３分の２を定足数とする説もありますが、憲法上の根拠はありません。後者の説によれば、通常の法律よりも改正のために厳しい要件を課していることになります。

③ 議決

最後に、「議決」に関しては、「各議院の総議員の３分の２以上の賛成」が要求されます。この点が、国会の発議に関する憲法上の議論において最も重要なポイントです。通常の法律の場合には、「各議院の出席議員の過半数の賛成」（憲法56条２項）で足りる一方、憲法改正の発議に関しては、第一に「出席議員」ではなく「総議員」、第二に、「過半数」ではなく「３分の２」という要件がそれぞれ課されています。これら二つの要件によって、国会による発議の難度が極めて高くなっています。例えば、衆議院に関しては、定数が465人です。したがって、法律の場合、465人の３分の１である155人が本会議に出席することで定足数の要件を満たし、その過半数の78人の賛成で法律案を可決できます。しかし、憲法改正の場合には、出席者155人が全員賛成したとしても、総議員の３分の２（310人）という要件を満たせません。このように、「国会による発議」のうちの最後の議決段階において、硬性憲法の性質が特に顕著に表れています。

以上が、「国会による発議」の流れです。なお、憲法改正の発議に関しては、両議院の権限は対等であり、衆議院の優越は認められていません。

(2) 国民による承認

① 国民投票

憲法改正手続の第二段階は、国民による承認です。国民による承認について、憲法96条は「特別の国民投票又は国会の定める選挙の際行はれる投票において、その過半数の賛成を必要とする」と規定しています。つまり、国民による承認とは、「国民投票」による承認を意味します。通常の法律は国会のみで改正でき（国会単独立法の原則；ただし、95条に規定された地方特別法は除く）、どのような内容の法律であれ国民投票は要求されません。つまり、この国民投票による承認も、日本国憲法を硬性憲法とする重要な要件の一つです。

国民投票に関する詳細は、憲法ではなく、**「国民投票法（憲法改正国民投票法）」**（正式名称は「日本国憲法の改正手続に関する法律」）により規定されています。憲法96条は憲法改正の要件として国民投票を要求していますが、その詳細は憲法に規定されていません。そのため、国民投票に関しては、法律により詳細に制度化される必要があったのですが、それがなされないまま放置されてきました。それが、日本国憲法制定から60年以上経過した平成19（2007）年になって、ようやく国民投票法が制定されたのです。その後、この国民投票法は、何度かの改正を経て現在に至っています。

② 国民投票法の要点

国民投票法により具体化された点で特に重要なのは、「投票権者の範囲」と「過半数の意味」です。第一に、投票権者の範囲に関しては、18歳以上の日本国民と定められたため（国民投票法３条）、選挙権年齢との違いがありましたが、その後、選挙権年齢が18歳に引き下げられたため、両者の範囲は現在では一致しています。第二に、過半数の意味に関して、「有効投票総数の過半数」（国民投票法126条）と明文化されたことで、国民投票法制定以前にあった過半数の「分母」に関する解釈に決着が付きました。かつて、それが「有権者総数」、「投票者総数」、「有効投票総数」という三つの解釈が争われていたのです。

また、「有効投票」の範囲に関しても、国民投票法で規定されています。有効として扱われる投票は、原則として、投票用紙に印刷された賛成の文字と反対の文字のうちのいずれかを○で囲んだものです（国民投票法57条1項）。ただし、賛成の文字を二重線や×印で消したものは反対として、逆に反対の文字を二重線や×印で消したものは賛成として、それぞれ有効投票として扱われます（国民投票法81条）。一方、所定の用紙を用いていないもの、必要事項以外を記載した投票、どちらにも○をつけていないもの、両方に○をつけたもの、どちらに○をつけたのか判別できないものは無効票とされます（国民投票法82条）。

なお、最低投票率については規定されておらず、投票率がどれだけ低くとも国民投票は有効に成立します。

▶（3）天皇による公布

憲法改正手続の第三段階は、天皇による公布です。天皇は、「国民の名で、この憲法と一体を成すものとして」、直ちに憲法改正を公布します。この公布は天皇の国事行為（7条1号）の一つです。つまり、この天皇による公布という要件は形式的、儀礼的なものです。この点は、通常の法律の改正の場合と共通する要件です。

以上のように、日本国憲法の改正手続は、「国会による発議」、「国民による承認」および「天皇による公布」という三段階により構成されています。そして、第一段階の国会による発議と第二段階の国民による承認の段階において、通常の法律よりも厳格な要件が課されています。その結果、日本国憲法は、硬性憲法として位置付けられるのです。

5 憲法改正の限界

改正手続にしたがえば、日本国憲法はどのような内容にも改正できるのでしょうか？　この問題は、「憲法改正の限界」と呼ばれ、議論されています。諸外国の憲法には、改正の対象としてはならない規定が憲法の中で明文化されている場合があります。例えば、ドイツの場合には「人間の尊厳の不可侵」や「連邦国家」などの基本原則に反する改正は許されないと定められています（ドイツ連邦共和国基本法79条3項）。また、フランスの場合には、「共和制」という政治体制は変更できないと規定されています（フランス第5共和国憲法89条4項）。これらは、明文で規定された「憲法改正の限界」の事例です。しかし、日本国憲法には、こうした憲法改正の限界を明示した規定はありません。だからといって、どんな改正でもできるかというと、そうではないという考えが憲法学者の間では多数を占めています。では、どこまでなら改正が可能で、どこからが改正できないかという、改正の限界をめぐって学説の争いがあります。

(1) 限界の有無

まず、限界の有無に関して、限界あるという説（限界説）と限界がないという説（無限界説）があります。限界説とは、日本国憲法には96条の手続でも変更できない内容があるとする説です（通説）。これに対し、無限界説は、96条の手続を踏めば、どのような内容の改正も認められるという説です。限界説と無限界説の対立は、根本的には、憲法の「改正」と新憲法の「制定」を区別する所から始まります。

①　限界説

限界説によれば、憲法の「改正」とは、憲法の基本原理の同一性を維持した範囲内での憲法の変更のことで、憲法の基本原理（国民主権・基本的人権の尊重・平和主義など）の同一性を失わせるような内容の変更は憲法改正ではなく、新憲法の「制定」であると考えます。憲法制定と憲法改正は異なる作用であり、96条はあくまでも憲法改正のための手続の規定だから、内容の同一性を損なわせるような変更は新憲法の「制定」であるため、96条によっても許されないということになります。その意味で、憲法改正には限界があるという結論になります。

② 無限界説

これに対し、無限界説は、憲法改正と新憲法制定との区別を重視しません。どのような内容の変更であっても、96条の手続によれば改正できると考えます。その意味で、憲法改正には限界がないという結論になるのです。

►（2）限界の内容

通説である限界説の立場を採用するのであれば、どのような内容が日本国憲法改正の限界に該当するのかが問題となります。

① 憲法の根本規範

まず、「憲法の根本規範を変更する改正は許されない」という学説があります。ここでの根本規範とは、憲法が憲法であるための基本的な規定を意味します。この根本規範の変更は、96条の手続では改正できないとされます。ただし、この説の場合には、「何が根本規範に該当するのか」をいう点について検討する必要があります。日本国憲法は、何が根本規範であるかを明示していないからです。この点に関して、日本国憲法の場合には、基本的人権の尊重、国民主権、平和主義の三大原理が根本規範に該当するという解釈がこの学説内では一般的です。つまり、これらの三大原理の趣旨を損なう憲法改正は認められないことになります。しかし、そのことは特定の条文は改正してはならない、ということと同じ意味でないことに注意する必要があります。

② 憲法制定権力

次に、「憲法制定権力を排除する改正は許されない」という学説があります。この学説によれば、96条の改正手続における国民投票の要件を削除することは許されないと主張します。なぜなら、国民投票の要件の削除は、国民の憲法制定権力の一部を排除するからであるというのです。そして、究極的には、憲法改正による主権者の変更は許されないことになります。このように解釈した場合、大日本帝国憲法から日本国憲法への移行が法理論的に説明できなくなってしまいます。なぜなら、天皇主権から国民主権に変更されたのに、日本国憲法は帝国憲法73条に規定された改正手続によって成立しているからです。そこで編み出されたのが、「8月革命説」といったフィクションです。

6　主要国における憲法改正

日本国憲法は、1946（昭和21）年の制定以降、一度も改正されていません。「改正を経験していない期間」は、世界各国の現行の成文憲法の中で日本国憲法が最も長いと言えます。例えば、世界の現行の成文憲法で最も制定年が古いものは、アメリカ合衆国憲法（1787年9月17日制定）で、日本国憲法（1946（昭和21）年11月3日公布）よりも約160年古い憲法です。しかし、そのアメリカ合衆国憲法は幾度かの改正を経験しており、現時点（2020年現在）では1992年5月19日に最後の改正を経験しています。つまり、制定年は日本国憲法のほうが新しいのですが、改正を経験していない期間は日本国憲法のほうが長いというわけです。

アメリカ合衆国憲法以外にも、世界各国の現行の成文憲法の中には、日本国憲法よりも制定年が古い憲法が多く存在します。例えば、ベルギー憲法（1831年2月7日制定）、ルクセンブルク大公国憲法（1868年10月17日制定）、オーストリア連邦憲法（1920年10月1日制定）、アイルランド憲法（1937年7月1日制定）などが挙げられます。しかし、これらの憲法はいずれも、日本国憲法制定後に改正を経験しています。つまり、日本国憲法は、世界各国の現行の憲法の中で「改正を経験していない期間が世界で最も長い成文憲法」であるということになります。その意味では、もっとも古い憲法と言えるかもしれません。

このように日本は憲法改正を70年以上経験していませんが、諸外国においては憲法改正は決して珍しい現象ではありません。次に、アメリカ、ドイツ、フランスにおける憲法改正の手続とこれまでの主要な改正の内容について解説します。

▶（1）アメリカ合衆国憲法

アメリカ合衆国憲法の修正手続（アメリカでは「改正」のことを「修正」と呼ぶ）は、「発議」と「承認」の二段階で構成され、それぞれの段階に二つずつ方法があります。

まず、発議方法に関して、(a)「連邦議会の両院において出席議員の3分の2の賛成」と（b)「全50州の3分の2以上の州議会が発議し、連邦議会が招集する憲法会議による提案」という二種類があります。ただし、これまでに（b）の方法で発議されたことは一度もありません。

次に、承認方法に関して、(c)「全州の4分の3の州議会の賛成」と（d）「全州の4分の3の州の憲法会議の賛成」という二種類があります。ただし、これまでに（d）により承認された事例は1件しかありません。したがって、アメリカ合衆国憲法の一般的な修正手続は、(a）の「連邦議会の両院において出席議員の3分の2の賛成」による発議と（c）の「全州の4分の3の州議会の賛成」による承認という二つの要件で構成されると考えて問題ないでしょう。

なお、日本における「国会の発議」の場合には、「総議員」が基準となるが、アメリカの場合には「出席議員」が基準となっています。また、国民投票が憲法改正手続に組み込まれていない点も日本と異なっています。

アメリカ合衆国憲法改正の特徴は、成立した修正が「第○修正」という形式で憲法典の最後に追加される点にあります。現在は、第27修正（または修正第27条と呼ぶ）まで成立しています。27の修正条項のうち、第1修正から第10修正までは、1791年に成立した人権規定の追加で、一般的に「権利の章典」と呼ばれます。アメリカ憲法史上において最も重要な憲法修正の一つです。また、第2次世界大戦後に成立した主な修正の例として、大統領の三選禁止を規定した1951年の第22修正、選挙権年齢を満18歳に引き下げた1971年の第26修正が挙げられます。

▶ （2）ドイツ連邦共和国基本法

現在のドイツにおいて「憲法」として適用されている法は「ドイツ連邦共和国基本法」です。憲法ではなく、「基本法」という名称が付けられているのは、第二次世界大戦後のドイツの歴史と関連しています。東西冷戦という国際情勢の背景の下で、ドイツはアメリカを中心とする自由主義陣営に属する西ドイツ（ドイツ連邦共和国）とソ連を中心とする社会主義陣営の東ドイツ（ドイツ民主共和国）とに分断されました。この二つのドイツのうち、西ドイツでは、両ドイツ統一までの「暫定的な憲法」として、ドイツ連邦共和国基本法が制定されました。その暫定性を強調するためにあえて憲法ではなく基本法という名称がつけられたのです。この基本法は、西ドイツにおける実質的な憲法として機能し続けました。そして、1990年には東ドイツが西ドイツに編入するという形式でドイツ再統一が実現したため、基本法が統一ドイツにおける実質的な憲法として引き続き効力を有し続けています。

ドイツ連邦共和国基本法の改正手続は、日本国憲法の場合と同様に、1種類のみです。具体的には、「連邦議会（下院）の総議員の３分の２以上の賛成」かつ「連邦参議院（上院）の総表決数３分の２以上の賛成」です。ここで、連邦参議院における「総表決数」の意味について説明しておきます。ドイツの連邦参議院は、各州に対してそれぞれの人口に比例した表決数を割り当てるという方法を採用しています（例えば、人口が多いバイエルン州は６票、最も少ないブレーメン州は３票）。各州は、割り当てられた表決数を一括して行使します。ただし、両院において３分の２という特別多数が要求される点は、日本における国会の発議の要件と共通しています。他方で、議会に課された要件のみで憲法改正が成立し国民投票は不要である点は、日本と大きく異なります。

ドイツ連邦共和国基本法は、1949年5月23日の制定以降、64回の改正を経験しています。約70年間で64回という回数は、比較的多い部類に属します。内容に関しては、大規模なものもあれば、小規模なものもあります。旧西ドイツ時代の重要な改正としては、1956年に成立した再軍備のための改正（第７回改正）、1968年に成立した緊急事態条項追加のための改正（第17回改正）、そして、1990年に成立したドイツ再統一のための改正（第36回改正）が挙げられます。これらは、ドイツの憲法政治にとって非常に重要な意味をもつ改正でした。また、統一後の大規模な改正としては、1994年に成立した改正（第42回改正）、2006年に成立した改正（第52回改正）、2017年に成立した改正（第62回改正）があり、これらはいずれも広範な領域に及ぶ改正でした。

▶（3）フランス第５共和国憲法

現在のフランス憲法は、一般的に「第５共和国憲法（第５共和制憲法）」と呼ばれています。1789年のフランス革命勃発以降、フランスにおいては多くの憲法の制定と廃止を繰り返してきました。フランスが、「憲法の実験室」と呼ばれる所以です。現在の第５共和国憲法は15番目の憲法であり、1958年10月４日に制定され、幾度かの改正を経て現在に至っています。

この憲法の改正手続は、89条に規定されています。まず、改正の発案は、首相の提案に基づく大統領によるものと両院（下院である国民議会と上院である元老院）の議員にそれぞれ認められています。次に、議会の議決に関しては、基本的には通常の法律と同様であり、「両院において出席議員の過半数の賛成」により同一の文言で可決される必要があります。そして、最後に、国民投票による承認が必要となります。国民投票における承認要件は、国民投票ごとにデクレ（命令）により定められます。ただし、首相の提案に基づいて大統領が発案した改正案の場合には、「両院合同会議において構成員の５分の３以上の賛成で可決」という要件を満たせば憲法改正が成立し、この場合は、国民投票が不要となります。

また、11条の規定（大統領の国民投票付託権）に基づく憲法改正も事実上可能となっています。大統領は、11条で法律案を国民投票に付託する権限を与えられています。この法律案の範囲に憲法改正法案も含むと解釈するならば、大統領が国民に憲法改正を直接提案し、国民が承認することで憲法改正を成立させることが可能になります。1961年に当時のドゴール大統領が、この手続で大統領公選制移行への憲法改正を成立させた事例がありますが、この方法は憲法が予定する本来の改正手続きではないため、憲法違反という批判もありました。

第５共和国憲法は、24回の改正を経験しています。第５共和国憲法そのものには、個別の人権を保障したいわゆる人権カタログ（権利章典）が含まれていません。人権に関しては、1789年のフランス人権宣言および1946年に制定された第4共和国憲法の前文に掲げられた権利の尊重が、第5共和国憲法前文においても宣言されているだけです。つまり、第５共和国憲法は、統治機構に関する規定が中心となって構成されています。したがって、憲法改正も必然的に統治機構に関する改正が対象となります。24回の改正のうち、国民投票を経て成立した改正は２回のみで（そのうちの１回は11条の規定によるもの）、24回中22回は、「首相の提案に基づいて大統領が発案し、両院において出席議員の過半数の賛成により同一の文言で可決され、両院合同会議において構成員の５分の３以上の賛成で可決され」て成立した憲法改正です。

24回の改正のうち、最も重要な改正は2008年に成立した憲法改正です（第24回改正）。第５共和国憲法におけるフランスの政治制度は、大統領の強力な権限を軸とする反面、議会の権限は弱いものでした。これに対して、第24回改正により、それまで７年であった大統領任期を５年に短縮し、一方で議会による行政監視機能が強化して、議会における委員会の権限を強化することにより、議会の役割を重視する方向へと政治制度を大きく転換させました。

このように、国により憲法改正手続は異なり、またその運用も大きく異なっています。しかし、本章の冒頭で記したように、憲法改正の内容だけではなく、「憲法改正という行為そのものに対する是非」をめぐっても議論が行われている国は、世界の中で日本だけです。こうした状況の是非はともかくとしても、世界的に見て「特殊」であることは間違いないでしょう。

第20章

最高法規

《本章のキーワード》

- □ 基本的人権
- □ 最高法規
- □ 一元論
- □ 二元論
- □ 条約優位説
- □ 憲法優位説
- □ 条約誠実遵守
- □ 慣習国際法
- □ 憲法尊重擁護義務

1 憲法の最高法規性の意義

最高法規の第10章は、97条から99条までの３条から成っています。①基本的人権の由来と特質（97条）、②憲法の最高性と国際法の遵守（98条）、そして③憲法尊重擁護の義務（99条）です。日本国憲法の持つ最高法規性は、形式的・実質的の２つの側面から確認することができます。

▶ （1）形式的最高法規性

まず、形式的側面では、「この憲法は、国の最高法規であつて」（98条1項）として、憲法の形式的最高法規性を端的に表現しています。それに続いて「その条規に反する法律、命令、詔勅及び国務に関するその他の行為の全部又は一部は、その効力を有しない」として、憲法が国の法秩序において最高の効力を有し、憲法の条規に反する下位の法規範や国務に関するその他一切の行為は無効であると定めています。

このことは、次の二つのことを意味しています。第一に、憲法よりも下位にある法令が憲法と矛盾するものであってはならないこと、第二に、国家の活動が憲法の範囲内で行われる必要があることです。

この形式的最高法規性を実効的にするため、憲法は裁判所に違憲審査権を与えています。すなわち、「最高裁判所は、一切の法律、命令、規則又は処分が憲法に適合するかしないかを決定する権限を有する終審裁判所である」(81条) とする規定がそれです。この規定は、一見最高裁判所だけが違憲審査権を持っているかのように見えますが、よく見ると最高裁判所は「終審裁判所」であるとしているため、最高裁判所だけでなく下級裁判所にも違憲審査権が与えられていると解されています。

また、この形式的最高法規性は、憲法改正がその他の法律の改正に比べてより厳しい手続になっているところにも表れています (96条1項)。

▶ (2) 実質的最高法規性

次に、実質的な最高法規性が、97条から導き出されます。実質的最高法規性とは、なぜ憲法が最高法規とされるのかという、最高法規性の実質的根拠のことを意味します。97条は日本国憲法が保障する基本的人権について「人類の多年にわたる自由獲得の努力の成果であつて、これらの権利は、過去幾多の試練に堪へ、現在及び将来の国民に対し、侵すことのできない永久の権利として信託されたものである」としています。これは、日本国憲法の保障する基本的人権が近代の人権思想に基づくものであることを意味しています。

憲法がなぜ最高法規であるかと言えば、侵すことのできない永久の権利である人権を保障する法であるから、ということになります。こうして、憲法は国法秩序における最高法規であるという形式的最高法規性に、理念の面から正当性を与えていると解されています。つまり、憲法の最高法規性は、人権思想に基づくという実質的最高法規性によって真に支えられているのです。

2 基本的人権の由来と特質

►（1）「人類の多年にわたる自由獲得努力の成果」の背景

憲法97条は、基本的人権について、「人類の多年にわたる自由獲得の努力の成果」によって保障されるに至ったものであるとしています。ここにいう「自由獲得の努力」とは、欧米各地における自由獲得の歴史に由来するもので、とりわけ英米仏における市民革命とその成果としてつくられた憲法的文書の数々の歴史がその中核をなしています。

代表的なものとしては、以下のものがあります。まず英国では、古くは大憲章（マグナ・カルタ）（1215年）から、17世紀の市民革命期の権利の請願（1628年）、権利の章典（1689年）があげられます。次にアメリカでは、英国からの独立戦争の成果としての独立宣言（1776年）や独立の際の13州における州憲法、そして合衆国憲法（1787年）があげられます。そして、フランスでは、1789年のフランス革命とその成果である「人権宣言」（人及び市民の権利宣言」）（1789年）が代表的なものです。いずれも欧米における自由獲得の歴史について語るうえでは欠かすことのできないもので、そこで確立された自由や権利が、今日の自由民主主義諸国の憲法に継承されているのです。もちろん、日本国憲法もその一つであることを97条が表しています。

►（2）憲法97条の「基本的人権」

憲法97条では、基本的人権は「侵すことのできない永久の権利」として位置づけられています。個別の権利・自由のカタログともいえる「国民の権利及び義務」（第３章）の第二番目に置かれている11条にも同様の表現がみられます。人権の総則的規定であるとされるこの条文にも「この憲法が国民に保障する基本的人権は、侵すことのできない永久の権利として、現在及び将来の国民に与へられる」として97条と同様の規定となっています。

その一方で、12条は、「この憲法が国民に保障する自由及び権利」について「国民の不断の努力によつて、これを保持しなければならない」としています。つまり、憲法が保障する人権といえども、いつそれが侵されることになるかもしれないものであるとして、その保持に向けた不断の努力を国民に要求しているのです。憲法で保障されているからと言って、それだけで安心していてはならないということです。

3 憲法の最高法規性と国際法の遵守

▶（1）憲法98条1項の「最高法規」

憲法98条1項の「最高法規」には、およそ2つの意味があります。

第一に、政治的意味における最高法規ということです。これは、すべての国家機関が憲法を尊重し、擁護する義務があるということで、別に憲法99条が憲法の尊重擁護義務として規定してもいます。

第二に、法的意味における最高法規ということです。これは、憲法が国内の法体系のなかで最も強い形式的効力を持っているということです。憲法の「条規に反する法律、命令、詔勅及び国務に関するその他の行為の全部又は一部は、その効力を有しない」（98条1項）と明記しているのはこの意味です。

ただし、日本国憲法施行以来、日本国憲法が一貫して日本の最高法規であったかというと、実はそうでない時期がありました。敗戦によって、日本は占領状態に置かれていました。そのさなかに日本国憲法が制定されたのです。占領とは、国が主権を失った状態で、我が国の占領下においては連合国軍総司令部（GHQ）が最高の統治権力として日本を間接統治していました。その期間は昭和20（1945）年9月2日から、サンフランシスコ講和条約（日本との平和条約）が効力を発生して、我が国の主権が回復した昭和27（1952）年4月28日までの約7年8ヶ月の間です。この間、日本国憲法は日本における最高法規としての効力が大きく制限されていたという歴史的事実があります。

►（2）日本国憲法下における法令の効力

①　違憲無効の対象

憲法98条1項では、憲法の「条規に反する法律、命令、詔勅及び国務に関するその他の行為の全部又は一部」を違憲無効の対象としています。この規定では、「法律」、「命令」、「詔勅」、そして「国務に関する行為」が列挙されています。しかしこのことは、その他の法形式が違憲無効の対象とならないことを意味しません。ここであげられた法形式は、代表的な法形式を例示したものと解されています。

そのため、条例や規則等も当然に違憲無効の対象に含まれます。つまり、日本国憲法に反した法令は、いかなる法形式をとっていようと違憲無効の対象となります。そう解さないと憲法が国の最高法規であるといえなくなるからです。

また、98条1項は、法令の制定が日本国憲法施行の前か後かにかかわらず、法令の有効性を判断するための基準となります（「食糧管理法違反事件」最大判昭25・2・1刑集4巻2号73頁）。そのため、日本国憲法施行以前に制定された法令であっても、日本国憲法の条文に照らして違憲か否かを判断されます。

②　明治憲法下の法令の有効性

明治憲法下で制定された法令は、日本国憲法が施行されたのちにただちに失効したわけではありません。その理由として、①国民の法的生活の継続性を維持するため、②法的生活の安定性が著しく損なわれることがないようにするため、という2つをあげることができます。そのため、法令の内容が日本国憲法の条規に反しない限り、有効であるとされたのです。

命令については、「日本国憲法施行の際現に効力を有する命令の規定の効力等に関する法律」（昭和22年法律第72号）などによって、改廃が行われました。

勅令については、「日本国憲法施行の際現に効力を有する勅令の規定の効力等に関する法律」（昭和22年政令第14号）において定められました。日本国憲法上、勅令は認められていないため、この法律の1項により、「日本国憲法施行の際現に効力を有する勅令の規定」は、政令と同一の効力をもつものとされました。また、2項により、「日本国憲法施行の際現に効力を有する命令の規定」において、「勅令」を「法律又は政令」に、「閣令」を「総理庁令」に読み替えるものとされました。

ただし、この法律の対象からは、前述の「日本国憲法施行の際現に効力を有する命令の規定の効力等に関する法律」１条に規定されているものが除かれています。

なお、占領下に出されたいわゆるポツダム政令は、日本国憲法の趣旨に照らして相容れないものでない場合、有効とされています（最大判昭36・12・20刑集15巻11号2017頁）。そのためサンフランシスコ講和条約締結後であっても、日本国憲法に反するものでないと認められれば、ポツダム政令は引き続き有効とされました。

▶（３）国際法の遵守

憲法98条２項には、「条約及び確立された国際法規」、すなわち国際法を誠実に遵守することが必要と規定されています。この規定が置かれた理由として、主に以下の２つがあげられます。第一は政治的理由で、明治憲法下の一時期において、日本が国際法を尊重していなかったという非難に応える必要性があったことがあげられます。第二は法的理由で、条約及び国際法規が国法秩序においてどのような地位にあるのかを法的に明確化するためです。

①　条約

条約とは、「条約法に関するウィーン条約」２条１項(a)によれば、「国と国の間において文書の形式により締結され、国際法によつて規律される国際的な合意」のことをいいます。これには、さまざまな形式のものが存在します。文字通りの「条約」のほかに、「憲章」、「協定」、「宣言」、「規約」、「盟約」、「規程」、「取極」、「議定書」、「決定書」、「暫定協定」、「交換公文」、「交換書簡」、「合意覚書」、「合意議事録」などの名称で条約が存在します。

日本国憲法によって締結手続が定められている条約（73条３号）は、これよりも狭い概念の条約です。この意味での条約は、国際約束のうち法律事項、財政事項または政治的重要事項であって、発効に際して批准を要件とするものをいいます。ただし、憲法98条２項における条約は、行政協定等も含む広い内容のものと解されています。

②　一元論と二元論

憲法と国際法との関係をどのように体系化するかによって、大きく2つの考え方があります。この２つをそれぞれ一元論、二元論といいます。

一元論では、憲法と国際法とをともに同じ次元の法体系に所属するものとして考えます。これは、国際的にも有力な考え方です。日本においては、明治憲法下から一元論の立場をとっています。一元論には「条約優位の一元論」と「憲法優位の一元論」があり、我が国では憲法優位の一元論が採られています。

現在の日本国憲法下でも明治憲法下と変わりなく、条約は公布されることによって国内法的効力が発生します。条約は、内閣が締結し、事前または事後の国会による承認を経て(73条３号)､天皇によって公布されます(７条１号)。

二元論は、憲法と国際法とがそれぞれ異なる次元の法体系に属しているとする考え方です。この場合、国際法は、そのままのかたちで国内法的効力を持つことができません。そのため、一定の手続によって変型（transformation）させることで国内での効力を持たせるる必要があります。英国では、条約を国内法秩序に編入するにあたって、別個の法律による立法措置をとることが憲法慣習となっています。ドイツの場合は、同意法律によって条約を国内法秩序に迎え入れます。これは英国にみられる変型と異なり、条約の承認を法律の形式で議会から得るかたちをとっています。

また、新しい考え方として等位理論というものがあります。この理論は、国内法と国際法とを対等の地位ととらえ、相互間に生じる「義務の抵触」の調整が国家に義務づけられているものとするものです。

③　条約優位説と憲法優位説

憲法と条約との関係において、どちらの効力を優位とするかによって大きく２つの説があります。それが条約優位説と憲法優位説です。

条約の効力の方が憲法のそれよりも優位であるとする条約優位説では、①憲法前文の国際協調主義、②憲法98条２項に掲げられた条約誠実遵守の存在に加えて、③条約が憲法81条の違憲審査の対象とされていないこと、④98条１項の違憲無効の対象として条約が列挙されていないことが根拠としてあげられます。

これに対して、条約の効力よりも憲法の効力の方が優位とする憲法優位説では、以下の点がその根拠としてあげられます。これらの根拠は条約優位説への反論というかたちであらわれています。

まず、①現在の国際社会は国益の対立によって成り立っていることから、このような国際社会において国際協調主義という一般原則を条約優位の根拠として用いるのは不適切である。

次に、②憲法81条で条約が列挙されていないのは、条約が国家間の合意によるという性質上、司法審査になじまないということによるものであって、条約の優位を意味するものではない。条約の違憲審査は否定されておらず、違憲審査の対象であっても、統治行為論によって違憲審査を回避することが可能である。

そして、③憲法98条1項に条約が列挙されていないことについては、憲法の最高法規性はあくまで国内法秩序に向けられたものであるということがあげられます。また、同2項における条約誠実遵守は、前述のように国際法を尊重していなかった過去に対する戒めの意味を含んだものにすぎません。

加えて、もし条約の効力の方が憲法よりも優位に立つのであれば、次のような問題も発生します。それは条約によって国民の意思を通さずに、より簡単な手法で憲法改正が可能になるということです。なぜなら条約は、憲法よりも簡単な審査手続によって成立するからです（73条3号、61条、60条2項）。そうなってしまえば、国民が主権を行使することができる数少ない機会のひとつである、憲法改正に対する国民審査が行われずに改正がなされてしまうことになります。

そもそも、人権条約に限って憲法に準ずる効力を認める国や共同体法が憲法より優位に立つEU加盟国といった例外を除けば、多くの国は、憲法の効力を条約よりも優位に置いています。

なお、法律との関係では、条約の効力の方が法律よりも優位します。このことは、憲法98条2項の趣旨だけでなく、憲法73条3号但書において条約の締結に国会の承認が必要であることからもいえます。

④　確立された国際法規

「確立された国際法規」とは、慣習国際法を意味します。慣習国際法とは、国際司法裁判所規程38条1項b号によると「法として認められた一般慣行の証拠としての国際慣習」です。ただしこれは、必ずしも内容が明らかではないため、漸次成文化が行われています。

4　憲法尊重擁護義務

►（1）尊重擁護義務の対象

憲法99条は、「天皇又は摂政及び国務大臣、国会議員、裁判官その他の公務員」に憲法尊重擁護義務を課しています。憲法尊重擁護義務の対象となっているのは国家権力を行使する地位にあるものに対してであり、ここには国民は含まれていません。憲法は国民から国家権力に向けた法であるから国民が含まれていないと一般に解されています。

しかし、憲法の中には国民の義務の規定もあることから、必ずしもそうとばかりはいえません。むしろ、そもそも憲法をつくったのが国民とされていることから、自らつくった憲法を国民が守るのは当然であることから規定されていないと考えるべきでしょう。

①　公務員と憲法尊重擁護義務

このうち公務員については、国家公務員法38条4号にみられるように、「日本国憲法又はその下に成立した政府を暴力で破壊することを主張する政党その他の団体を結成し、又はこれに加入した者」は公務員となる資格を欠いているとされています。このことは、憲法尊重擁護義務から導き出されます。

ここで日本国憲法に対してだけでなく、日本国憲法の下に成立した政府に対して暴力で破壊することを主張する政党・団体を結成し、または加入した者も欠格事由に含まれているのは、その政府が日本国憲法に定められたルールに従って成立している以上、これを暴力的な手段によって破壊することが、日本国憲法を否定することに他ならないからです。

また、公務員の職に就くにあたっては、宣誓が要求されます。この宣誓の内容には憲法を尊重擁護する旨が含まれています。この宣誓は、憲法99条の憲法尊重擁護義務に基づくものです。この宣誓については、国家公務員法6条および97条や地方公務員法31条に基づいて行われます。宣誓の内容は、国家公務員の場合、「職員の服務の宣誓に関する政令」(昭和41年政令第14号)、地方公務員の場合、宣誓の内容は各地方自治体の条例によって具体的に定められています。

② 国民による憲法の尊重擁護

公権力の行使者以外の国民は、憲法99条で憲法尊重擁護義務の対象として列挙されていません。これついては、国民にとっても憲法尊重擁護が当然の義務だからであるといった説がかつては有力でしたが、現在では、公権力の行使者がその立場ゆえに遵守しなければならないものと憲法が位置づけているからであるとする説が多数になっています。

ただ、最近では、憲法の私人間効力の考え方から、国民にも憲法尊重擁護義務が影響しうるという考え方も出てきています。なお、諸外国の憲法では、公権力の行使者にだけでなく、国民に対しても尊重擁護義務を明記している国もあります(たとえばロシア連邦憲法15条2項)。

▶(2)憲法改正との関係

憲法改正とは、その名の通り、憲法の条文を変更する行為で、現行の条文の文言を修正したり、削除したり、または新たな条項を付加することをいいます。憲法改正について政治家が言及すること自体が、あたかも憲法尊重擁護義務に違反するかのような主張が時に見られますが、それは明らかな誤りといわざるを得ません。

なぜなら、憲法96条で改正手続を規定していることから、憲法改正そのものは憲法が自ら認めるところだからです。つまり、憲法尊重擁護義務とは、憲法96条をも含めた尊重擁護ということです。言い換えれば、憲法の改正は96条の手続きに従ってなされなければならず、それ以外の方法による改正は否定されるということです。憲法改正を主張すること自体が憲法尊重擁護義務に反するものではありません。

したがって、国会議員や国務大臣が憲法改正について議論することやこれを国民に訴えかけることは、憲法尊重擁護義務に何ら反するものではありません。公務員の憲法尊重擁護義務に反する行為とは、たとえば、憲法に定める改正手続によらず革命やクーデタで憲法改正や憲法破棄などを主張することが考えられます。憲法改正条項は、こうした憲法の手続きによらない憲法の変更を禁止する意味を持っているのです。

【参考文献】

・榎透「国民の憲法尊重擁護義務と私人間効力―国民の憲法尊重擁護義務と私人間効力―」専修大学法学研究所『専修大学法学研究所紀要』38巻（2013年）
・齊藤正彰『国法体系における憲法と条約』（信山社、2002年）

第21章

違憲審査制

《本章のキーワード》

□ 憲法保障	□ 裁判官政治
□ 付随的違法審査	□ 高度の政治性
□ 抽象的違憲審査	□ 合憲（限定）解釈
□ 司法消極主義	□ 法令違憲
□ 司法積極主義	□ 適用違憲

1　違憲審査制の意義

法律、命令等が憲法の規定に適合しているかどうかをチェックし、違反している場合にはその効力を否定する仕組みのことを、「違憲立法（法令）審査制」あるいは単に「違憲審査制」といいます。人権は議会による立法によって具体化されるというのが近代議会制の伝統的な考え方でしたが、1920～30年代の大衆民主主義状況の下、議会多数派によって人権侵害的な立法が行われた過去の経験への反省に立って構想されたのが、議会とは別に設けられた違憲審査機関による憲法の最高法規性の確保および法令とくに法律による侵害からの人権保障を目的とする現代型の憲法保障制度です。

▶ （1）司法審査制と憲法裁判所制度

違憲審査制は、違憲審査の権限をどのような機関に与えているかによって「司法審査制」と「憲法裁判所制度」に分類されます。前者はアメリカを起源とするもので、違憲審査を通常の（司法）裁判所が担うのに対して、後者はドイツ・イタリアなど大陸ヨーロッパ諸国で採用されている通常の裁判所とは別に違憲審査を専門に行う「憲法裁判所」を設ける制度です。なお、フランスでは「憲法院（Le Conseil Constitutionnel」という違憲審査を担う特別の政治的機関が存在しています。

通常の裁判所が違憲審査を行う司法審査制では、違憲審査は司法権の枠内で、すなわち具体的な当事者間の紛争の法的解決に必要な限りでのみ行われます（「付随的違憲審査制」）。具体的な権利義務に関する当事者間の争いがなければ司法権を行使することはできず、したがって違憲審査を行うこともできません。これに対して、通常の司法裁判所とは別個に憲法裁判所が置かれる国では、司法権の範囲、すなわち具体的な事件性の有無とかかわりなく、抽象的に法令の憲法適合性を審査することができます（「抽象的違憲審査制」）。

▶ （2）わが国における違憲審査制

日本では、憲法81条が「最高裁判所は、一切の法律、命令、規則又は処分が憲法に適合するかしないかを決定する権限を有する終審裁判所である」と定めており、司法権を担う裁判所の頂点にある最高裁判所に違憲審査権を認めていることから、アメリカ型の司法審査制を採用しているとするのが判例・通説です。憲法制定の初期には、同じ憲法81条を根拠として最高裁判所に憲法裁判所としての権限を認めることも可能と説く有力な見解がありましたが、次の**警察予備隊令違憲訴訟判決**によって否定されています。

この事件は、昭和25（1950）年の警察予備隊令によって陸上自衛隊の前身である警察予備隊が設置されたことが憲法９条に反し違憲無効であることの確認を求めて、当時の日本社会党の代表者であった鈴木茂三郎が最高裁判所に直接提訴したもので、最高裁は次のように判示してこの訴えを却下しました。

「わが裁判所が現行の制度上与えられているのは司法権を行う権限であり、そして司法権が発動するためには具体的な争訟事件が提起されることを必要とする。…最高裁判所は法律命令等に関し違憲審査権を有するが、この権限は司法権の範囲内において行使されるものであり、この点においては最高裁判所と下級裁判所との間に異るところはない。…わが現行の制度の下においては、特定の者の具体的な法律関係につき紛争の存する場合においてのみ裁判所にその判断を求めることができるのであり、裁判所がかような具体的事件を離れて抽象的に法律命令等の合憲性を判断する権限を有するとの見解には、憲法上及び法令上何等の根拠も存しない。」(**最大判昭27・10・8民集6巻9号783頁**)

2　違憲審査の主体と対象

(1) 最高裁判所による違憲審査

最高裁判所が法令等の違憲審査を行う場合、原則として大法廷で行います（裁判所法10条1号・2号）。ただし、前に大法廷でした法令等の違憲審査と同じ結論となる場合には、小法廷で裁判できます(同法10条1号カッコ書き)。小法廷での審理中に前に大法廷でした合憲判断の見直しの必要が生じた場合には、大法廷に回付して審理をしなければなりません（同法10条3号、最高裁判所裁判事務処理規則9条2項1号・3項)。法令等に対して違憲判断を下す場合には、決定の慎重を期すために、大法廷の裁判官のうち8人以上（絶対多数）の意見が一致する必要があります（同規則12条)。

(2) 下級裁判所の違憲審査権

憲法81条は最高裁判所に違憲審査権を認めていますが、下級裁判所がこの権限を有するかどうかは文言上明らかではありません。しかし、①憲法76条3項が「すべての裁判官は、…憲法および法律にのみ拘束される」

と定めており、下級裁判所の裁判官も具体的事件の裁判において適用する法律の憲法適合性を判断すべきこと、②憲法81条は最高裁判所を違憲審査権を有する「終審」裁判所としており、下級裁判所が「前審」として違憲審査を行えると解釈できること、③司法審査制の下、最高裁判所と共に司法権を担う下級裁判所も司法権に付随する違憲審査権を行使できると考えられることから、下級裁判所も違憲審査権を有すると解されます。次のように判例もこのことを認めています。

「憲法は国の最高法規であってその条規に反する法律命令等はその効力を有せず、裁判官は憲法及び法律に拘束せられ、また憲法を尊重し擁護する義務を負うことは憲法の明定するところである。従って、裁判官が、具体的訴訟事件に法令を適用して裁判するに当り、その法令が憲法に適合するか否かを判断することは、憲法によって裁判官に課せられた職務と職権であって、このことは最高裁判所の裁判官であると下級裁判所の裁判官であることを問はない。憲法八一条は、最高裁判所が違憲審査権を有する終審裁判所であることを明らかにした規定であって、下級裁判所が違憲審査権を有することを否定する趣旨をもっているものではない。」**（最大判昭25・2・1刑集4巻2号73頁）**

▶（3）条約に対する違憲審査

憲法81条は、違憲審査の対象として「一切の法律、命令、規則又は処分」を列挙していますが、ここで挙げられていない「条約」の憲法適合性審査を裁判所が行えるかどうかが問題となります。条約と憲法の効力関係について、条約が憲法に優位するという「条約優位説」の立場をとれば条約に対する違憲審査を認める余地はないのですが、学説上は憲法優位説が多数説となっています。

そこで、憲法優位説をとりつつ、①条約が憲法81条の列挙から除外されていること、②条約は国家間の合意であり一国のみの判断で無効にはできないこと、③条約の中には高度に政治的な内容を含むものが多いことを理由として、条約に対する違憲審査を否定する見解があります。

この見解に対しては、①憲法81条が違憲審査の対象を限定列挙したものではなく、②国際法たる条約も国内法として通用するので、国内法としての側面については法律に準ずるものとして違憲審査の対象となると解するのが妥当である、とする反論がなされています。

最高裁判所は、1957（昭和32）年、在日駐留米空軍が当時使用していた立川飛行場を拡張するための測量に反対する抗議行動で基地内に侵入した被告人たちが日米安全保障条約刑事特別法２条違反で起訴された「砂川事件」判決において、次のように、条約に対する違憲審査は可能であるとの立場を示しています。

「…アメリカ合衆国軍隊の駐留が憲法九条、九八条二項および前文の趣旨に反するかどうかであるが、その判断には、右駐留が本件日米安全保障条約に基くものである関係上、結局右条約の内容が憲法の…条章に反するかどうかの判断が前提とならざるを得ない。」（「砂川事件判決」（最大判昭34・12・16刑集13巻13号3225頁））

3　司法審査制の帰結

司法審査制ないし付随的審査制には、違憲審査を行う裁判所が、三権分立の枠組の中で、司法権の独立および裁判官の身分保障によって高い政治的中立性を持つ一方で、政府・議会等の政治部門とは異なり民主的基盤を持たないことから、違憲審査はあくまで司法権行使に必要な限りで行い不必要な憲法判断は慎むべきこと、議会の立法をある程度尊重し、憲法適合性に疑義がある場合にもできるだけ合憲的に解釈するよう努めるべきこと、高度の政治性を帯びる行為には司法権は及ばず、したがって違憲審査権も及ばないこと、といった種々の制約があります。

わが国では、客観的な憲法保障を重視する立場から、こうした制約の下での違憲審査の実際を「司法消極主義」と批判し、裁判所による活発な違憲審査と躊躇なき違憲判断を促す「司法積極主義」の主張が見られます。しかし、この司法積極主義の考え方は、政治部門とは異なり選挙によって付与される民主的正当性を欠き、しかも手厚い身分保障を受ける裁判官が、安全地帯から無責任な「裁判官政治」を行うことを許すものではないのか、国民主権および民主主義という観点からの冷静な検討が必要でしょう。

▶（1）憲法判断の回避

通常裁判所が司法権の行使に付随して違憲審査権を行使する司法審査制において、憲法判断は事件の解決に必要な限りで行うべきものとされます。陸上自衛隊の砲・爆撃演習に対する抗議として演習で使用中の通信線をペンチで切断した被告人たちの行為が防衛用器物損壊罪に問われた「恵庭事件」において、札幌地方裁判所は、当該通信線が自衛隊法121条にいう「その他の防衛の用に供する物」に該当しないため被告人を無罪とした上で、以下のように判示しています。

「弁護人らは、本件審理の当初から、…自衛隊法一二一条を含む自衛隊法全般ないし自衛隊等の違憲性を強く主張しているが、およそ、裁判所が一定の立法なりその他の国家行為について違憲審査権を行使しうるのは、具体的な法律上の争訟の裁判においてのみであるとともに、具体的争訟の裁判に必要な限度にかぎられることはいうまでもない。このことを、本件のごとき刑事事件にそくしていうならば、当該事件の裁判の主文の判断に直接かつ絶対必要なばあいにだけ、立法その他の国家行為の憲法適否に関する審査決定をなすべきことを意味する。したがって、すでに説示したように、被告人両名の行為について、自衛隊法一二一条の構成要件に該当しないとの結論に達した以上、もはや、弁護人ら指摘の憲法問題に関し、なんらの判断をおこなう必要がないのみならず、これをおこなうべきでもないのである。」（**「恵庭事件判決」（札幌地判昭42・3・29下刑集9巻3号359頁）**）

▶（2）合憲解釈

憲法適合性が争われている法律について、広い意味と狭い意味の２通りの解釈が可能で、広い意味の解釈をとるとその法律が違憲となり、あるいは違憲の疑いが濃くなる場合に、狭い意味の解釈を選択することによって法律の違憲となる可能性を排除しようとする法解釈の技術を合憲（限定）解釈といいます。地方公務員のあらゆる争議行為を禁止し、あらゆるあおり行為を禁止しているように見える地方公務員法37条１項・61条４項の規定について、争議行為・あおり行為とも違法性の強いものに限り処罰の対象となると解釈し（「二重のしぼり」）、被告人を無罪とした次の有名な旧判例があります。

「地方公務員の具体的な行為が禁止の対象たる争議行為に該当するかどうかは、争議行為を禁止することによって保護しようとする法益と、労働基本権を尊重し保障することによって実現しようとする法益との比較較量により、両者の要請を適切に調整する見地から判断することが必要である。」「地方公務員の行為が地公法三七条一項の禁止する争議行為に該当する違法な行為と解される場合であっても、それが直ちに刑事罰をもってのぞむ違法性につながるものでないことは、同法六一条四号が地方公務員の争議行為そのものを処罰の対象とすることなく、もっぱら争議行為のあおり行為等、特定の行為のみを処罰の対象としていることからいって、きわめて明瞭である。」

「争議行為そのものに種々の態様があり、その違法性が認められる場合にも、その強弱に程度の差があるように、あおり行為等にもさまざまの態様があり、その違法性が認められる場合にも、その違法性の程度には強弱さまざまのものがありうる。それにもかかわらず、これらのニュアンスを一切否定して一律にあおり行為等を刑事罰をもってのぞむ違法性があるものと断定することは許されないというべきである。ことに、争議行為そのものを処罰の対象とすることなく、あおり行為等にかぎって処罰すべきものとしている地公法六一条四号の趣旨からいっても、争議行為に通常随伴して行なわれる行為のごときは、処罰の対象とされるべきものではない。それは、争議行為禁止に違反する意味において違法な行為であるということができるとしても、争議行為の一環としての行為にほかならず、これらのあおり行為等をすべて安易に処罰すべきものとすれば、争議行為者不処罰の建前をとる前示地公法の原則に矛盾することにならざるをえないからである。したがって、職員団体の構成員たる職員のした行為が、たとえ、あおり行為的な要素をあわせもつとしても、それは、原則として、刑事罰をもってのぞむ違法性を有するものとはいえないというべきである。」（**「都教組事件判決」（最大判昭44・4・2刑集23巻5号305頁）**）

►（3）統治行為

法によって拘束されている国家機関の行為の合法性が具体的訴訟で争われても、「高度の政治性」を帯びているとして、司法権の範囲外とみなされる行為を統治行為といいます。たとえば、安全保障にかかわる事項、議会下院の解散、大臣の解任などがそれに該当するとされます。こうした統治行為論の理論的根拠としては、権力分立制・裁判所の政治的中立性・司法権の内在的制約などが挙げられます。**「統治行為（Regierungsakt, acte de gouvernement）」**は大陸ヨーロッパにおける概念で、アメリカでは**「政治問題（political question）」**といわれます。わが国では、衆議院の解散が統治行為に当たるとして憲法判断を行わなかった判例として苫米地事件判決があります。

この事件は、昭和27（1952）年に当時の第3次吉田内閣によって行われた衆議院解散が憲法違反であるとして、衆議院議員だった苫米地義三氏が衆議院議員たる資格の確認と議員歳費の支払を求めて訴えたもので、衆議院の解散が違憲審査の対象となるかどうかについて、最高裁判所は以下のように判示しました。

「わが憲法の三権分立の制度の下においても、司法権の行使についておのずからある限度の制約は免れないのであって、あらゆる国家行為が無制限に司法審査の対象となるものと即断すべきではない。〔衆議院の解散のように〕直接国家統治の基本に関する高度に政治性のある国家行為のごときはたとえそれが法律上の争訟となり、これに対する有効無効の判断が法律上可能である場合であっても、かかる国家行為は裁判所の審査権の外にあり、その判断は主権者たる国民に対して政治的責任を負うところの政府、国会等の政治部門の判断に委され、最終的には国民の政治判断に委ねられているものと解すべきである。」**（「苫米地事件判決」（最大判昭35・6・8 民集14巻7号1206頁））**

また最高裁は、前出の砂川事件判決でも、次のように「一見極めて明白に違憲無効であると認められない限りは」という留保を付しながらも統治行為論を展開しています。

「〔日米〕安全保障条約は、…、主権国としてのわが国の存立の基礎に極めて重大な関係をもつ高度の政治性を有するものというべきであって、その内容が違憲なりや否やの法的判断は、…純司法的機能をその使命とする司法裁判所の審査には、原則としてなじまない性質のものであり、従って、一見極めて明白に違憲無効であると認められない限りは、裁判所の司法審査権の範囲外のものであって、それは第一次的には、右条約の締結権を有する内閣およびこれに対して承認権を有する国会の判断に従うべく、終局的には、主権を有する国民の政治的判断に委ねらるべきものであると解するを相当とする。」（砂川事件判決（最大判昭34・12・16刑集13巻13号3225頁））

4　違憲判断の方法と効力

▶（1）法令違憲と適用違憲

違憲判断の方法には、法令そのものを違憲とする「法令違憲」と、法令自体は合憲でも、それが当該事件の当事者に適用される限度において違憲であるとする「適用違憲」という２つの方法があります。前者の法令違憲判断は、昭和48（1973）年の尊属殺重罰規定違憲判決から平成27（2015）年の女性のみの再婚禁止期間規定の違憲判決まで、計10件の判決で示されています。

他方、後者の適用違憲判断を示した下級審裁判例としては、郵政職員（当時は国家公務員だった）が衆議院議員選挙に際して政党候補者のポスターを掲示・配布した行為が国家公務員法102条１項および人事院規則14-7が禁止している「政治的行為」に該当するとして起訴された次の「猿払事件」第１審判決が有名です。

「法がある行為を禁じその禁止によって国民の憲法上の権利にある程度の制約が加えられる場合、その禁止行為に違反した場合に加えられるべき制裁は、法目的を達成するに必要最小限度のものでなければならないと解される。法の定めている制裁方法よりも、より狭い範囲の制裁方法があり、これによってもひとしく法目的を達成することができる場合には、法の定めている広い制裁方法は法目的達成の必要最小限度を超えたものとして、違憲となる場合がある。」「非管理者である現業公務員でその職務内容が機械的労務の提供に止まるものが勤務時間外に国の施設を利用することなく、かつ職務を利用し、若しくはその公正を害する意図なしで人事院規則一四―七、六項一三号の行為を行なう場合、その弊害は著しく小さいものと考えられるのであり、…国公法八二条の懲戒処分ができる旨の規定に加え、三年以下の懲役又は一〇万円以下の罰金という刑事罰を加えることができる旨を法定することは、行為に対する制裁としては相当性を欠き、合理的にして必要最小限の域を超えているものといわなければならない。」「非管理職である現業公務員で、その職務内容が機械的労務の提供に止まるものが、勤務時間外に、国の施設を利用することなく、かつ職務を利用し、若しくはその公正を害する意図なしで行った人事院規則一四―七、六項一三号の行為で且つ労働組合活動の一環として行なわれたと認められる所為に刑事罰を加えることをその適用の範囲内に予定している国公法一一〇条一項一九号は、このような行為に適用される限度において、行為に対する制裁としては、合理的にして必要最小限の域を超えたものと断ぜざるを得ない。」「同号は同法一〇二条一項に規定する政治的行為の制限に違反した者という文字を使っており、制限解釈を加える余地は全く存しないのみならず、同法一〇二条一項をうけている人事院規則一四―七は、全ての一般職に属する職員にこの規定の適用があることを明示している以上、当裁判所としては、本件被告人の所為に、国公法一一〇条一項一九号が適用される限度において、同号が憲法二一条および三一条に違反するもので、これを被告人に適用することができないと云わざるを得ない。」**（猿払事件第１審判決（旭川地判昭43・3・25下刑集10巻3号293頁））**

►（2）一般的効力説と個別的効力説

裁判所が裁判において法律を法令違憲と判断した場合に当該法律の効力がどうなるかに関しては、①違憲と判断された法律は当該事件においてのみならず一般的に無効となるとする「一般的効力説」と、②違憲判断は当該事件限りのものであるとする「個別的効力説」とに分かれていますが、付随的違憲審査制の本質や権力分立の原理に照らして②説が妥当と考えられます（通説）。わが国において違憲審査権は、あくまで具体的な当事者間の法的紛争を裁決するという司法権の行使の一環として行われるべきものであり、また違憲判断に法令廃止の効果を認めると裁判所に消極的立法の権限を与えることになり、権力分立（ここでは立法と司法の分立）を損なってしまうからです。

個別的効力説に立った場合、裁判所が違憲と判断した法令は、当該事件の当事者については無効ですが、それ以外の者には依然として有効ということになり、国の法秩序が混乱するという理論的な難点があります。これに対して多数の学説は、裁判所の違憲判断を立法府および行政府が尊重して違憲とされた法令の改廃や適用の排除など適切な措置が採られることによってそうした弊害は生じないとしており、実務上も深刻な問題は生じていません。

すなわち、これまで国会は最高裁判所によって違憲と判断された法律をすみやかに改正・廃止しています。その近年の例として非嫡出子の法定相続分に関する規定（民法900条４号但書）や女性の再婚禁止期間に関する規定（民法733条１項）などがあります。

また、国会が違憲とされた法律の改廃を行わなかった場合には、行政府が当該規定の適用を控えることによって、司法府による違憲判断を尊重し、国法秩序の統一を保つよう努めています。その例として、尊属殺重罰規定（刑法200条）は昭和48（1973）年に違憲と判断された後、平成７（1995）年に削除されるまでそのままとなっていましたが、違憲判断の後は、当該規定による起訴は行われなかったことが挙げられます。

第22章

国家緊急権

《本章のキーワード》

□ 立憲主義	□ 非常大権
□ 非常事態・緊急事態	□ 緊急財政処分
□ 緊急命令	□ 不文の法理（必要性の法理）
□ 戒厳	□ 参議院の緊急集会

1 国家緊急権の意義と形態

(1) 国家緊急権の意義

憲法を国家の基本法とし、憲法に基づいて国家が運営されることを立憲主義といいます。具体的には、主権者国民により信託を受けたそれぞれの国家機関が国家を運営するために憲法に従って権力を行使します。そして、憲法が保障している国民の人権を国家機関が不当に侵害・制限しないよう権力行使を制限します。これが立憲主義です。

近代憲法は人権保障と権力分立を基本原理とし、人権保障をより完全なものとするため権力分立を採用し、各国家機関の権限の範囲を限定して授け、制限しています。このことから憲法は授権規範であり、制限規範であるといわれます。立憲主義は国民主権・権力分立・人権保障と結びつき、近代国家にとって重要な思想であり憲法原理となっています。

ただし、立憲主義は国家が平時、すなわち平穏な状態を前提として考えられています。ところが、国家は常に平穏とは限りません。他の国家から不当な武力行使を受けることもあります。地震や台風などの大規模な自然災害で多くの犠牲者を出すこともあります。新型コロナウイルスのような感染症が蔓延し、国家そのものが混乱することもあることは、われわれ自身が経験済みです。

非常事態あるいは緊急事態のときに、主権者国民が託した国家機関が機能せず、平時の体制で適切に対処することができなくなることがあります。それでも国家機関は国民から国家運営を信託されている以上、国民を守り、国家を維持する義務があります。そのようなときに発揮されるのが国家緊急権です。国家緊急権はまさに非常事態あるいは緊急事態という危機に際し、国家の存立を維持し、より基本的な国民の生命・身体・財産などの人権を守るために行使されます。

立憲主義の枠組みを維持しながら、一部の人権を一時停止したり、暫定的に一定の国家機関（主に行政権）に権力を集中させることで、すみやかに危機に対処し、克服することを目的として非常措置・緊急措置を取ることを可能にするのが国家緊急権です。平時の人権保障・権力分立を基本とする立憲主義のしくみを一時停止することになりますが、それはあくまで危機の間に限られます。

▶（2）国家緊急権の形態

国家緊急権の内容は国家によって異なり、様々な形や考え方があります。そこで国家緊急権の形態という観点から２つに分けて説明します。

(a) 国家緊急権を憲法に規定し、憲法によって国家緊急権の発動要件を定める方式。(ヨーロッパ大陸型)

(b) 国家緊急権を憲法には盛り込まず、不文法、慣習法などや個別の法律によって発動要件を定める方式。(英米型)

(a) はドイツやフランスなど大陸法系の国々で見られます。この場合の国家緊急権は憲法に根拠を持つもので、憲法上の権限となります。立憲主義の枠組みの中に、例外的な権限として国家緊急権を位置づけるものです。

(b) は国家緊急権を憲法には盛り込まず、コモン・ロー（不文法、慣習法など）や個別の法律によって発動要件を定めています。アメリカやイギリスといった英米法系の国々で見られる形です。この場合の国家緊急権は、憲法上の条文に根拠を持つのではなく、伝統や慣習に根拠をもち、さらにそれらに基づいて個別の法律が制定されています。

(a) 大陸型

ドイツでは、基本法（ドイツの憲法）において緊急事態を細かく分けた上で、その発動要件を憲法に定めています。緊急事態は、対外的緊急事態と対内的緊急事態とにわけられます。対外的緊急事態は、外国からの武力攻撃があった場合の「防衛事態」(基本法115条ａ～１)、防衛事態が緊迫している場合の「緊迫事態（部分的緊急事態を含む。)」及び「同盟事態」(80条ａ）に分けられています。対内的緊急事態は、ドイツの自由で民主的な秩序に対して急迫な危険が存在している場合の「憲法上の緊急事態」(87条ａ第１項～第４項、91条）と自然災害又は特に重大な災厄事故の場合の「災害事態」(35条３項）に分けられています。これらの場合、連邦政府や大統領など行政が中心となり、議会などの同意を得ながら必要な措置を講じることができるようになり、その事態に対処することになる。

フランスでは、1814年に制定された憲章（憲法）に緊急命令制度が定められ、その後現在の第5共和国憲法においても国家緊急権が規定されています。フランス第5共和国憲法は「共和国の制度、国の独立、領土の保全又は国際的取極の執行が重大かつ直接に脅かされ、かつ、憲法上の公権力の正常な運営が阻害される」場合の「非常事態措置権」(16条)、戦争又は反乱による国家の危機の場合の「戒厳」(36条）の２つを規定しています。前者は危機においては大統領の独裁的な権力行使が認められています。後者の場合は、行政権または司法権の一部を軍当局に移管することが認められ、一定の人権を制限することが可能になります。

また、憲法ではなく法律として、戒厳よりも柔軟な緊急事態への対応を可能としている「緊急事態法」があります。この法律は内務大臣や県知事に治安維持を目的とした指示を行う権限を与えるものです。

(b) 英米型

イギリスでは、侵略あるいは内乱などの緊急事態が発生した場合は、政府は秩序や公安を維持し、回復するために必要な措置を講じることを認めるマーシャル・ロー（martial law）という不文法があり、これに基づいて「国家緊急権法」を定めます。現在では「2004年民間緊急事態法」が効力を有し、戦争、テロ、自然災害、伝染病といった緊急事態に対応する包括的枠組みが構築されます。また、ライフラインや交通手段が崩壊し、国民生活から生活必需品が剥奪される場合には、国王は緊急事態を宣言でき、政府が必要な措置をとることが認められています。さらに法律の想定外の事態が生じた場合には、政府が必要な措置を講じることもできます。

アメリカでは、国家緊急事態に際して、イギリスと同様にマーシャル・ローにより必要な措置をとるあらゆる権限が大統領に付与されていますが、その法的根拠は合衆国憲法第２条第１節第1項（大統領権限）と第２節第２項（大統領の軍隊指揮権）に求められます。さらにこうした大統領の権限に対して国家の緊急事態に際して議会の関与や役割を明確にする「国家緊急事態法」(1974年）や戦争遂行するための軍隊指揮権に議会の関与を盛り込んだ「戦争権限法」が制定されています。アメリカでは大統領が全般的に権限行使し、法律により議会の関与などを明記しつつ、臨機応変に対応してきています。

2 国家緊急権の利点と問題点

▶（1）利点

諸外国の国家緊急権の制度をみると、緊急事態においては、一部の人権の制限や行政立法領域の拡大など、行政権（大統領や政府）が必要な措置をとることが広く認められています。平時であれば、当然議会が立法権を行使して行われる立法領域や人権の制限が、議会の制定する法律によらず、行政権によって行われることが認められます。

また、国家の財政、つまりお金についても非常事態・緊急事態に対処するため必要となります。財政は原則として議会の関与を必要とするものです。平時では、予算や財政は、国民の代表者がある程度時間をかけて議論し、決めていくのが民主主義国家の基本です。

しかし、国家の存亡や国民の生命や財産の存続に関わる緊急事態が発生した場合、迅速に事態に対処することが求められます。この場合、常日頃から緊急事態に備えている警察、消防、軍などの行政機関がまず対処しますが、それらが組織としてしっかり機能できるのか、またそもそも議会を開く時間の余裕があるのか、議会がまともに機能するのか、といったことが問題になることが予想されます。一刻の猶予も許されず、国家機関が機能しないことになれば、まさに国家の存亡にかかわる非常事態・緊急事態です。

例えば、議会が機能しなければ、法律は制定できず、財政も動かすこともできず、予算もできず、必要なお金を支出できないということになります。こうなると行政機関は初動対応ができるとしても、基本的に法律に基づき行動し（法律による行政の原理）、一定の財政支出を必要とするため、その後行政機関が機能しなくなる恐れがあります。そこで、政府（行政）などにその後も事態対処ができるように、一定の議会の機能や権限を一時的に行政権に移管するために国家緊急権を発動し、行政機関が迅速に動けるようにします。これによって政府が非常事態・緊急事態に際して法律に代わるものを制定し、財政を動かし、迅速に必要な措置をとり、被害を最小限に抑えるよう動くことができるようになります。これが国家緊急権の利点で、国家緊急権は国の存立や国民の生命財産を守るための最後の砦といっても過言ではありません。

▶ （2）問題点

他方で、国家緊急権は、戦争・内乱・テロ・大規模災害・感染症拡大等が起きたときに、通常の統治機能では対処できないため、権力を集中させます。これには迅速に非常事態・緊急事態に対処できるという利点を持っていますが、他方で問題点もいくつか指摘されています。特に問題となるのは、国家緊急権の適用期間終了の判断と国家緊急権の発動要件です。

国家緊急権は立憲主義を一時的に停止することになります。立憲主義とは、前述のように憲法に則り国家を運営することであり、その基本原則には権力分立と人権保障があります。これらを一時停止することは、一定期間憲法によって権力分立していた権力を一部の国家機関（とくに行政機関）に集中させ、平時よりもさらに一定の人権を制限することになります。そのため権力を集中することで必要以上に過度に人権の制限を許してしまうことにもつながりかねないという危険があります。したがって、危機の克服に必要な程度に比例した限度での人権の制限にとどめなければなりません。

諸外国や明治憲法の国家緊急権を見ると法律と同様の効力を持つ法令（緊急命令）を行政権が制定できるようにしています。非常事態・緊急事態時においては、国会による通常の立法手続きをとっていたのでは状況に迅速に対処できないため、行政権による立法を認めているわけです。ただし、このような立法（緊急命令）の効力は、非常事態・緊急事態の期間に限られます。緊急命令は、その期間の終了後に議会の承認を得ることが必要で、承認が得られないときは無効とされるのが通例です。そのため、非常事態・緊急事態の終了を判断し、いつ平時に戻すのかの判断が重要です。

また、国家緊急権の発動要件、すなわち①国家緊急権をいつ発動するのか、②どの機関にどのような権限を持たせるのか、そして③いかに国民がそれに対して監視するのかが問題となります。フランスやドイツなどの憲法には確かに国家緊急事態のときは行政権にどのような権限を与えるのか、ある程度明確に定められています。特に、ドイツでは憲法上で緊急事態を細かく分けて、①いつ発動するのかを明らかにし、②連邦政府にどのような権限をあたるか規定し、③連邦議会がどのように関与するのかを明らかにしている。

しかし、いくら憲法に書いてあるとしても一度緊急権が発動されると無視されることもあります。その典型的な事例がワイマール憲法時代のドイツでありました。ドイツは1919年にワイマール共和国憲法を制定し、同憲法48条で大統領の緊急命令権を規定していました。それによると、大統領は公共の安全および秩序に著しい障害が生じ、またはそのおそれがあるとき、大統領は公共の安全および秩序を回復させるために必要な措置をとることができ、さらに必要な場合には、武装兵力を用いて介入することができると定められていました。この規定を用いて、ドイツ政府（ナチス）は全権委任法を制定させ、総統ヒットラーにすべての権力を集中させた独裁体制を構築し、戦争へ突入し、ワイマール体制の崩壊へとつながりました。このような経験を踏まえて、緊急権の濫用を防止するため、現在のドイツ憲法は詳細な緊急権規定を置いているのです。

英米を中心とする国家緊急権を憲法に規定してない国々では、国家緊急権の発動は不文の法理（必要性の法理）に基づいて行われています。不文の法理は過去の実例や判例を通じて形成されたもので、一定の発動要件等が確立されています。しかし、それが明文化されていないため、国家緊急権の発動がその場の判断に委ねられ、裁量の範囲が広くなるため、濫用の危険が大きくなることが危惧されます。民主主義の根付いている国ではそのような危険は少ないのですが、そうでない開発途上国ではクーデタの手段として緊急権が濫用され独裁体制の確立に利用された例が見られます。

国家緊急権の問題は、非常事態・緊急事態とは何かを明確にし、その発動を必要な限度に限定することにあります。非常事態や緊急状態が発生し、国家はそのような事態に対処しなければならない事態が起こりうることは否定できません。そのためにあらかじめ、どのような事態を非常事態・緊急事態と捉え、そのように対処するかを明文化しておくことが望ましいと考えられます。それでも濫用の危険があることを常に意識し、危機が収束したときはすみやかに通常の立憲主義体制に復帰することが求められます。為政者も国民もともに国家緊急権の扱いを正確に理解し、立憲主義とは何かを常に意識しなければならないということです。

3　我が国における緊急事態法制と国家緊急権

►（1）明治憲法と国家緊急権制度

明治憲法は国家緊急権の規定を置いていました。**緊急勅令**（8条）、**戒厳**（14条）、**非常大権**（31条）、および**緊急財政処分**（70条）がそれです。緊急勅令は「天皇ハ公共ノ安全ヲ保持シ又ハ其ノ災厄ヲ避クル為緊急ノ必要ニ由リ帝国議会閉会ノ場合ニ於テ法律ニ代ルヘキ勅令ヲ発ス」（8条）とされ、緊急事態（公共の安全の保持又災厄）の場合は、法律に代わる勅令を天皇が発することができとされていました。いわゆる緊急命令の規定です。

戒厳は戦時又は内乱のとき、天皇が宣言し、行政権・立法権・司法権は軍当局に移管され、国民の権利を制限することができました。ただし、その要件や効力については法律で定めるとしていました。

非常大権とは「本章ニ掲ケタル条規ハ戦時又ハ国家事変ノ場合ニ於テ天皇大権ノ施行ヲ妨クルコトナシ」（31条）とされ、臣民（国民）の権利義務を定めた第2章のことをいい、これをもって国民の権利を制限できるとするものでした。

緊急財政処分は「公共ノ安全ヲ保持スル為緊急ノ需用アル場合ニ於テ内外ノ情形ニ因リ政府ハ帝国議会ヲ召集スルコト能ハサルトキハ勅令ニ依リ財政上必要ノ処分ヲ為スコトヲ得」（70条）とし、緊急事態のとき公共の安全を維持するために必要な場合に勅令で財政上の処分（支出）をすることができるようになっていました。

▶（2）日本国憲法と緊急事態法制

日本国憲法には緊急事態に関する条文がありません。それでも非常事態・緊急事態は発生します。現在の日本ではこのような事態に対して、個別の法律で対処することを定めています。ここではそのいくつかの法律を紹介します。

① 自衛隊法

国外からの武力攻撃に対処するものとしては、**自衛隊法**で防衛出動（76条）の規定がおかれています。また､内乱などに対しては治安出動（78条）の規定があります。災害の際は都道府県知事が自衛隊に災害派遣（83条）を要請することができます。また、国民保護法に基づき、国民を保護するために必要な措置もとることができます（77条の４）。

② 災害対策基本法

大規模災害に対しては、**災害対策法**を中心に災害関連法が制定されています。**災害対策基本法**では、特に「非常災害が発生し、かつ、当該災害が国の経済及び公共の福祉に重大な影響を及ぼすべき異常かつ激甚なものである場合」（105条）は、内閣総理大臣が災害緊急事態の布告をすることができます。これにより買い占めなどに対処するため生活必需品を統制し、物価の上昇を抑えることなどができます。

③ 災害援助法

災害援助法では、救助に必要な物資を生産する業者（企業）に対して、その生産した物資を政府が収用することができます。医療関係者や土木事業者に対しては、都道府県知事が災害救助の業務に従事するよう命じることができます（同法7条）。そして、これらに従わない場合、刑罰が科されます（32条1号）。

④　警察法

警察法では、「大規模な災害又は騒乱その他の緊急事態に際して、治安の維持のため特に必要があると認めるとき」（同法71条）は、内閣総理大臣は、全国の警察に対して緊急事態の布告を出すことができ、内閣総理大臣が警察を直接統制することができます。

⑤　新型インフルエンザ特別措置法

感染症などに対しては、**新型インフルエンザ特別措置法**などがあります。この特別措置法では、「国民の大部分が現在その免疫を獲得していないこと等から、新型インフルエンザ等が全国的かつ急速にまん延し、かつ、これにかかった場合の病状の程度が重篤となるおそれがあり、また、国民生活及び国民経済に重大な影響を及ぼすおそれがある」場合に、この法律が適用されることになっています。このような感染症が蔓延し、国民生活に影響を及ぼしていると政府が判断した場合、内閣総理大臣は緊急事態宣言を出すことできます。

令和2（2020）年4月の緊急事態宣言はこれに基づくものでした。この緊急事態宣言により、国民に対して外出の自粛要請（同法45条1項）や、学校や映画館などの使用制限などの要請や指示ができ（同条2項）、医療施設を臨時開設するための土地・家屋の使用（48条、49条）も可能となります。

⑥　国民生活安定緊急措置法

国民生活安定緊急措置法では「特定の地域において生活関連物資等の供給が不足することにより当該地域の住民の生活の安定又は地域経済の円滑な運営が著しく阻害され又は阻害されるおそれがあり、当該地域における当該生活関連物資等の供給を緊急に増加する必要がある」（22条）場合、物資の転売を規制したり、価格高騰を抑えることができます。例えば、新型コロナウイルスが拡大した際のマスクの転売を規制したのがこれです。

▶（3）我が国における国家緊急権の議論

我が国では、明治憲法には国家緊急権の規定がありましたが、現行憲法にそのような規定はありません。参議院の緊急集会の規定(憲法54条２項)はありますが、これは衆議院が解散されている場合の規定で、緊急権の規定と解することはできません。そのため、日本国憲法のもとで不文の国家緊急権が認められるのかどうか、議論があります。それには、大きく分けて３つの学説があります。

① 国家緊急権欠缺(けんけつ)説

この説は、憲法は参議院の緊急集会しか認めず、これすらも開けない場合、どのようにすべきか規定していない以上、これは憲法の欠缺と言わざるをえない。そのため緊急権を憲法上制度化する必要がある（憲法改正）とします。

② 国家緊急権容認説

この説は、日本国憲法下でも国家緊急権の行使は可能とします。英米法のように非常事態・緊急事態においては国家は国民を守るため対処する必要があるということ（必要性の法理）から、日本国憲法もそれを容認しているという考え方です。

③ 国家緊急権否定説

この説は、国家緊急権の発動は憲法が定めた人権保障や権力分立を否定するものであり、立憲主義の崩壊を招くことになる。憲法の基本原則に憲法自ら忠実であろうとするのは当然であり、憲法自らがそれを否定し、破壊することはありえない、とする説です。

自民党が平成24年に発表した「憲法改正草案」では、国家緊急権の規定がが盛り込まれています。草案98条で「内閣総理大臣は、我が国に対する外部からの武力攻撃、内乱等による社会秩序の混乱、地震等による大規模な自然災害その他の法律で定める緊急事態において、特に必要があると認めるときは、法律の定めるところにより、閣議にかけて、緊急事態の宣言を発することができる」と定めています。

この場合の緊急権の発動要件は、武力攻撃・社会秩序の混乱・大規模な自然災害などの場合で、その際、内閣総理大臣は緊急事態宣言をすることができることになっています。宣言した場合の効力は、内閣が法律と同一の効力を有する政令を制定することができ、内閣総理大臣は財政上必要な支出などができます（同案99条）。さらに国会の事前又は事後の承認を必要とする（同案98条２項）とされています。

►（4）我が国における国家緊急権の今後

日本では、武力攻撃・災害などの緊急事態に対しては、個別の法律を制定し、対処していることがわかります。これらの法律の究極の根拠はやはり憲法にあるといえます。憲法13条は「すべて国民は、個人として尊重される。生命、自由及び幸福追求に対する国民の権利については、公共の福祉に反しない限り、立法その他の国政の上で、最大の尊重を必要とする」と定めています。国民から託された国政を国会や内閣が国民の生命などの諸権利（人権）を最大限尊重し、あらゆる事態においても国民の生命などの諸権利を尊重し、守るのが国政を預かる者の義務なのです。そのために国会が法律を制定し、その法律に則り内閣が緊急事態に対処するのです。

①　緊急措置と法律の根拠

公共の福祉に反する行為、すなわち緊急事態においてその事態を悪化させる行為などは、たとえ人権として保障されていても、これらの法律をもって制限することができると考えられます。例えば、自由に物を売り買いすること（憲法22条１項：経済的自由）が保障されていますが、新型コロナウイルスの感染防止のための緊急事態宣言が発せられたとき、マスクを必要とする人のたちを優先させるためマスクを買うこと（転売目的）が規制を受け、感染拡大防止のため移動（同条：居住・移転の自由）の自粛要請がなされました。これらの要請・指示・命令は内閣など行政が主体となって行うものですが、その根拠は法律にあります。

日本はドイツやフランスのように憲法に国家緊急権の規定がなく、イギリスやアメリカのような不文の法理も確立しているとはいえません。そのため、個別の法律で内閣にある程度権限を集中させ、事態に対処しています。それでも、いくら危機管理法制度を整えても、想定外の事態が生じることがあり、その場合、法律がなければ迅速に対応できないということになります。国家の存続なくして憲法の存続はありえません。国家の存立を維持し、立憲主義を守るためにはどうしても緊急事態に対処する法整備が必要となります。その法整備が憲法改正にまで及ぶのか、法律でできることなのか議論が続いています。

学者の中には、日本はすでに法律レベルで事実上の国家緊急権を備えており、これらの法律は日本の憲法を頂点とする法体系を形成しているとして、あえて憲法に非常事態・緊急事態に関する条文を備えなくていいとする意見が多数を占めているようですが、一方で、緊急事態に関する法律の直接の根拠となる国家緊急権規定を憲法に定めることこそ立憲主義のあり方であるとする意見も根強く主張されています。

② 緊急措置と憲法の根拠

ではなぜ、憲法に非常事態・緊急事態に関する条文が必要なのでしょうか。人権保障の面では、緊急事態における人権の制限が、憲法13条の「公共の福祉」によるものであるとして一般的な説明がつきます。しかし、緊急事態に対処するための暫定的なもので、平常時とは違う例外的な制限であることを憲法に明示することで、緊急措置に伴う人権制限が、憲法じしんが認める憲法の枠内のものであることが明確になります。つまり、緊急措置の合憲性と実効性がより強く確保され、緊急事態法制の憲法上の基礎がより強固なものとなるということです。

行政権への権力集中については、内閣が事態に対処するため法律と同等の効力を有する法律に代わる政令（緊急政令）を定めることができるかどうかが、権力分立の観点から問題になります。内閣には政令制定権が認められていますが（憲法73条6号）、この政令は、法律に基づかなければならないと解されています。そのため、緊急事態において、立法権をもつ国会が動かない限り行政も動けないことになってしまいます。

そこで、法律で緊急政令のようなものを作ることを国会が法律をつくって内閣に委任していたのでは、迅速な対処は到底不可能です。また、行政権を担う内閣が緊急事態に対処するという憲法上の明確な根拠も見当たりません。法律と無関係に制定される命令（独立命令）は国会中心立法の原則（憲法41条）に反し、憲法上許されません。

東日本大震災直後は20本以上の法律が制定され、発生から約1ヶ月後に震災復及のために4兆円以上の補正予算が国会に提出され5月2日に可決・成立しました。震災直後にこのような対応ができたことは、国会が正常に機能していたからこそであり、法律を制定でき、予算ができ行政を動かすことができたからといえます。しかし、首都直下型地震など首都機能が麻痺したときは、国会議員が集まることができず、国会が機能しなくなる可能性があります。この事態に陥ると法律も予算もつくることができず、行政機関も十分な措置をとることができなくなってしまいます。

常に最悪の事態を予測し、その最悪の事態から国民を守るために迅速に対処できる制度設計が必要となります。その一つが国家緊急権であることを理解し、その活用と統制を如何にすべきかを考えることが重要です。

終章

これからの日本と憲法を考える

《本章のキーワード》

- □ 戦後憲法学
- □ 宮澤俊義
- □「八月革命」説
- □ ポツダム宣言
- □ 日本国憲法の制定神話
- □ 憲法典絶対主義
- □ 憲法解釈の方法
- □『あたらしい憲法のはなし』
- □ 憲法を支える事実
- □ 憲法の前提

1　憲法と憲法学の前提

令和２（2020）年４月７日、新型コロナウイルスの蔓延によって緊急事態宣言が出されました。繁華街やターミナル駅から人影は消え、街は静まりかえりました。この宣言によって、国民と政府の関係、国民の国家観と憲法意識がはっきりと現れました。

政府は国民に行動制限を要請し、国民はその要請に従順に応えました。国民の側からは、強制力のない要請を弱腰とでもいわんばかりに政府を批判し、なぜもっと早く緊急事態を宣言し行動を制限しなかったかと批判する声も聞かれました。国民自ら、政府に対して憲法で保障された人権を強く制限する強制措置を求めたのです。新型コロナへの感染の恐怖から、憲法の保障する居住・移転の自由（経済活動の自由）（22条１項）の制限を、「自粛要請」だけで多くの国民は進んで受け入れました。

一方では、私権を制限する緊急措置権は憲法に規定する必要はない、法律で何でもできると、立憲主義を標榜する政党の党首は非立憲主義的な発言を平然と主張していました。憲法に根拠をもたないことでも法律で何でもできるなら、それは立憲主義の否定にほかなりません。都知事は都市のロックダウン（都市封鎖）の可能性を公言しました。しかし、憲法を学んだものであれば、現在の法制度ではロックダウンなど不可能なことは明白です。まさに「違憲」の発言でした。

戦後初ともいえる全国的な非常事態のなかで、憲法に関わる真に興味深い現象が観察されました。国民は憲法など意識になく強権発動による人権制限を政府に求めたのですが、政府は憲法の縛りの中でギリギリの措置である「自粛要請」を国民に求めたのです。現在の憲法、法制度の下でできることはその程度なのです。

こうして緊急事態宣言は、はからずも日本国憲法の下での国民の本音の国家観・政府観を露わにしました。コロナ禍という非常事態において、国民はひたすらその命を守るための措置をとることを政府に求め、一方で国民は自己防衛に徹したのです。そこには憲法など念頭にはなかったようです。

政府は憲法を遵守しながら、行動制限を国民にお願いしました。それでも、国民は政府の要請に従って行動を制限する以上、「補償」は当然だと要求し、政府はそれに応えました。憲法上の根拠は示されていませんが、国民は納得したようです。

もしこれが、感染症ではなく、外国からの武力行使や侵略という非常事態だったらどうなるのでしょうか。実は、そんなことはあり得ないという前提に日本国憲法は立っています。憲法は非常事態を想定せず、憲法学は非常事態をほとんど考察の外に置いてきました。平和のうちに国家が存立するものだという前提に立ってきたのです。

2 憲法解釈の方法

戦後の憲法学は、占領下における新憲法（日本国憲法）の解釈から始まりました。正確には新憲法のプロパガンダ（宣伝）から始まった、というべきかもしれません。序章でも述べましたが、日本国憲法が施行された直後、新制中学１年の社会科教科書『あたらしい憲法のはなし』（昭和22年8月・文部省）が発行されました。実は、その直前にもう一冊別の『あたらしい憲法のはなし』（昭和22年6月・朝日新聞社）が発行されています。こちらの著者は宮澤俊義という戦後の憲法学の基礎を築き、多くの憲法学者を輩出し憲法学界をリードしてきた東京大学法学部の憲法学の教授です。いずれも、主権在民、平和主義、民主主義、基本的人権の尊重などの基本原理を柱とする新憲法の素晴らしさを宣伝する国民啓蒙のための新憲法解説書でした。

宮澤版『あたらしい憲法のはなし』では、新憲法は「日本国民が自分でつくったのである。…前文が、『日本国民は……この憲法を確定する』といっているのはその意味である」といっています。新憲法は主権者である国民みずからがつくった憲法であると説いています。

ポツダム宣言を受諾した昭和20年８月14日に法的意味の革命が起こり国民主権が成立したという考えが前提にあるのです。この考え方は、ほかならぬ宮澤の「八月革命」説です。もちろんこれは事実ではありません。虚構（フィクション）です。八月革命という理論を編み出すことで、日本国憲法を帝国憲法から原理的に切断し、日本国憲法の正当性を基礎づけたのです。この説が憲法学における通説とされ、今ではそれを史実であると信じる者さえいるほどです。

しかし、宮澤自身、のちに次のように語っています。

「今度の憲法が与えられた憲法であるかという、そういう意味における今度の憲法の性格であります。このことはいまさら申し上げるまでもなく、できました当初は、司令部の方針としてそういうことは発表してはならないということになっておりましたので、政府もつねにこれは幣原内閣の意思にもとづいてできたものであるかのごとくに説明をして、議会でもそういう説明で通しました。

また一般の評論などでも、多少でもそれに対してそういった匂いのするようなものを書きますと、全部検閲でカットされました。私のことを申すと何ですが、この憲法が公布されました日に、ある新聞に今度公布された憲法についてその日の新聞に何か書いてくれと頼まれまして、ある文章を書きました。…今度の憲法がアメリカの方の意向にもとづいてできたことはむろん書くわけにはまいりませんから、それは承知しておりましたので、そういうことは書きませんで、…」(宮澤俊義『政治と憲法―憲法二十年(下)―』(東京大学出版会・1969年)。

まことに正直な告白です。戦後一流の憲法学者の学説というものが、どのような性格のものであるかを如実に物語っています。戦後の憲法学はこのような虚構の上に正当性を確保し、現在の憲法学にも色濃くその影を落としているのです。

3 憲法典絶対主義の憲法学

戦後憲法学の特徴について、次のように整理する見解(小嶋和司「戦後憲法学の特色」『小嶋和司憲法論集三　憲法解釈の諸問題』(木鐸社、1989年))があります。

①戦後の憲法学は、憲法典に関心の中心を据え、そこからすべての国家現象をみようとし、国家現象の一局面として憲法や憲法典をみようとはしなかった。

②憲法典を越えるもの、それを基礎づけるものを考慮の外におくことが、憲法学の本質であると見なしてきた。

戦後憲法学は、憲法典を基礎づけるものや超えるものといった、法典の外側にあってそれを支えるものを対象外に追いやってきたというのです。憲法典を通して国家現象をみるその方法は、憲法規範に照らして国家現象を高みから裁定する姿勢とともにありました。政府の行為が、憲法に違反しないか監視するのが憲法学者の役割であるかのような態度が濃厚で、今もその傾向が見られます。現実を観察しながら憲法の規定そのものの妥当性を検証することは論外とされてきたのです。そのような学問は法律学としての憲法学ではなく、憲法学ですらないと無視されてきました。

そのような憲法学にあっては、憲法学の本質は憲法典の解釈であり、その解釈の論理性こそが命でした。解釈の結果としての結論が具体的妥当性を有するか否か、すなわち現実に妥当する解釈か否かはほとんど考慮の外に置かれてきました。憲法典中心主義と言うよりも、憲法典絶対主義と言うべきでしょうか。憲法典の聖典化とも言っていいでしょう。したがって、当然その改正などは憲法学の対象とはなり得ません。憲法改正を説く学者は憲法学者とは見なされないほどでした。

そもそも憲法とは、イギリスの憲法学者K.C.ウィーアの言葉を借りれば、「その憲法を採択する当時において働いている、政治的、経済的、かつ社会的な諸力が合成されて出来た平行四辺形なのである」（K.C.ウィーア、佐藤正己、小堀憲助共訳『現代の憲法』勁草書房、1954年）から、憲法典の理解にはそれを支える諸力の分析・考察が不可欠であるはずなのに、我が国の戦後憲法学は違っていました。

ここで興味深いのは、戦前の宮澤の憲法観です。昭和17年発行のその著書『憲法略説』の前書きでこう述べています。

「法はなによりも政治の所産である。そして、政治は本質的に歴史と傳統の所産である。從って、法の精神は歴史と傳統と、そしてその所産としての政治を背景としてのみ正しく把握せられ得ると著者は信ずる」（宮澤俊義『憲法略説』（岩波書店、昭和17年））。

法一般が政治の所産であることを前提に、政治を背景に法を把握することこそが法の精神の正しい理解の方法であるとの立場の表明です。当然それは憲法にもいえるどころか、むしろ憲法こそ政治の所産の最たる法なのです。

ところが、戦後憲法学の主流は、戦前に宮澤が述べた方法論とはまったく違った方向へと発展していきました。戦前の宮澤の方法論を採ったのでは、日本国憲法を産んだ政治に迫ることが不可避となります。主権者国民がつくった憲法というフィクションを維持できなくなってしまうのです。出発点にあった日本国憲法の制定神話が崩壊し、憲法成立の正当性が失われてしまいます。憲法典を中心に据え、その解釈こそ憲法学とする所以なのでしょう。

4　戦後憲法学の前提

戦後憲法学には暗黙の前提があると考えられます。それは、①国家が存立していること、②平和であること、③緊急事態（非常事態）は起こらないこと、の３点です。そのことは、憲法前文、９条、および緊急事態の規定がないことから明らかです。

憲法によると、国際社会は「平和を維持し」（前文２項後段）ていて、「陸海空軍その他の戦力は、これを保持しない」（９条２項）で、「平和を愛する諸国民の公正と信義に信頼して、われらの安全と生存を保持しようと決意し」（前文２項前段）ているからです。再び戦争が起きるとすれば、それは日本国「政府の行為」（前文１項前段）によるものだけのようです。

とはいえ、いくら我が国が平和愛好国となっても、国際社会の中には平和を愛するとは到底思えない、公正も信義もわきまえない無法な国や集団が絶えたことはありません。日本国憲法の描く国際社会など夢のまた夢です。そんな世界にわれわれは生きているのです。憲法の理想と引き換えに日本国と日本国民の安全と生存を犠牲にすることはできません。そんなことになったら、当然、理想の憲法さえも消え失せてしまいます。

憲法が存在し、その効力を維持できるためには、国家が平和のうちに安定的に存立していることが当然の前提です。その前提が確保されて初めて、統治機構が正常に機能し、人権保障も現実のものとなるのです。安全保障抜きには人権保障もあり得ないのです。

戦後の憲法学は、この前提が常に当たり前に在るものとしてきました。我が国の政府さえ戦争を起こさなければ、戦争は起こらない。非武装中立こそが理想。日米安保によって日本はアメリカの戦争に巻き込まれるから、日米安保条約破棄。55年体制の時代に声高に主張されていました。憲法学者の多くも同様の考えをもっていたようです。自衛隊違憲論が主流でした。それが平成６（1994）年の自社さ連立政権の成立で一変します。自民党に担がれて首相に就任した村山富市日本社会党委員長は、いとも簡単に自衛隊合憲、日米安保堅持と政策転換したのです。

いまでは、自衛隊違憲論を表立って主張する政党もなくなりました。憲法学者の中にも自衛隊合憲論が増えてきたと言われます。しかし、現在の９条から自衛隊合憲の論理を導くには、条文の文理解釈だけでは困難です。筆者自身、自衛隊合憲論ではありますが、それを説明するには憲法解釈の方法論から論じなければなりません。憲法と国家の関係や憲法とその憲法を支える事実（立法事実）を考慮した解釈が求められると考えます。自衛隊は国民が認めているから、あるいは自衛隊は必要だから合憲、というのでは憲法解釈とはいえません。

5　非常事態における政府と国民

さらに憲法に規定がない非常事態（緊急事態）については、それを現行憲法の下で認める解釈は、憲法典の枠内にとどまらない議論になるため、一層困難な作業を強いられます。比較憲法的にみて、諸国の憲法で当たり前に規定されていることや、明文の規定がなくても当然に認められていることが、日本国憲法の下では違憲の論または憲法無理解の愚論として排斥されかねません。そのような空気が今でも憲法学者や主要メディアが世界を支配している気配が濃厚です。

国家があって憲法がある。国家が平和のうちに存在する限りで憲法が正常に機能し、人権保障が現実のものとなる。その前提を忘れたか、あえて無視して構築されてきたのが戦後憲法学の理論ではないかとつよく疑われます。そのツケを非常事態において国民に押しつけられてはたまったものではありません。幸い賢明な国民は、新型コロナ禍の中でも、他者を思いやりつつしたたかに自己の身を守ってきました。外出制限や営業自粛の要請を憲法違反となじる声はほとんど聞かれません。世論調査では、今でも政府に再び緊急事態宣言を望む声が多数を占めているようです。そして同時に政府に十分な補償を要求しています。

このことの是非はともかく、このような緊急事態における国民と政府の在り様は、憲法が想定する国民と政府の関係とは真逆のものでしょう。緊急事態においてもできるだけ国民の人権が制限されてはならないとするのが近代立憲主義憲法の論理であったはずです。緊急措置権を憲法に導入すべきではないという議論の根拠が大幅な人権制限を伴うからということではなかったのでしょうか。国民自らが人権の制限を政府に強く要求することなど想定外の事態です。たとえそれが命を守るためとはいっても、インフルエンザより致死率が低い感染症と分かった現在（令和３（2021）年１月）の世論調査の結果でもあるのですから。

このような国民の国家意識や憲法意識は、コロナ禍の緊急事態下で初めて明らかになりました。これが、外国からの武力行使による緊急事態であれば、国民は政府に何を要求し、国民はどう行動するのでしょうか。今回の教訓をもとに、緊急事態における政府の対処法を検討し、それを憲法に条文化することが必要ではないでしょうか。その際、旧態依然とした立憲主義に反するとか、独裁につながるとかの議論は、反対のための有効な論拠とはならないことがコロナ禍の国民と政府の対応から明らかになったといえるでしょう。

6 憲法改正論議の前に

今後、憲法改正の議論が活発化するかもしれません。活発化する、といいたいところですが、それには我が国にとって望ましくない「外圧」の発生が伴いそうなので、断定を避けたい気持ちがあります。望ましいのは、「外圧」の有無にかかわらず憲法改正論議が活発化することです。

本文でも言及されているように、明治憲法も日本国憲法も外圧の産物です。鎖国した江戸時代が260年もの間平和をもたらしたように、外圧がかからなければ日本国民はもともと平和を愛好する国民なのではないでしょうか。しかし、現代は好むと好まざるとに関わらず、つねに何らかの外圧の中で国家を運営していかなければならない国際化時代です。それも憲法が出来た時代とは大きく様変わりした国際社会の中での国際化時代なのです。

そうであれば、第二次世界大戦直後の占領時代につくられた憲法の見直しがあっていいはずです。憲法の前提にあった憲法を支える諸事実が変化したわけですから、そのままの形では時代に適合できなくなるのは当然です。そのことを若い世代は素直に感じているようです。憲法改正の議論が案外進むかもしれません。

ただし、その際に気をつけてもらいたいことがあります。憲法改正といっても、いったい憲法のどこをどう変えるのか、それによって何を実現しようとするのかという点です。日本国憲法はこれまで我が国の発展に寄与してきたと評価できます。人権保障においても多大の効果を生んできました。しかし、それに伴う弊害もないとはいえません。これまでの日本国憲法の功罪を客観的に分析し、未来に向けて妥当性をもった憲法のあり方を冷静に議論する必要があります。そのためにも、まず日本国憲法の解釈を知ることから始めるべきでしょう。

7　決めるのは国民

憲法96条に定められているように、憲法改正は国民投票によって決まります。決めるのは、時の内閣でも、国会でもありません。ましてや第四権力であるマス・メディアでもありません。日本国憲法の前文には、「主権が国民に存することを宣言し、この憲法を確定する」（1項後段）とあります。

しかし、この当時、日本国に主権はなく、沖縄や小笠原はアメリカの統治下にありました。日本国憲法を審議した第90回帝国議会の衆議院は初めての男女平等の普通選挙で選ばれた議員で構成されていましたが、沖縄県の代表はそこにはいなかったのです。憲法改正には国民投票が必要ですが、日本国憲法の成立にあたっては、国民投票は行われていません。この一事をもってしても、日本国憲法の正当性は疑われます。とはいえ、いまさら無効を主張することも妥当ではないでしょう。

そこで、このような憲法成立時の瑕疵（かし）を治癒させるためにも、国民投票を伴う憲法改正を行うことが望ましいと考えます。これからの日本と日本国民の安全と繁栄につながるような憲法を考えなければならない時代になっています。国民の目で憲法を見直し、国民投票によって改正を確定することです。決めるのは主権者である国民です。このことを銘記して憲法を学び、これからの憲法のあるべき姿を考えることを期待します。

【主要参考文献】

[憲法概説書]

青山武憲『新訂　憲法』(啓正社・2000年)

芦部信喜・高橋和之補訂『憲法［第7版］』(有斐閣・2019年)

池田実『憲法［第2版］』(嵯峨野書院・2016年)

尾吹善人『憲法教科書』(木鐸社・1990年)

小嶋和司『憲法概説』(良書普及会・1987年)

小林昭三監修・憲法政治学研究会編『日本国憲法講義』(成文堂・2009年)

小林昭三『日本国憲法の条件』(成文堂・1986年)

齋藤康輝・高畑英一郎(編著)『憲法［第2版］』(弘文堂・2017年)

佐藤幸治『日本国憲法論』(成文堂・2011年)

下條芳明・東裕(編著)『新・テキストブック日本国憲法』(嵯峨野書院・2015年)

高橋和之『立憲主義と日本国憲法［第5版］』(有斐閣・2020年)

戸波江二『憲法(新版)』(ぎょうせい・1998年)

西修(編著)『エレメンタリ憲法』(成文堂・2008年)

野畑健太郎・東裕(編著)『憲法学事始［第2版］』(一学舎・2017年)

橋本基弘『日本国憲法を学ぶ［第2版］』(中央経済社・2019年)

長谷部恭男『注釈日本国憲法(2)』(有斐閣・2017年)

松井茂記『日本国憲法［第3版］』(有斐閣・2007年)

松浦一夫・奥村公輔(編著)『憲法概説』(成文堂・2017年)

棟居快行・松井茂記・赤坂正浩・笹田栄司・常本照樹・市川正人『基本的人権の事件簿［第6版］』(有斐閣・2019年)

[判例集]

長谷部恭男・石川健治・宍戸常寿 編『憲法判例百選Ⅰ［第7版］』(有斐閣・2019年)

長谷部恭男・石川健治・宍戸常寿 編『憲法判例百選Ⅱ［第7版］』(有斐閣・2019年)

[比較憲法・国際法概説書]

東裕・玉蟲由樹(編著)『比較憲法』(弘文堂・2019年)

杉原高嶺・水上千之・臼杵知史・吉井淳・加藤信行・高田映『現代国際法講義［第5版］』(有斐閣・2012年)

山本草二『国際法(新版)』(有斐閣・1994年)

日本国憲法

［1946（昭和21）・11・3公布］
［1947（昭和22）・5・3施行］

朕は、日本国民の総意に基いて、新日本建設の礎が、定まるに至つたことを、深くよろこび、枢密顧問の諮詢及び帝国憲法第73条による帝国議会の議決を経た帝国憲法の改正を裁可し、ここにこれを公布せしめる。

御名御璽

昭和21年11月3日

内閣総理大臣兼 外務大臣		吉田　茂
国務大臣	男爵	幣原喜重郎
司法大臣		木村篤太郎
内務大臣		大村清一
文部大臣		田中耕太郎
農林大臣		和田博雄
国務大臣		斎藤隆夫
逓信大臣		一松定吉
商工大臣		星島二郎
厚生大臣		河合良成
国務大臣		植原悦二郎
運輸大臣		平塚常次郎
大蔵大臣		石橋湛山
国務大臣		金森徳次郎
国務大臣		膳　桂之助

日本国憲法

日本国民は、正当に選挙された国会における代表者を通じて行動し、われらとわれらの子孫のために、諸国民との協和による成果と、わが国全土にわたつて自由のもたらす恵沢を確保し、政府の行為によつて再び戦争の惨禍が起ることのないやうにすることを決意し、ここに主権が国民に存することを宣言し、この憲法を確定する。そもそも国政は、国民の厳粛な信託によるものであつて、その権威は国民に由来し、その権力は国民の代表者がこれを行使し、その福利は国民がこれを享受する。これは人類普遍の原理であり、この憲法は、かかる原理に基くものである。われらは、これに反する一切の憲法、法令及び詔勅を排除する。

日本国民は、恒久の平和を念願し、人間相互の関係を支配する崇高な理想を深く自覚するのであつて、平和を愛する諸国民の公正と信義に信頼して、われらの安全と生存を保持しようと決意した。われらは、平和を維持し、専制と隷従、圧迫と偏狭を地上から永遠に除去しようと努めてゐる国際社会において、名誉ある地位を占めたいと思ふ。われらは、全世界の国民が、ひとしく恐怖と欠乏から免かれ、平和のうちに生存する権利を有することを確認する。

われらは、いづれの国家も、自国のことのみに専念して他国を無視してはならないのであつて、政治道徳の法則は、普遍的なものであり、この法則に従ふことは、自国の主権を維持し、他国と対等関係に立たうとする各国の責務であると信ずる。

日本国民は、国家の名誉にかけ、全力をあげてこの崇高な理想と目的を達成することを誓ふ。

第一章　天　　皇

第一条　天皇は、日本国の象徴であり日本国民統合の象徴であつて、この地位は、主権の存する日本国民の総意に基く。

第二条　皇位は、世襲のものであつて、国会の議決した皇室典範の定めるところにより、これを継承する。

第三条　天皇の国事に関するすべての行為には、内閣の助言と承認を必要とし、内閣が、その責任を負ふ。

第四条　天皇は、この憲法の定める国事に関する行為のみを行ひ、国政に関する権能を有しない。

②　天皇は、法律の定めるところにより、その国事に関する行為を委任することができる。

第五条　皇室典範の定めるところにより摂政を置くときは、摂政は、天皇の名でその国事に関する行為を行ふ。この場合には、前条第一項の規定を準用する。

第六条　天皇は、国会の指名に基いて、内閣総理大臣を任命する。

②　天皇は、内閣の指名に基いて、最高裁判所の長たる裁判官を任命する。

第七条　天皇は、内閣の助言と承認により、国民のために、左の国事に関する行為を行ふ。

一　憲法改正、法律、政令及び条約を公布すること。

二　国会を召集すること。

三　衆議院を解散すること。

四　国会議員の総選挙の施行を公示すること。

五　国務大臣及び法律の定めるその他の官吏の任免並びに全権委任状及び大使及び公使の信任状を認証すること。

六　大赦、特赦、減刑、刑の執行の免除及び復権を認証すること。

七　栄典を授与すること。

八　批准書及び法律の定めるその他の外交文書を認証すること。

九　外国の大使及び公使を接受すること。

十　儀式を行ふこと。

第八条　皇室に財産を譲り渡し、又は皇室が、財産を譲り受け、若しくは賜与することは、国会の議決に基かなければならない。

第二章　戦 争 の 放 棄

第九条　日本国民は、正義と秩序を基調とする国際平和を誠実に希求し、国権の発動たる戦争と、武力による威嚇又は武力の行使は、国際紛争を解決する手段としては、永久にこれを放棄する。

②　前項の目的を達するため、陸海空軍その他の戦力は、これを保持しない。国の交戦権は、これを認めない。

第三章　国民の権利及び義務

第十条　日本国民たる要件は、法律でこれを定める。

第十一条　国民は、すべての基本的人権の享有を妨げられない。この憲法が国民に保障する基本的人権は、侵すことのできない永久の権利として、現在及び将来の国民に与へられる。

第十二条　この憲法が国民に保障する自由及び権利は、国民の不断の努力によつて、これを保持しなければならない。又、国民は、これを濫用してはならないのであつて、常に公共の福祉のためにこれを利用する責任を負ふ。

第十三条　すべて国民は、個人として尊重される。生命、自由及び幸福追求に対する国民の権利については、公共の福祉に反しない限り、立法その他の国政の上で、最大の尊重を必要とする。

第十四条　すべて国民は、法の下に平等であつて、人種、信条、性別、社会的身分又は門地により、政治的、経済的又は社会的関係において、差別されない。

② 華族その他の貴族の制度は、これを認めない。

③ 栄誉、勲章その他の栄典の授与は、いかなる特権も伴はない。栄典の授与は、現にこれを有し、又は将来これを受ける者の一代に限り、その効力を有する。

第十五条　公務員を選定し、及びこれを罷免することは、国民固有の権利である。

② すべて公務員は、全体の奉仕者であつて、一部の奉仕者ではない。

③ 公務員の選挙については、成年者による普通選挙を保障する。

④ すべて選挙における投票の秘密は、これを侵してはならない。選挙人は、その選択に関し公的にも私的にも責任を問はれない。

第十六条　何人も、損害の救済、公務員の罷免、法律、命令又は規則の制定、廃止又は改正その他の事項に関し、平穏に請願する権利を有し、何人も、かかる請願をしたためにいかなる差別待遇も受けない。

第十七条　何人も、公務員の不法行為により、損害を受けたときは、法律の定めるところにより、国又は公共団体に、その賠償を求めることができる。

第十八条　何人も、いかなる奴隷的拘束も受けない。又、犯罪に因る処罰の場合を除いては、その意に反する苦役に服させられない。

第十九条　思想及び良心の自由は、これを侵してはならない。

第二十条　信教の自由は、何人に対してもこれを保障する。いかなる宗教団体も、国から特権を受け、又は政治上の権力を行使してはならない。

② 何人も、宗教上の行為、祝典、儀式又は行事に参加することを強制されない。

③ 国及びその機関は、宗教教育その他いかなる宗教的活動もしてはならない。

第二十一条　集会、結社及び言論、出版その他一切の表現の自由は、これを保障する。

② 検閲は、これをしてはならない。通信の秘密は、これを侵してはならない。

第二十二条　何人も、公共の福祉に反しない限り、居住、移転及び職業選択の自由を有する。

② 何人も、外国に移住し、又は国籍を離脱する自由を侵されない。

第二十三条　学問の自由は、これを保障する。

第二十四条　婚姻は、両性の合意のみに基いて成立し、夫婦が同等の権利を有することを基本として、相互の協力により、維持されなければならない。

② 配偶者の選択、財産権、相続、住居の選定、離婚並びに婚姻及び家族に関するその他の事項に関しては、法律は、個人の尊厳と両性の本質的平等に立脚して、制定されなければならない。

第二十五条　すべて国民は、健康で文化的な最低限度の生活を営む権利を有する。

② 国は、すべての生活部面について、社会福祉、社会保障及び公衆衛生の向上及び増進に努めなければならない。

第二十六条　すべて国民は、法律の定めるところにより、その能力に応じて、ひとしく教育を受ける権利を有する。

② すべて国民は、法律の定めるところにより、その保護する子女に普通教育を受けさせる義務を負ふ。義務教育は、これを無償とする。

第二十七条　すべて国民は、勤労の権利を有し、義務を負ふ。

② 賃金、就業時間、休息その他の勤労条件に関する基準は、法律でこれを定める。

③ 児童は、これを酷使してはならない。

第二十八条　勤労者の団結する権利及び団体交渉その他の団体行動をする権利は、これを保障する。

第二十九条　財産権は、これを侵してはならない。

②　財産権の内容は、公共の福祉に適合するやうに、法律でこれを定める。

③　私有財産は、正当な補償の下に、これを公共のために用ひることができる。

第三十条　国民は、法律の定めるところにより、納税の義務を負ふ。

第三十一条　何人も、法律の定める手続によらなければ、その生命若しくは自由を奪はれ、又はその他の刑罰を科せられない。

第三十二条　何人も、裁判所において裁判を受ける権利を奪はれない。

第三十三条　何人も、現行犯として逮捕される場合を除いては、権限を有する司法官憲が発し、且つ理由となつてゐる犯罪を明示する令状によらなければ、逮捕されない。

第三十四条　何人も、理由を直ちに告げられ、且つ、直ちに弁護人に依頼する権利を与へられなければ、抑留又は拘禁されない。又、何人も、正当な理由がなければ、拘禁されず、要求があれば、その理由は、直ちに本人及びその弁護人の出席する公開の法廷で示されなければならない。

第三十五条　何人も、その住居、書類及び所持品について、侵入、捜索及び押収を受けることのない権利は、第三十三条の場合を除いては、正当な理由に基いて発せられ、且つ捜索する場所及び押収する物を明示する令状がなければ、侵されない。

②　捜索又は押収は、権限を有する司法官憲が発する各別の令状により、これを行ふ。

第三十六条　公務員による拷問及び残虐な刑罰は、絶対にこれを禁ずる。

第三十七条　すべて刑事事件においては、被告人は、公平な裁判所の迅速な公開裁判を受ける権利を有する。

②　刑事被告人は、すべての証人に対して審問する機会を充分に与へられ、又、公費で自己のために強制的手続により証人を求める権利を有する。

③　刑事被告人は、いかなる場合にも、資格を有する弁護人を依頼することができる。被告人が自らこれを依頼することができないときは、国でこれを附する。

第三十八条　何人も、自己に不利益な供述を強要されない。

②　強制、拷問若しくは脅迫による自白又は不当に長く抑留若しくは拘禁された後の自白は、これを証拠とすることができない。

③　何人も、自己に不利益な唯一の証拠が本人の自白である場合には、有罪とされ、又は刑罰を科せられない。

第三十九条　何人も、実行の時に適法であつた行為又は既に無罪とされた行為については、刑事上の責任を問はれない。又、同一の犯罪について、重ねて刑事上の責任を問はれない。

第四十条　何人も、抑留又は拘禁された後、無罪の裁判を受けたときは、法律の定めるところにより、国にその補償を求めることができる。

第四章　国　　会

第四十一条　国会は、国権の最高機関であつて、国の唯一の立法機関である。

第四十二条　国会は、衆議院及び参議院の両議院でこれを構成する。

第四十三条　両議院は、全国民を代表する選挙された議員でこれを組織する。

②　両議院の議員の定数は、法律でこれを定める。

第四十四条　両議院の議員及びその選挙人の資格は、法律でこれを定める。但し、人種、信条、性別、社会的身分、門地、教育、財産又は収入によつて差別してはならない。

第四十五条　衆議院議員の任期は、四年とする。但し、衆議院解散の場合には、その期間満了前に終了する。

第四十六条　参議院議員の任期は、六年とし、三年ごとに議員の半数を改選する。

第四十七条　選挙区、投票の方法その他両議院の議員の選挙に関する事項は、法律でこれを定める。

第四十八条　何人も、同時に両議院の議員たることはできない。

第四十九条　両議院の議員は、法律の定めるところにより、国庫から相当額の歳費を受ける。

第五十条　両議院の議員は、法律の定める場合を除いては、国会の会期中逮捕されず、会期前に逮捕された議員は、その議院の要求があれば、会期中これを釈放しなければならない。

第五十一条　両議院の議員は、議院で行つた演説、討論又は表決について、院外で責任を問はれない。

第五十二条　国会の常会は、毎年一回これを召集する。

第五十三条　内閣は、国会の臨時会の召集を決定することができる。いづれかの議院の総議員の四分の一以上の要求があれば、内閣は、その召集を決定しなければならない。

第五十四条　衆議院が解散されたときは、解散の日から四十日以内に、衆議院議員の総選挙を行ひ、その選挙の日から三十日以内に、国会を召集しなければならない。

②　衆議院が解散されたときは、参議院は、同時に閉会となる。但し、内閣は、国に緊急の必要があるときは、参議院の緊急集会を求めることができる。

③　前項但書の緊急集会において採られた措置は、臨時のものであつて、次の国会開会の後十日以内に、衆議院の同意がない場合には、その効力を失ふ。

第五十五条　両議院は、各々その議員の資格に関する争訟を裁判する。但し、議員の議席を失はせるには、出席議員の三分の二以上の多数による議決を必要とする。

第五十六条　両議院は、各々その総議員の三分の一以上の出席がなければ、議事を開き議決することができない。

②　両議院の議事は、この憲法に特別の定のある場合を除いては、出席議員の過半数でこれを決し、可否同数のときは、議長の決するところによる。

第五十七条　両議院の会議は、公開とする。但し、出席議員の三分の二以上の多数で議決したときは、秘密会を開くことができる。

②　両議院は、各々その会議の記録を保存し、秘密会の記録の中で特に秘密を要すると認められるもの以外は、これを公表し、且つ一般に頒布しなければならない。

③　出席議員の五分の一以上の要求があれば、各議員の表決は、これを会議録に記載しなければならない。

第五十八条　両議院は、各々その議長その他の役員を選任する。

②　両議院は、各々その会議その他の手続及び内部の規律に関する規則を定め、又、院内の秩序をみだした議員を懲罰することができる。但し、議員を除名するには、出席議員の三分の二以上の多数による議決を必要とする。

第五十九条　法律案は、この憲法に特別の定のある場合を除いては、両議院で可決したとき法律となる。

②　衆議院で可決し、参議院でこれと異なつた議決をした法律案は、衆議院で出席議員の三分の二以上の多数で再び可決したときは、法律となる。

③　前項の規定は、法律の定めるところにより、衆議院が、両議院の協議会を開くことを求めることを妨げない。

④　参議院が、衆議院の可決した法律案を受け取つた後、国会休会中の期間を除いて六十日以内に、議決しないときは、衆議院は、参議院がその法律案を否決したものとみなすことができる。

第六十条　予算は、さきに衆議院に提出しなければならない。

②　予算について、参議院で衆議院と異なつた議決をした場合に、法律の定めるところにより、両議院の協議会を開いても意見が一致しないとき、又は参議院が、衆議院の可決した予算を受け取つた後、国会休会中の期間を除いて三十日以内に、議決しないときは、衆議院の議決を国会の議決とする。

第六十一条　条約の締結に必要な国会の承認については、前条第二項の規定を準用する。

第六十二条　両議院は、各々国政に関する調査を行ひ、これに関して、証人の出頭及び証言並びに記録の提出を要求することができる。

第六十三条　内閣総理大臣その他の国務大臣は、両議院の一に議席を有すると有しないとにかかはらず、何時でも議案について発言するため議院に出席することができる。又、答弁又は説明のため出席を求められたときは、出席しなければならない。

第六十四条　国会は、罷免の訴追を受けた裁判官を裁判するため、両議院の議員で組織する弾劾裁判所を設ける。

②　弾劾に関する事項は、法律でこれを定める。

第五章　内　　閣

第六十五条　行政権は、内閣に属する。

第六十六条　内閣は、法律の定めるところにより、その首長たる内閣総理大臣及びその他の国務大臣でこれを組織する。

②　内閣総理大臣その他の国務大臣は、文民でなければならない。

③　内閣は、行政権の行使について、国会に対し連帯して責任を負ふ。

第六十七条　内閣総理大臣は、国会議員の中から国会の議決で、これを指名する。この指名は、他のすべての案件に先だつて、これを行ふ。

②　衆議院と参議院とが異なつた指名の議決をした場合に、法律の定めるところにより、両議院の協議会を開いても意見が一致しないとき、又は衆議院が指名の議決をした後、国会休会中の期間を除いて十日以内に、参議院が、指名の議決をしないときは、衆議院の議決を国会の議決とする。

第六十八条　内閣総理大臣は、国務大臣を任命する。但し、その過半数は、国会議員の中から選ばれなければならない。

②　内閣総理大臣は、任意に国務大臣を罷免することができる。

第六十九条　内閣は、衆議院で不信任の決議案を可決し、又は信任の決議案を否決したときは、十日以内に衆議院が解散されない限り、総辞職をしなければならない。

第七十条　内閣総理大臣が欠けたとき、又は衆議院議員総選挙の後に初めて国会の召集があつたときは、内閣は、総辞職をしなければならない。

第七十一条　前二条の場合には、内閣は、あらたに内閣総理大臣が任命されるまで引き続きその職務を行ふ。

第七十二条　内閣総理大臣は、内閣を代表して議案を国会に提出し、一般国務及び外交関係について国会に報告し、並びに行政各部を指揮監督する。

第七十三条　内閣は、他の一般行政事務の外、左の事務を行ふ。

一　法律を誠実に執行し、国務を総理すること。

二　外交関係を処理すること。

三　条約を締結すること。但し、事前に、時宜によつては事後に、国会の承認を経ることを必要とする。

四　法律の定める基準に従ひ、官吏に関する事務を掌理すること。

五　予算を作成して国会に提出すること。

六　この憲法及び法律の規定を実施するために、政令を制定すること。但し、政令には、特にその法律の委任がある場合を除いては、罰則を設けることができない。

七　大赦、特赦、減刑、刑の執行の免除及び復権を決定すること。

第七十四条　法律及び政令には、すべて主任の国務大臣が署名し、内閣総理大臣が連署することを必要とする。

第七十五条　国務大臣は、その在任中、内閣総理大臣の同意がなければ、訴追されない。但し、これがため、訴追の権利は、害されない。

第六章　司　　法

第七十六条　すべて司法権は、最高裁判所及び法律の定めるところにより設置する下級裁判所に属する。

② 特別裁判所は、これを設置することができない。行政機関は、終審として裁判を行ふことができない。

③ すべて裁判官は、その良心に従ひ独立してその職権を行ひ、この憲法及び法律にのみ拘束される。

第七十七条　最高裁判所は、訴訟に関する手続、弁護士、裁判所の内部規律及び司法事務処理に関する事項について、規則を定める権限を有する。

② 検察官は、最高裁判所の定める規則に従はなければならない。

③ 最高裁判所は、下級裁判所に関する規則を定める権限を、下級裁判所に委任することができる。

第七十八条　裁判官は、裁判により、心身の故障のために職務を執ることができないと決定された場合を除いては、公の弾劾によらなければ罷免されない。裁判官の懲戒処分は、行政機関がこれを行ふことはできない。

第七十九条　最高裁判所は、その長たる裁判官及び法律の定める員数のその他の裁判官でこれを構成し、その長たる裁判官以外の裁判官は、内閣でこれを任命する。

② 最高裁判所の裁判官の任命は、その任命後初めて行はれる衆議院議員総選挙の際国民の審査に付し、その後十年を経過した後初めて行はれる衆議院議員総選挙の際更に審査に付し、その後も同様とする。

③ 前項の場合において、投票者の多数が裁判官の罷免を可とするときは、その裁判官は、罷免される。

④ 審査に関する事項は、法律でこれを定める。

⑤ 最高裁判所の裁判官は、法律の定める年齢に達した時に退官する。

⑥ 最高裁判所の裁判官は、すべて定期に相当額の報酬を受ける。この報酬は、在任中、これを減額することができない。

第八十条　下級裁判所の裁判官は、最高裁判所の指名した者の名簿によつて、内閣でこれを任命する。その裁判官は、任期を十年とし、再任されることができる。但し、法律の定める年齢に達した時には退官する。

② 下級裁判所の裁判官は、すべて定期に相当額の報酬を受ける。この報酬は、在任中、これを減額することができない。

第八十一条　最高裁判所は、一切の法律、命令、規則又は処分が憲法に適合するかしないかを決定する権限を有する終審裁判所である。

第八十二条　裁判の対審及び判決は、公開法廷でこれを行ふ。

②　裁判所が、裁判官の全員一致で、公の秩序又は善良の風俗を害する虞があると決した場合には、対審は、公開しないでこれを行ふことができる。但し、政治犯罪、出版に関する犯罪又はこの憲法第三章で保障する国民の権利が問題となつてゐる事件の対審は、常にこれを公開しなければならない。

第七章　財　政

第八十三条　国の財政を処理する権限は、国会の議決に基いて、これを行使しなければならない。

第八十四条　あらたに租税を課し、又は現行の租税を変更するには、法律又は法律の定める条件によることを必要とする。

第八十五条　国費を支出し、又は国が債務を負担するには、国会の議決に基くことを必要とする。

第八十六条　内閣は、毎会計年度の予算を作成し、国会に提出して、その審議を受け議決を経なければならない。

第八十七条　予見し難い予算の不足に充てるため、国会の議決に基いて予備費を設け、内閣の責任でこれを支出することができる。

②　すべて予備費の支出については、内閣は、事後に国会の承諾を得なければならない。

第八十八条　すべて皇室財産は、国に属する。すべて皇室の費用は、予算に計上して国会の議決を経なければならない。

第八十九条　公金その他の公の財産は、宗教上の組織若しくは団体の使用、便益若しくは維持のため、又は公の支配に属しない慈善、教育若しくは博愛の事業に対し、これを支出し、又はその利用に供してはならない。

第九十条　国の収入支出の決算は、すべて毎年会計検査院がこれを検査し、内閣は、次の年度に、その検査報告とともに、これを国会に提出しなければならない。

②　会計検査院の組織及び権限は、法律でこれを定める。

第九十一条　内閣は、国会及び国民に対し、定期に、少くとも毎年一回、国の財政状況について報告しなければならない。

第八章　地方自治

第九十二条　地方公共団体の組織及び運営に関する事項は、地方自治の本旨に基いて、法律でこれを定める。

第九十三条　地方公共団体には、法律の定めるところにより、その議事機関として議会を設置する。

②　地方公共団体の長、その議会の議員及び法律の定めるその他の吏員は、その地方公共団体の住民が、直接これを選挙する。

第九十四条　地方公共団体は、その財産を管理し、事務を処理し、及び行政を執行する権能を有し、法律の範囲内で条例を制定することができる。

第九十五条　一の地方公共団体のみに適用される特別法は、法律の定めるところにより、その地方公共団体の住民の投票においてその過半数の同意を得なければ、国会は、これを制定することができない。

第九章　改　正

第九十六条　この憲法の改正は、各議院の総議員の三分の二以上の賛成で、国会が、これを発議し、国民に提案してその承認を経なければならない。この承認には、特別の国民投票又は国会の定める選挙の際行はれる投票において、その過半数の賛成を必要とする。

② 憲法改正について前項の承認を経たときは、天皇は、国民の名で、この憲法と一体を成すものとして、直ちにこれを公布する。

第十章　最高法規

第九十七条　この憲法が日本国民に保障する基本的人権は、人類の多年にわたる自由獲得の努力の成果であつて、これらの権利は、過去幾多の試錬に堪へ、現在及び将来の国民に対し、侵すことのできない永久の権利として信託されたものである。

第九十八条　この憲法は、国の最高法規であつて、その条規に反する法律、命令、詔勅及び国務に関するその他の行為の全部又は一部は、その効力を有しない。

② 日本国が締結した条約及び確立された国際法規は、これを誠実に遵守することを必要とする。

第九十九条　天皇又は摂政及び国務大臣、国会議員、裁判官その他の公務員は、この憲法を尊重し擁護する義務を負ふ。

第十一章　補　　則

第百条　この憲法は、公布の日から起算して六箇月を経過した日から、これを施行する。

② この憲法を施行するために必要な法律の制定、参議院議員の選挙及び国会召集の手続並びにこの憲法を施行するために必要な準備手続は、前項の期日よりも前に、これを行ふことができる。

第百一条　この憲法施行の際、参議院がまだ成立してゐないときは、その成立するまでの間、衆議院は、国会としての権限を行ふ。

第百二条　この憲法による第一期の参議院議員のうち、その半数の者の任期は、これを三年とする。その議員は、法律の定めるところにより、これを定める。

第百三条　この憲法施行の際現に在職する国務大臣、衆議院議員及び裁判官並びにその他の公務員で、その地位に相応する地位がこの憲法で認められてゐる者は、法律で特別の定をした場合を除いては、この憲法施行のため、当然にはその地位を失ふことはない。但し、この憲法によつて、後任者が選挙又は任命されたときは、当然その地位を失ふ。

大日本帝国憲法（明治憲法）

憲法発布勅語

朕国家ノ隆昌ト臣民ノ慶福トヲ以テ中心ノ欣栄トシ朕カ祖宗ニ承クルノ大権ニ依リ現在及将来ノ臣民ニ対シ此ノ不磨ノ大典ヲ宣布ス

惟フニ我カ祖我カ宗ハ我カ臣民祖先ノ協力輔翼ニ倚リ我カ帝国ヲ肇造シ以テ無窮ニ垂レタリ此レ我カ神聖ナル祖宗ノ威徳ト並ニ臣民ノ忠実勇武ニシテ国ヲ愛シ公ニ殉ヒ以テ此ノ光輝アル国史ノ成跡ヲ貽シタルナリ朕我カ臣民ハ即チ祖宗ノ忠良ナル臣民ノ子孫ナルヲ回想シ其ノ朕カ意ヲ奉体シ朕カ事ヲ奨順シ相与ニ和衷協同シ益〻我カ帝国ノ光栄ヲ中外ニ宣揚シ祖宗ノ遺業ヲ永久ニ鞏固ナラシムルノ希望ヲ同クシ此ノ負担ヲ分ツニ堪フルコトヲ疑ハサルナリ

朕祖宗ノ遺烈ヲ承ケ万世一系ノ帝位ヲ践ミ朕カ親愛スル所ノ臣民ハ即チ朕カ祖宗ノ恵撫慈

養シタマヒシ所ノ臣民ナルヲ念ヒ其ノ康福ヲ増進シ其ノ懿徳良能ヲ発達セシメムコトヲ願ヒ又其ノ翼賛ニ依リ与ニ倶ニ国家ノ進運ヲ扶持セムコトヲ望ミ乃チ明治十四年十月十二日ノ詔命ヲ履践シ茲ニ大憲ヲ制定シ朕カ率由スル所ヲ示シ朕カ後嗣及臣民及臣民ノ子孫タル者ヲシテ永遠ニ循行スル所ヲ知ラシム

国家統治ノ大権ハ朕カ之ヲ祖宗ニ承ケテ之ヲ子孫ニ伝フル所ナリ朕及朕カ子孫ハ将来此ノ憲法ノ条章ニ循ヒ之ヲ行フコトヲ愆ラサルヘシ

朕ハ我カ臣民ノ権利及財産ノ安全ヲ貴重シ及之ヲ保護シ此ノ憲法及法律ノ範囲内ニ於テ其ノ享有ヲ完全ナラシムヘキコトヲ宣言ス

帝国議会ハ明治二十三年ヲ以テ之ヲ召集シ議会開会ノ時ヲ以テ此ノ憲法ヲシテ有効ナラシムルノ期トスヘシ

将来若此ノ憲法ノ或ル条章ヲ改定スルノ必要ナル時宜ヲ見ルニ至ラハ朕及朕カ継統ノ子孫ハ発議ノ権ヲ執リ之ヲ議会ニ付シ議会ハ此ノ憲法ニ定メタル要件ニ依リ之ヲ議決スルノ外朕カ子孫及臣民ハ敢テ之カ紛更ヲ試ミルコトヲ得サルヘシ

朕カ在廷ノ大臣ハ朕カ為ニ此ノ憲法ヲ施行スルノ責ニ任スヘク朕カ現在及将来ノ臣民ハ此ノ憲法ニ対シ永遠ニ従順ノ義務ヲ負フヘシ

御 名 御 璽

明治二十二年二月十一日

内閣総理大臣 伯爵 黒田清隆
枢密院議長 伯爵 伊藤博文
外務大臣 伯爵 大隈重信
海軍大臣 伯爵 西郷従道
農商務大臣 伯爵 井上馨
司法大臣 伯爵 山田顕義
大蔵大臣兼内務大臣 伯爵 松方正義
陸軍大臣 伯爵 大山巌
文部大臣 子爵 森有礼
逓信大臣 子爵 榎本武揚

大日本帝国憲法

第一章 天皇

第一条 大日本帝国ハ万世一系ノ天皇之ヲ統治ス

第二条 皇位ハ皇室典範ノ定ムル所ニ依リ皇男子孫之ヲ継承ス

第三条 天皇ハ神聖ニシテ侵スヘカラス

第四条 天皇ハ国ノ元首ニシテ統治権ヲ総攬シ此ノ憲法ノ条規ニ依リ之ヲ行フ

第五条 天皇ハ帝国議会ノ協賛ヲ以テ立法権ヲ行フ

第六条 天皇ハ法律ヲ裁可シ其ノ公布及執行ヲ命ス

第七条 天皇ハ帝国議会ヲ召集シ其ノ開会閉会停会及衆議院ノ解散ヲ命ス

第八条 ① 天皇ハ公共ノ安全ヲ保持シ又ハ其ノ災厄ヲ避クル為緊急ノ必要ニ由リ帝国議会閉会ノ場合ニ於テ法律ニ代ルヘキ勅令ヲ発ス

② 此ノ勅令ハ次ノ会期ニ於テ帝国議会ニ提出スヘシ若議会ニ於テ承諾セサルトキハ政府ハ将来ニ向テ其ノ効力ヲ失フコトヲ公布スヘシ

第九条 天皇ハ法律ヲ執行スル為ニ又ハ公共ノ安寧秩序ヲ保持シ及臣民ノ幸福ヲ増進スル為ニ必要ナル命令ヲ発シ又ハ発セシム但シ命令ヲ以テ法律ヲ変更スルコトヲ得ス

第一〇条 天皇ハ行政各部ノ官制及文武官ノ俸給ヲ定メ及文武官ヲ任免ス但シ此ノ憲法又ハ他ノ法律ニ特例ヲ掲ケタルモノハ各〻其ノ条項ニ依ル

第一一条 天皇ハ陸海軍ヲ統帥ス

第一二条 天皇ハ陸海軍ノ編制及常備兵額ヲ定ム

第一三条 天皇ハ戦ヲ宣シ和ヲ講シ及諸般ノ

条約ヲ締結ス

第一四条 ① 天皇ハ戒厳ヲ宣告ス

② 戒厳ノ要件及効力ハ法律ヲ以テ之ヲ定ム

第一五条 天皇ハ爵位勲章及其ノ他ノ栄典ヲ授与ス

第一六条 天皇ハ大赦特赦減刑及復権ヲ命ス

第一七条 ① 摂政ヲ置クハ皇室典範ノ定ムル所ニ依ル

② 摂政ハ天皇ノ名ニ於テ大権ヲ行フ

第二章 臣民権利義務

第一八条 日本臣民タルノ要件ハ法律ノ定ムル所ニ依ル

第一九条 日本臣民ハ法律命令ノ定ムル所ノ資格ニ応シ均ク文武官ニ任セラレ及其ノ他ノ公務ニ就クコトヲ得

第二〇条 日本臣民ハ法律ノ定ムル所ニ従ヒ兵役ノ義務ヲ有ス

第二一条 日本臣民ハ法律ノ定ムル所ニ従ヒ納税ノ義務ヲ有ス

第二二条 日本臣民ハ法律ノ範囲内ニ於テ居住及移転ノ自由ヲ有ス

第二三条 日本臣民ハ法律ニ依ルニ非スシテ逮捕監禁審問処罰ヲ受クルコトナシ

第二四条 日本臣民ハ法律ニ定メタル裁判官ノ裁判ヲ受クルノ権ヲ奪ハルヽコトナシ

第二五条 日本臣民ハ法律ニ定メタル場合ヲ除ク外其ノ許諾ナクシテ住所ニ侵入セラレ及捜索セラルヽコトナシ

第二六条 日本臣民ハ法律ニ定メタル場合ヲ除ク外信書ノ秘密ヲ侵サルヽコトナシ

第二七条 ① 日本臣民ハ其ノ所有権ヲ侵サルヽコトナシ

② 公益ノ為必要ナル処分ハ法律ノ定ムル所ニ依ル

第二八条 日本臣民ハ安寧秩序ヲ妨ケス及臣民タルノ義務ニ背カサル限ニ於テ信教ノ自由ヲ有ス

第二九条 日本臣民ハ法律ノ範囲内ニ於テ言論著作印行集会及結社ノ自由ヲ有ス

第三〇条 日本臣民ハ相当ノ敬礼ヲ守リ別ニ定ムル所ノ規程ニ従ヒ請願ヲ為スコトヲ得

第三一条 本章ニ掲ケタル条規ハ戦時又ハ国家事変ノ場合ニ於テ天皇大権ノ施行ヲ妨クルコトナシ

第三二条 本章ニ掲ケタル条規ハ陸海軍ノ法令又ハ紀律ニ牴触セサルモノニ限リ軍人ニ準行ス

第三章 帝国議会

第三三条 帝国議会ハ貴族院衆議院ノ両院ヲ以テ成立ス

第三四条 貴族院ハ貴族院令ノ定ムル所ニ依リ皇族華族及勅任セラレタル議員ヲ以テ組織ス

第三五条 衆議院ハ選挙法ノ定ムル所ニ依リ公選セラレタル議員ヲ以テ組織ス

第三六条 何人モ同時ニ両議院ノ議員タルコトヲ得ス

第三七条 凡テ法律ハ帝国議会ノ協賛ヲ経ルヲ要ス

第三八条 両議院ハ政府ノ提出スル法律案ヲ議決シ及各〻法律案ヲ提出スルコトヲ得

第三九条 両議院ノ一ニ於テ否決シタル法律案ハ同会期中ニ於テ再ヒ提出スルコトヲ得ス

第四〇条 両議院ハ法律又ハ其ノ他ノ事件ニ付各〻其ノ意見ヲ政府ニ建議スルコトヲ得但シ其ノ採納ヲ得サルモノハ同会期中ニ於テ再ヒ建議スルコトヲ得ス

第四一条 帝国議会ハ毎年之ヲ召集ス

第四二条 帝国議会ハ三箇月ヲ以テ会期トス必要アル場合ニ於テハ勅命ヲ以テ之ヲ延長スルコトアルヘシ

第四三条 ① 臨時緊急ノ必要アル場合ニ於テ常会ノ外臨時会ヲ召集スヘシ

② 臨時会ノ会期ヲ定ムルハ勅命ニ依ル

第四四条 ① 帝国議会ノ開会閉会会期ノ延長及停会ハ両院同時ニ之ヲ行フヘシ

② 衆議院解散ヲ命セラレタルトキハ貴族院ハ同時ニ停会セラルヘシ

第四五条 衆議院解散ヲ命セラレタルトキハ勅命ヲ以テ新ニ議員ヲ選挙セシメ解散ノ日ヨリ五箇月以内ニ之ヲ召集スヘシ

第四六条 両議院ハ各〻其ノ総議員三分ノ一以上出席スルニ非サレハ議事ヲ開キ議決ヲ為スコトヲ得ス

第四七条 両議院ノ議事ハ過半数ヲ以テ決ス可否同数ナルトキハ議長ノ決スル所ニ依ル

第四八条 両議院ノ会議ハ公開ス但シ政府ノ要求又ハ其ノ院ノ決議ニ依リ秘密会ト為スコトヲ得

第四九条 両議院ハ各〻天皇ニ上奏スルコトヲ得

第五〇条 両議院ハ臣民ヨリ呈出スル請願書ヲ受クルコトヲ得

第五一条 両議院ハ此ノ憲法及議院法ニ掲クルモノヽ外内部ノ整理ニ必要ナル諸規則ヲ定ムルコトヲ得

第五二条 両議院ノ議員ハ議院ニ於テ発言シタル意見及表決ニ付院外ニ於テ責ヲ負フコトナシ但シ議員自ラ其ノ言論ヲ演説刊行筆記又ハ其ノ他ノ方法ヲ以テ公布シタルトキハ一般ノ法律ニ依リ処分セラルヘシ

第五三条 両議院ノ議員ハ現行犯罪又ハ内乱外患ニ関ル罪ヲ除ク外会期中其ノ院ノ許諾ナクシテ逮捕セラルヽコトナシ

第五四条 国務大臣及政府委員ハ何時タリトモ各議院ニ出席シ及発言スルコトヲ得

第四章 国務大臣及枢密顧問

第五五条 ① 国務各大臣ハ天皇ヲ輔弼シ其ノ責ニ任ス

② 凡テ法律勅令其ノ他国務ニ関ル詔勅ハ国務大臣ノ副署ヲ要ス

第五六条 枢密顧問ハ枢密院官制ノ定ムル所ニ依リ天皇ノ諮詢ニ応ヘ重要ノ国務ヲ審議ス

第五章 司　　法

第五七条 ① 司法権ハ天皇ノ名ニ於テ法律ニ依リ裁判所之ヲ行フ

② 裁判所ノ構成ハ法律ヲ以テ之ヲ定ム

第五八条 ① 裁判官ハ法律ニ定メタル資格ヲ具フル者ヲ以テ之ニ任ス

② 裁判官ハ刑法ノ宣告又ハ懲戒ノ処分ニ由ルノ外其ノ職ヲ免セラルヽコトナシ

③ 懲戒ノ条規ハ法律ヲ以テ之ヲ定ム

第五九条 裁判ノ対審判決ハ之ヲ公開ス但シ安寧秩序又ハ風俗ヲ害スルノ虞アルトキハ法律ニ依リ又ハ裁判所ノ決議ヲ以テ対審ノ公開ヲ停ムルコトヲ得

第六〇条 特別裁判所ノ管轄ニ属スヘキモノハ別ニ法律ヲ以テ之ヲ定ム

第六一条 行政官庁ノ違法処分ニ由リ権利ヲ傷害セラレタリトスルノ訴訟ニシテ別ニ法律ヲ以テ定メタル行政裁判所ノ裁判ニ属スヘキモノハ司法裁判所ニ於テ受理スルノ限ニ在ラス

第六章 会　　計

第六二条 ① 新ニ租税ヲ課シ及税率ヲ変更スルハ法律ヲ以テ之ヲ定ムヘシ

② 但シ報償ニ属スル行政上ノ手数料及其ノ他ノ収納金ハ前項ノ限ニ在ラス

③ 国債ヲ起シ及予算ニ定メタルモノヲ除ク外国庫ノ負担トナルヘキ契約ヲ為スハ帝国議会ノ協賛ヲ経ヘシ

第六三条 現行ノ租税ハ更ニ法律ヲ以テ之ヲ改メサル限ハ旧ニ依リ之ヲ徴収ス

第六四条 ① 国家ノ歳出歳入ハ毎年予算ヲ以テ帝国議会ノ協賛ヲ経ヘシ

② 予算ノ款項ニ超過シ又ハ予算ノ外ニ生シタル支出アルトキハ後日帝国議会ノ承諾ヲ求ムルヲ要ス

第六五条　予算ハ前ニ衆議院ニ提出スヘシ

第六六条　皇室経費ハ現在ノ定額ニ依リ毎年国庫ヨリ之ヲ支出シ将来増額ヲ要スル場合ヲ除ク外帝国議会ノ協賛ヲ要セス

第六七条　憲法上ノ大権ニ基ツケル既定ノ歳出及法律ノ結果ニ由リ又ハ法律上政府ノ義務ニ属スル歳出ハ政府ノ同意ナクシテ帝国議会之ヲ廃除シ又ハ削減スルコトヲ得ス

第六八条　特別ノ須要ニ因リ政府ハ予メ年限ヲ定メ継続費トシテ帝国議会ノ協賛ヲ求ムルコトヲ得

第六九条　避クヘカラサル予算ノ不足ヲ補フ為ニ又ハ予算ノ外ニ生シタル必要ノ費用ニ充ツル為ニ予備費ヲ設クヘシ

第七〇条　① 公共ノ安全ヲ保持スル為緊急ノ需用アル場合ニ於テ内外ノ情形ニ因リ政府ハ帝国議会ヲ召集スルコト能ハサルトキハ勅令ニ依リ財政上必要ノ処分ヲ為スコトヲ得

② 前項ノ場合ニ於テハ次ノ会期ニ於テ帝国議会ニ提出シ其ノ承諾ヲ求ムルヲ要ス

第七一条　帝国議会ニ於テ予算ヲ議定セス又ハ予算成立ニ至ラサルトキハ政府ハ前年度ノ予算ヲ施行スヘシ

第七二条　① 国家ノ歳出歳入ノ決算ハ会計検査院之ヲ検査確定シ政府ハ其ノ検査報告ト倶ニ之ヲ帝国議会ニ提出スヘシ

② 会計検査院ノ組織及職権ハ法律ヲ以テ之ヲ定ム

第七章　補　　則

第七三条　① 将来此ノ憲法ノ条項ヲ改正スルノ必要アルトキハ勅命ヲ以テ議案ヲ帝国議会ノ議ニ付スヘシ

② 此ノ場合ニ於テ両議院ハ各〻其ノ総員三分ノ二以上出席スルニ非サレハ議事ヲ開クコトヲ得ス出席議員三分ノ二以上ノ多数ヲ得ルニ非サレハ改正ノ議決ヲ為スコトヲ得ス

第七四条　① 皇室典範ノ改正ハ帝国議会ノ議ヲ経ルヲ要セス

② 皇室典範ヲ以テ此ノ憲法ノ条規ヲ変更スルコトヲ得ス

第七五条　憲法及皇室典範ハ摂政ヲ置クノ間之ヲ変更スルコトヲ得ス

第七六条　① 法律規則命令又ハ何等ノ名称ヲ用ヰタルニ拘ラス此ノ憲法ニ矛盾セサル現行ノ法令ハ総テ遵由ノ効力ヲ有ス

② 歳出上政府ノ義務ニ係ル現在ノ契約又ハ命令ハ総テ第六十七条ノ例ニ依ル

ポツダム宣言
(Proclamation Defining Terms for Japanese Surrender)

［1945年7月26日 ポツダムで署名（外務省訳）］

一　吾等合衆國大統領、中華民國政府主席及グレート、ブリテン國總理大臣ハ吾等ノ數億ノ國民ヲ代表シ協議ノ上日本國ニ對シ今次ノ戰爭ヲ終結スルノ機會ヲ與フルコトニ意見一致セリ

二　合衆國、英帝國及中華民國ノ巨大ナル陸、海、空軍ハ西方ヨリ自國ノ陸軍及空軍ニ依ル數倍ノ増強ヲ受ケ日本國ニ對シ最後的打

撃ヲ加フルノ態勢ヲ整ヘタリ　右軍事力ハ日本國ガ抵抗ヲ終止スルニ至ル迄同國ニ對シ戰爭ヲ遂行スル一切ノ聯合國ノ決意ニ依リ支持セラレ且鼓舞セラレ居ルモノナリ

三　蹶起セル世界ノ自由ナル人民ノ力ニ對スルドイツ國ノ無益且無意義ナル抵抗ノ結果ハ日本國國民ニ對スル先例ヲ極メテ明白ニ示スモノナリ　現在日本國ニ對シ集結シツツアル力ハ抵抗スルナチスニ對シ適用セラレタル場合ニ於テ全ドイツ國人民ノ土地産業及生活様式ヲ必然的ニ荒廢ニ歸セシメタル力ニ比シ測リ知レザル程度ニ強大ナルモノナリ　吾等ノ決意ニ支持セラルル吾等ノ軍事力ノ最高度ノ使用ハ日本國軍隊ノ不可避且完全ナル壊滅ヲ意味スベク又同様必然的ニ日本國本土ノ完全ナル破滅ヲ意味スベシ

四　無分別ナル打算ニ依リ日本帝國ヲ滅亡ノ淵ニ陥レタル我儘ナル軍國主義的助言者ニ依リ日本國ガ引續キ統御セラルベキカ又ハ理性ノ經路ヲ日本國ガ履ムベキカヲ日本國ガ決定スベキ時期ハ到來セリ

五　吾等ノ條件ハ左ノ如シ
　吾等ハ右條件ヨリ離脱スルコトナカルベシ　右ニ代ル條件存在セズ　吾等ハ遅延ヲ認ムルヲ得ズ

六　吾等ハ無責任ナル軍國主義ガ世界ヨリ驅逐セラルルニ至ル迄ハ平和、安全及正義ノ新秩序ガ生ジ得ザルコトヲ主張スルモノナルヲ以テ日本國國民ヲ欺瞞シ之ヲシテ世界征服ノ擧ニ出ヅルノ過誤ヲ犯サシメタル者ノ權力及勢力ハ永久ニ除去セラレザルベカラズ

七　右ノ如キ新秩序ガ建設セラレ且日本國ノ戰爭遂行能力ガ破砕セラレタルコトノ確證アルニ至ル迄ハ聯合國ノ指定スベキ日本國領域内ノ諸地點ハ吾等ノ茲ニ指示スル基本的目的ノ達成ヲ確保スル為占領セラルベシ

八　カイロ宣言ノ條項ハ履行セラルベク又日本國ノ主權ハ本州、北海道、九州及四國竝ニ吾等ノ決定スル諸小島ニ局限セラルベシ

九　日本國軍隊ハ完全ニ武装ヲ解除セラレタル後各自ノ家庭ニ復歸シ平和的且生産的ノ生活ヲ營ムノ機會ヲ得シメラルベシ

十　吾等ハ日本人ヲ民族トシテ奴隷化セントシ又ハ國民トシテ滅亡セシメントスルノ意圖ヲ有スルモノニ非ザルモ吾等ノ俘虜ヲ虐待セル者ヲ含ム一切ノ戰爭犯罪人ニ對シテハ嚴重ナル処罰ヲ加ヘラルベシ日本國政府ハ日本國國民ノ間ニ於ケル民主主義的傾向ノ復活強化ニ對スル一切ノ障礙ヲ除去スベシ言論、宗教及思想ノ自由竝ニ基本的人權ノ尊重ハ確立セラルベシ

十一　日本國ハ其ノ經濟ヲ支持シ且公正ナル實物賠償ノ取立ヲ可能ナラシムルガ如キ産業ヲ維持スルコトヲ許サルベシ　但シ日本國ヲシテ戰爭ノ為再軍備ヲ為スコトヲ得シムルガ如キ産業ハ此ノ限ニ在ラズ　右目的ノ爲原料ノ入手(其ノ支配トハ之ヲ區別ス)ヲ許可サルベシ　日本國ハ將來世界貿易関係ヘノ參加ヲ許サルベシ

十二　前記諸目的ガ達成セラレ且日本國國民ノ自由ニ表明セル意思ニ從ヒ平和的傾向ヲ有シ且責任アル政府ガ樹立セラルルニ於テハ聯合國ノ占領軍ハ直ニ日本國ヨリ撤収セラルベシ

十三　吾等ハ日本國政府ガ直ニ全日本國軍隊ノ無條件降伏ヲ宣言シ且右行動ニ於ケル同政府ノ誠意ニ付適當且充分ナル保障ヲ提供センコトヲ同政府ニ對シ要求ス右以外ノ日本國ノ選択ハ迅速且完全ナル壊滅アルノミトス

【索引】

〔あ〕

〔い〕

〔う〕

〔え〕

〔お〕

〔か〕

〔き〕

〔く〕

〔け〕

〔こ〕

〔す〕

〔せ〕

〔そ〕

〔た〕

〔ち〕

〔つ〕

〔て〕

〔と〕

〔な〕

〔に〕

〔の〕

〔は〕

〔ひ〕

〔ま〕

〔み〕

〔め〕

〔も〕

〔や〕

〔よ〕

〔り〕

〔れ〕

〔わ〕

【編著者紹介】

東　裕（ひがし・ゆたか）

日本大学法学部教授、博士（国際学）。昭和29（1954）年、和歌山県生まれ。早稲田大学政治経済学部政治学科卒業、同大学院政治学研究科政治学専攻（憲法専修）博士後期課程満期退学。平成27（2015）年より現職。著書に『太平洋島嶼国の憲法と政治文化』（成文堂、2010年）（大平正芳記念賞受賞）、『日本国憲法講義―憲法政治学からの接近―』（共著、成文堂、2009年）、『新・テキストブック日本国憲法』（共編著、嵯峨野書院、2015年）、『比較憲法』（共編著、弘文堂、2019年）、『憲法についての素朴な疑問―なにか違う日本国憲法―』（一藝社、2022年）など多数。専門分野は憲法学、オセアニア（島嶼国）地域研究。

【執筆者紹介】(執筆順)

東　　裕(ひがし・ゆたか)・・・・・・・序章・終章
(編著者紹介参照)

樋口雄人(ひぐち・たけと)・・・・・・・1章・21章
■都留文科大学教養学部教授

荒邦啓介(あらくに・けいすけ)・・・・・2章
■高岡法科大学法学部准教授

村松伸治(むらまつ・しんじ)・・・・・・3章・5章
■日本文化大學法学部教授

高乗智之(たかのり・ともゆき)・・・・・4章・9章
■松蔭大学経営文化部教授

團上智也(だんがみ・ともや)・・・・・・6章・17章
■日本文化大學法学部教授

北村　貴(きたむら・たかし)・・・・・・7章・19章
■名古屋商科大学大学院教授

越水一雄(こしみず・かずお)・・・・・・8章
■小田原短期大学非常勤講師

鈴木崇之(すずき・たかゆき)・・・・・・10章
■国士舘大学法学部非常勤講師

林　紀行(はやし・のりゆき)・・・・・・11章・14章・18章
■日本大学法学部教授

小堀裕子(こぼり・ゆうこ)・・・・・・・12章
■日本大学芸術学部助教

杉山幸一(すぎやま・こういち)・・・・・13章・16章・22章
■日本大学危機管理学部教授

鈴木陽子(すずき・ようこ)・・・・・・・15章
■高崎経済大学地域政策学部教授

田上雄大(たのうえ・ゆうた)・・・・・・20章
■日本大学危機管理学部専任講師

憲法入門講義

2021 年 3 月 30 日　初版第 1 刷発行
2023 年 1 月 30 日　初版第 2 刷発行

編著者　東　　裕

発行者　菊池公男

発行所　株式会社一 藝 社
〒 160-0014　東京都新宿区内藤町 1-6
Tel. 03-5312-8890
Fax. 03-5312-8895
振替　東京 00180-5-350802
e-mail:info@ichigeisha.co.jp
HP：http://www.ichigeisha.co.jp

印刷・製本　株式会社日本制作センター

ISBN978-4-86359-235-3　C3032